博士论文
出版项目

论量刑事实的证明

Research on the Proof of Sentencing Facts

单子洪 著

中国社会科学出版社

图书在版编目(CIP)数据

论量刑事实的证明/单子洪著.—北京：中国社会科学出版社，2020.9
ISBN 978 - 7 - 5203 - 6247 - 4

Ⅰ.①论…　Ⅱ.①单…　Ⅲ.①量刑—研究　Ⅳ.①D914.104

中国版本图书馆 CIP 数据核字（2020）第 059457 号

出 版 人	赵剑英
责任编辑	许　琳
责任校对	冯英爽
责任印制	郝美娜

出　　版	中国社会科学出版社
社　　址	北京鼓楼西大街甲 158 号
邮　　编	100720
网　　址	http://www.csspw.cn
发 行 部	010 - 84083685
门 市 部	010 - 84029450
经　　销	新华书店及其他书店

印　　刷	北京君升印刷有限公司
装　　订	廊坊市广阳区广增装订厂
版　　次	2020 年 9 月第 1 版
印　　次	2020 年 9 月第 1 次印刷

开　　本	710×1000　1/16
印　　张	21.5
字　　数	296 千字
定　　价	118.00 元

凡购买中国社会科学出版社图书，如有质量问题请与本社营销中心联系调换
电话：010 - 84083683

出 版 说 明

为进一步加大对哲学社会科学领域青年人才扶持力度，促进优秀青年学者更快更好成长，国家社科基金设立博士论文出版项目，重点资助学术基础扎实、具有创新意识和发展潜力的青年学者。2019 年经组织申报、专家评审、社会公示，评选出首批博士论文项目。按照"统一标识、统一封面、统一版式、统一标准"的总体要求，现予出版，以飨读者。

全国哲学社会科学工作办公室

2020 年 7 月

序

　　进入 21 世纪以来,随着社会中一些争议案件的曝光,量刑公正的问题开始逐渐受到国内学术界以及司法实务界的广泛关注。2009年,最高人民法院发布的《人民法院"三五"改革纲要》中明确提出:"规范自由裁量权,将量刑纳入法庭审理程序,研究制定《人民法院量刑指导意见》和《人民法院量刑程序指导意见》。"在此号召下,全国开展了量刑规范化的司法改革工作。而伴随着量刑规范化改革工作的推进和深入,学术界大量相关研究成果涌现,其中在刑事诉讼领域有不少关于量刑程序问题的著作、论文相继问世。

　　从刑事诉讼中控辩审三方角度来看,影响量刑程序规范化改革成效的核心问题是量刑事实的证明问题。证明体系是否完善,决定规范化量刑程序能否发挥其应尽之效,进而影响量刑结果的公正性和科学性。量刑规范化改革后,《刑事诉讼法》又经历了两次修改,庭审实质化、认罪认罚从宽等新的理念使得我国的刑事诉讼格局产生了进一步的变化,这无疑给量刑事实的证明体系完善带来了新的挑战。然而,在理论层面,量刑事实的证明问题却并没有受到充分的关注,理论将其附庸于量刑程序问题的研究,没有专门地给予详尽的分析论证。并且,学术界对于量刑事实证明理论的关键点上仍存有巨大分歧。这些均反映出量刑事实证明的问题,亟待更加系统、深入的研究。

　　本书是作者以其博士学位论文为基础,经过全面修改和完善完成的学术专著,而该博士论文亦获得了中国政法大学 2018 届优秀博士学位论文的荣誉。在该书中，作者按照证明理论的通行体系，对量刑事实的证明展开较为全面研究，基本上涵盖了量刑事实证明问题的所有相关内容。本书在研究写作过程中，作者搜集并整理了大量的有关量刑事实证明的比较法资料，同时紧密结合了我国量刑规范化改革的实践，提出较为创新的观点，将量刑事实证明的理论与实践融会贯通，取得了几项颇具意义的理论成就：

第一，此前量刑事实证明的相关研究，对一些根基性的理论问题较少涉猎。而本书作者则在刑事证明理论的基础上析出了量刑事实证明的基本原理。作者关于原理方面的论述，夯实了关于量刑事实证明理论研究的根基，使得之后有关量刑事实的证明责任、证明标准的论证有据可依。

第二，在比较法的层面上，以往的研究资料较为匮乏，尤其对于大陆法系的相关内容，少有体现。作者对比较法进行了较为全面的考察：补充了丰富的英美法资料，使我国学者可以比较考察英美法系内部的差异，做到"兼听则明"；同时，作者也收集了较多有价值的大陆法系相关资料，一定程度上弥补了针对该问题的大陆法系比较法资料不足的缺憾。比较法资料的极大丰富，是本书的一大特色之一。

第三，作者结合了刑法实体法中的量刑相关理论，对刑事诉讼中的量刑事实证明问题展开了深入的剖析。以"报应刑与预防刑相结合"的实体法原则为基本点，对量刑事实证明中的一系列重要问题进行了研究。在回应了当前理论争议的同时，亦提出较为独到的见解，这些新想法颇具新意。它们一定程度上赋予了当前刑事诉讼制度新的意义，亦对量刑实践工作大有裨益。

本书的以上几个亮点，呈现了作者对量刑事实证明问题较为全面、系统的思考。通过运用比较法等研究方法进行的系统分析论证而提出的一些观点，使本书具有较大的理论创新性和开拓性，是有较为突出的学术贡献的。当然，囿于作者的水平，本书中存在一些错误和疏漏在所难免。

本书作者单子洪，是我所指导的博士研究生。他原来业务基础不算扎实，但在读博期间，虚心求教，刻苦钻研，进步很快，最后写出了富有开创性的优秀博士论文，这是十分值得称赞的。如今在博士论文基础上认真修改提高，出版专著，为法苑增添新葩，实在令人欣喜。特为之序。

陈光中

2020 年 7 月 1 日

摘　　要

　　进入 21 世纪后，中国刑事司法领域开始了量刑规范化改革。在程序方面，量刑规范化改革构建了"相对独立的量刑程序"。伴随着量刑程序诉讼化改造的完成，量刑事实证明问题的重要性浮现出来。理论界对于量刑事实证明问题存在着一些分析与探讨，然而，这些研究对于该问题的描述和分析却过于粗糙与表面化，且对一些量刑事实证明的关键问题也并没有形成统一的见解。因此，量刑事实的证明问题亟待理论层面进行更加深入的研究。

　　本书除引言之外，共分六个章节。

　　第一章为量刑事实证明的基本原理。本章首先重塑了刑事证明的基本理念，提出刑事证明的基本目的；其次，以法理视角分析了定罪事实证明与量刑事实证明于不同层面存在的差异，并通过这些差异推导出量刑事实证明活动的本质。基于量刑事实证明概念的理论实质，本章进而厘清了量刑事实证明范围的争议，得出量刑事实证明之范围始自选择法定刑、终至作出宣告刑的结论。本章的第三部分提出除了恪守刑事证明的基本原则之外，量刑事实的证明活动亦要遵循一些在定罪事实证明中不适用的、所谓特殊化的原则。

　　第二章为域外视角下的量刑事实证明机制的相关研究，具体而言是代表性的英国、美国与加拿大英美法系国家的量刑事实证明机制与法国，德国与日本大陆法系国家的量刑事实证明机制的比较研究。本章按照量刑证明对象、量刑事实的证明责任与证明标准、量刑事实的证明程序这一基本逻辑对两大法系量刑事实证明机制进行了翔实的梳理和分析。最后，通过比较研究两大法系的量刑事实证明机制分析了两大法系量刑事实证明机制的相同与差异之处。

第三章是对量刑证明对象的研究。本章先就量刑证明对象的特征进行了论述，具体而言，量刑证明对象必须包含反映刑罚的根据、法定性、可主张性以及可证明性四大特征；接下来分析和探讨了量刑证明对象的识别标准。识别标准可以依照量刑根据论的标准分为责任刑证明对象和预防刑证明对象；依照规范化量刑方法的识别标准可以分为犯罪构成事实和量刑情节。考虑到刑事司法的现实环境，采用规范化量刑方法的识别标准更加适宜。本章的最后对量刑证据展开了论述。首先辨析了量刑证据的基本属性，其次分别就社会调查报告和被害人影响性陈述两种典型的量刑证据展开了分析。最后就量刑证据适用传统证据规则的问题进行了探讨。

第四章则探讨了量刑事实证明责任的问题。在阐明实践与理论中存在的问题后，本章探讨了量刑事实证明责任分配的理论依据，提出量刑事实的证明责任原则上应当由控方承担之观点。接下来本章深化了这一观点，提出控方必须以量刑建议为提出量刑主张之方式来承担证明责任。同时，作为例外，辩方要对个别量刑事实承担证明责任，并强调法院的证明职责是对量刑事实证明责任实现的重要补充。本章最后亦探讨了一些实践中存在的个别量刑事实证明责任之分配的问题。

第五章为量刑事实的证明标准问题。在阐述与分析实践中存在的"一元化"量刑事实证明标准及其弊端后，本章首先分析了量刑事实证明标准设置的法理依据，以构建设置量刑事实证明标准的理论基础。接下来，结合法理基础，本章进一步探讨了司法实践中设置量刑事实证明标准所必须考量的因素。最后，本章提出了构建阶梯式量刑事实证明标准的方法，即根据量刑事实的性质设置不同阶层的证明标准。

第六章则是量刑事实的证明程序问题。本章首先结合了中国刑事诉讼格局的演进阐述了量刑程序的变迁过程，并对目前"相对独立的量刑程序"的效果作出不成功的结论。由此引出了量刑事实证明程序规范化的问题。事后本章对量刑事实的证明程序的结构进行了分析，并就量刑证据与量刑程序独立性的关系提出为规范化量刑事实的证明，就必须有尽可能独立化的证明程序作保障之观点。随后，结合当前刑事诉讼三种格局的背景，本章在比较分析了英美法系的决定证据可采性程序与本土的庭审排除非法证据程序两个样本，提出应在被告人不认罪的程序中构造"审中审"量刑事实的证明程序，并分析和论证了其运行模式及其优势；在认罪不认罚的程序中坚持当前的量刑集中审理程序；在认罪认罚程序中，则要适用"预决—审查"的程序模型。在本章的最后部分，分别对控方的量刑建议、辩方的量刑辩护意见以及量刑说理问题等量刑事实证明程序中的重点问题。

关键词：量刑事实的证明；证明原理；证明对象；证明责任；证明标准；证明程序

Abstract

The Chinese criminal justice commenced to standardize sentencing practice with the leading of the Supreme Court of PRC after 21 Century. As a result, the "relatively independent sentencing process" as a result of that reform notwithstanding seemed not to work well as it should be. That unsuccessful and regretful consequence that "relatively independent sentencing process" gave rise to eventually making the issue of proof of sentencing facts emerged in practice, which was covered by the proof of conviction facts previously. There were indeed some analysis and researches on the issue of proof of sentencing facts in academy paralleling to the progress of reforming sentencing process, but such researches were too general and rough, also surficial. Furthermore, they had no consensus viewpoints in terms of key issues of proof of sentencing facts. Therefore, it is urgent and necessary to re-study on the issue of proof of sentencing facts.

This dissertation was divided into six chapters without introduction.

The first chapter was "Jurisprudence of Proof of Sentencing Facts". This chapter restated the conception of criminal proof firstly, which proffered the fundamental purpose of criminal proof. Then, it tried to analyze the distinction between proof of sentencing facts and proof of conviction facts in accordance with different theories. As a prerequisite, it formulated some special principles applied to proof of sentencing only, conversely could not be applied to proof of conviction, apart from those general principles of criminal proof.

The second chapter was "the Proof of Sentencing Facts in the Viewpoint of Comparing Law". In this chapter, this dissertation compared the models of proof in Common law system including England, the U. S. and Canada with the models of proof in Continental law system including France, Germany and Japan. This chapter sufficed contents on this issue by analyzing and elaborating those two different models of proof in the logic of sentencing facts, burden of proof referred to sentencing facts, standard of proof referred to sentencing facts and process of sentencing. At last, by comparing the two different law systems in terms of this issue, this chapter analyzed and illustrated both the same characters and diverse ones regarding the two different models of proof.

The third chapter was "*the Factum Probandum* in proof of sentencing facts". This chapter stated that the *Factum Probandum* in proof of sentencing facts had some distinguished charactors, specifically, they should reflect the philosophy of punishment, should be legalized, should be capable to assert and prove, so the conception of the *Factum Probandum* in proof of sentencing facts was distinct from Sentencing Circumstances. Then this chapter illustrated the identifiable standard between the Factum Probandum in proof of sentencing facts. The facts may be separated into Factum Probandum of responsibility and Factum Probandum of utility on the basis of fundamental theory of sentencing, or separated in to facts of criminal elements and facts of sentencing circumstances based on the reformed sentencing method. Concerning with the circumstance of criminal practice, the last one may fit the criminal procedure of China. At last, this Chapter analyzed sentencing evidence, including the basic nature of sentencing evidence, the social investigation report and the victim impact statement. Also, whether the traditional evidence rules, such as rule of relevancy, rule against hearsay, and rule against illegally obtained evidence, may apply to sentencing evidence has been analyzed.

The fourth was "the Burden of Proof Related to Sentencing Facts". After demonstrating the problems regarding burden of proof both in practice and in academy, this chapter inclined to agree the viewpoint that prosecution should bear the burden of proof by submitting sentencing advice statement in general, and counsel ought to bear burden of proof based on some exceptions. The trial judges also may supply evidence according to their judicial discretion. At the ending of this chapter, some particular problems in terms of the assignment of burden of proof for some sentencing facts has been discussed.

The fifth was about "the Standard of Proof Related to Sentencing Facts". After illustrating the unified standard of proof for both conviction and sentencing established via Criminal Procedure Law of PRC and the problems it has brought about, this chapter firstly demonstrated the ideology of establishing standard of proof to lay the philosophical foundation for how to establish rational standard of proof related to sentencing facts. Then combining with such theoretical foundation, this chapter asserted five factors, which imposed a large effect on establishing the standard of proof related to sentencing facts. At last, this chapter proffered a viewpoint with respect to constructing different levels for the standard of proof relating to each different types of sentencing facts.

The last chapter was "the Process of Proof Related to Sentencing Facts". First of all, this chapter described the development of sentencing process in association with the frame of criminal procedure, and concluded that the effect of semi-independent sentencing process is not successful. Then this chapter analyzed the basic structure of process of proof related to sentencing facts, and alleged that the sentencing process should be as independent as possible to normalize proof of sentencing facts in terms of the relationship between sentencing evidence and independence of sentencing process. By comparing with the two specimens, voir dire process and the exclusionary process of illegally obtained evidence, adduced a new process called "trial within trial", and further analzing the operating progress of this new process and its advantages. The sentencing process should be centralized in the situation that defendant confesses but not admits sentencing outcome, and "pretrial-review" pattern should be applied in the situation that defendant confessed meanwhile admits sentencing outcome. Then this chapter researched on some significant issues in sentencing process, including sentencing advice from prosecution, advocated statement about sentencing issus, and adjudicated reasoning related to sentencing evidence.

Key Words: Proof of Sentencing Facts; Jurisprudence of Proof; *Factum Probandum*; Burden of Proof; Standard of Proof; Process of Proof

目　　录

Contents

绪　　论

　　量刑，亦即刑罚的裁量。具体是指审判机关在查明犯罪事实，认定犯罪性质的基础上，依法对犯罪人裁量刑罚的审判活动。中国刑法学界吸纳了刑法理论长期存在的"旧派"与"新派"之争，采纳了"并合主义"的态度。具体到量刑，就是实现报应刑和预防刑的统一、预防刑中一般预防和特殊预防的统一、罪责刑相适应、量刑均衡以及刑罚个别化等多重目标。量刑是将法定的罪行关系转变为实在的罪行关系的必要条件，是行刑的先决条件。量刑适当与否，是衡量刑事审判质量之重要标准，它决定是否刑罚能够积极发挥功能与有效实现刑罚之目的，关系到国民对刑事审判的尊重信赖抑或贬抑轻蔑。在此意义上，与旨在查明犯罪事实的定罪证明不同，量刑的证明就是在被告人社会危害性和人身危险性框定范围内，查清能够影响这两种内容的各种事实，保证法官作出正确的刑罚裁量。对于定罪率超过 99.99% 的中国来说，量刑问题不仅是非常重要，而且还是"永远"重要的问题。然而，在司法实践中却广泛存在量刑失衡和不公的问题，这些问题阻碍了上述目标的实现。2008 年引发舆论广泛关注的"许霆案"的曝光更将中国量刑不公正、不规范的问题推向了风口浪尖。

　　为解决这一问题，早在 2005 年，最高人民法院就牵头开展了量刑规范化的司法改革运动；2008 年 7 月，最高人民法院在深圳召开了全国部分法院量刑规范化试点工作座谈会，对量刑规范化试点工作进行动员和部署，并于同年 8 月下发《最高人民法院关于开展量刑规范化试点工作的通知》；2009 年 3 月最高人民法院发布《人民法院第三个五年改革纲要（2009—2013）》（以下简称"三五改革纲要"）中进一步明确，规范自由裁量权，将量刑纳入法庭审理程序。同年，最高人民法院发布《人民法院量刑程序指导意见（试行）》；经过大范围的试点经验总结，2010 年中下旬，最高人民法院发布了《人民法院量刑指导意见》（简称《量刑指导意见》）。同时最高人民法院、最高人民检察院、公安部、国家安全部、司法部联合发布《关于规范量刑程序若干问题的意见》（简称《量刑程序意见》）。两部司法解释的出台标志着量刑规范化改革的工作基本完成。

由最高人民法院牵头的量刑规范化司法改革取得了两个最重要的成果：一是细化量刑情节，确立"比例式调整"的量刑方法，构建可操作性较强的刑罚裁量机制，并且不断将这种机制细化。在 2010 年《量刑指导意见》出台后，各省高级人民法院制定了适用于本省的量刑指导意见，进一步细化量刑操作。在 2014 年末《刑法》第九修正案出台后，最高人民法院紧随其后发布了 2014 年新版的《量刑指导意见》，使得刑罚裁量的操作问题基本趋于完善。二是在庭审环节构建了"相对独立的量刑程序"。《量刑程序意见》第一条开宗明义："人民法院审理刑事案件，应当将量刑纳入法庭审理程序。在法庭调查、法庭辩论等阶段，应当保障量刑活动的相对独立性。"2012 年《刑事诉讼法》的第二次修改吸纳了《量刑程序意见》的规定，也被《最高人民法院关于适用〈中华人民共和国刑事诉讼法〉的解释》（以下简称《刑诉解释》）与《人民检察院刑事诉讼规则》（以下简称《诉讼规则》）两大"重量级"刑事诉讼司法解释所吸收，上述系列司法解释的出台以及《刑事诉讼法》的修改标志着中国刑事诉讼中的量刑程序完成了诉讼化的改造，并以"相对独立的量刑程序"试图实现刑事审判中定罪和量刑在事实调查、辩论上的分离。

然而，在量刑程序规范化改革之后，其实践效果却并不十分理想，以往的定罪量刑合一程序，没有得到本质上的改变。如在左卫民所做的问卷调查中，对于"量刑程序对量刑结果影响如何"一问，66 名受访公诉人中，认为"影响很大"的仅占 18.18%；600 名辩护律师中，相应比率为 16.83%，而 71 名法官中，仅占 5.63%。①

从控方视角来看，按照量刑程序相对独立化的要求，刑事庭审的两大环节举证质证和法庭辩论要将定罪证据和量刑证据相对分离，做到量刑证据的举证质证和辩论。但是，受证据形式与笔录中心主义的捆绑，相当一部分的刑事证据的形式是不能割裂的，定罪和量刑事实在这些证据中是混同的，如果出庭支持公诉的控诉方为了迎合量刑独立化的要求就必须强制割裂证据，结果反而拖沓诉讼效率，也容易让法官不知所云；从辩方视角来看，以实现效果为划分标准，刑事辩护可分为无罪辩护和罪轻辩护，而相对独立的量刑程序却让辩方陷入了作无罪辩护就不能作罪轻辩护，作罪轻辩护就不能作无罪辩护"两边堵"的尴尬境地，实践中作罪轻辩护的律师往往在第一轮定罪攻辩环节就将意见完全阐述完毕，到了独立的量刑辩护环节，律师往往不发表任何意见。而作无罪辩护的律师在定罪攻辩环节与公诉人唇枪舌剑，坚决否定罪名或者坚决质疑证据达不到证明标准，量刑问题不得不被无视；从审判视角来看，控方的量刑建议大多数情况都被法官视为对其量刑权的僭越，因此很多法官认为独立的量刑攻辩实无必要。此外，如何阐述量刑理由，量刑理由能否成为程序性制裁的依据司法解释语焉不详。从这三方面视角来看，相对独立量刑程序的改革效果并不尽如人意。

相对独立量刑程序实践效果弱化的原因可能具有多方面因素，但是从刑事诉讼中的控辩审三个角度来探究原因，量刑事实的证明问题具有决定性的影响：公诉方认为的证据不可拆的问题关乎量刑事实和量刑证据的特性问题；辩护方的"两边堵"的问题则涉及量刑证明目的、量刑事实证明责任、量刑证据举证质证等多重问题；审判法官对量刑建议的消极态度、量刑说理不充分等则又涉及法官

---

① 左卫民：《中国量刑程序改革：误区与正道》，《法学研究》2014 年第 4 期。

的量刑事实证明职责、量刑事实证明标准、量刑心证公开等问题。因此，关于量刑事实证明理论问题的研究对于深入认识解读相对独立量刑的问题，构建合理的量刑事实证明机制与程序运行机制有着重要意义。

2014年，党的第十八届四中全会《关于推进全面依法治国的决定》中提出要"完善刑事诉讼中认罪认罚从宽制度"。2014年，全国人民代表大会常务委员会授权最高人民法院、最高人民检察院在部分地区开展刑事案件速裁程序试点工作。而后，参考了速裁程序试点的工作经验，2016年，全国人大常委会再次授权最高人民法院、最高人民检察院在部分地区开展刑事案件认罪认罚从宽制度试点工作的决定，落实宽严相济的刑事政策，并将审前程序纳入整个诉讼效率提升机制中。2019年10月，《刑事诉讼法》进行了第三次修改，本次修改将速裁程序试点工作成果与认罪认罚从宽制度试点工作成果一并吸收，构造了中国刑事诉讼机制新的格局。认罪认罚从宽制度的确立无疑给量刑事实证明规范化的课题带来新的挑战。

量刑事实的证明问题在刑事诉讼学界一直是个冷门的问题，绝大多数的学者都是在2010年前后迎合量刑规范化程序改革的结果——就相对独立的量刑程序展开研究，附带探索量刑事实证明问题。不过，学界或多或少也取得了一些成果，尤其是张吉喜于2015年出版的中国第一部专门研究量刑事实证明的学术专著——《量刑证据和证明问题研究》。尽管学术界在量刑事实证明问题上取得了一定的成就，但是这些研究成果也暴露出了一定程度的问题，导致仅以现有的成果出发，无法有效应对和解决导致相对独立量刑程序改革失败的诸多量刑事实证明方面的问题。

首先，多数学术成果关于量刑事实证明的研究目的阐述脱离司法实践。现有理论研究均指出研究量刑事实证明问题非常重要，但是对于"为什么重要"这一设问却没有得到理想的回答。学术研究离不开最基本的"问题意识"，无问题则无研究，无研究则无解决。而对于法学理论研究来说，最重要的问题莫过于来源于司法实践的问题。不过，现有的研究成果在阐述量刑事实证明的研究目的时，基本上没有探讨司法实践中量刑事实证明存在的问题。这也可能是与多数研究成果形成于 2010 年量刑规范化改革刚结束，司法实践还没暴露出量刑事实证明的诸多问题的现实有关。

其次，量刑事实证明的基础理论部分呈现空白状态。现有的绝大多数研究成果都是直接以量刑事实与量刑证据的特殊性直接切入，进入研究"状态"，运用证明学中的证明责任、证明标准、证明方式以及证据规则等一系列理论对量刑事实证明的特殊性展开探讨。但是这些探讨都欠缺了一个重要的基础——对量刑事实证明最基本的认识。就本书所掌握的文献来看，没有学者在专著中辟专章或者用专文来探讨量刑事实证明最基础的理论问题。实际上，量刑事实证明的基础理论存在着许多特殊性。例如，对于定罪事实证明，总体上来说是一种历史性的证明，一种从现在回溯过去的证明。正是由于这种特性，证据法学界才出现了客观真实与法律真实的激烈交锋。然而，量刑的证明对象却不仅仅存在于过去，也有可能存在于现在，甚至未来，其时间维度上的辐射面是定罪证明远远无法企及的。甚至量刑情节可以人为地操控（刑事和解、赔偿、退赃等），形成一种"法定证明"的模式。那么在这种特性中，对于现在和未来认识论能够有多少发挥的空间？客观真实和法律真实、实质真实与形式真实的理论又对量刑事实证明有多少影响，是非常值得深入探讨的问题。再如，定罪事实证明不仅仅体现了实质真实的原则，并且要求要在这一过程中满足程序正义，体现保障人权、维护社会公共利益的价值。那么在量刑的证明机制中所体现的价值又是什么？是一元化价值还是多元化价值？多元化价值又当如何协调？

最后，现有量刑事实证明的研究结论过于高屋建瓴，并未给实践带来应用价值。对于这一问题的表现集中于量刑事实证明责任与量刑事实证明标准问题上。在刑事诉讼中，无罪推定是决定证明责任分配的根本原则，那么这一原则在量刑阶段能否继续发挥作用？绝大多数学者认为由于量刑是在被告人罪行被确认的基础上才能展开，因此从这个角度出发，无罪推定在量刑事实的证明中已经失效，其在证据法意义上的延伸——控方全面承担证明责任的基础也就不存在了。然而，这一论断似乎欠缺合理依据，中国的定罪量刑问题是由法官在一张判决文书上同时作出裁断，在这之前，被告人的罪与刑均处于未定状态。学界草草地下了无罪推定原则不适用量刑程序是否过于武断？即便定罪问题已被处理完毕，那么无罪推定原则的失效是否意味着对犯罪人的人权保障在量刑程序中就可以不再关注？对于量刑事实证明适用的证明标准，学界更是众说纷纭，但是就罪轻情节学界基本上一致认为要适用优势证据标准（盖然性占优标准），然而，直接照搬民事诉讼的证明标准是否合适？要知道优势证据是在控辩双方均有主张并提供证据或者一方主张另一方提出反驳依据的完全当事人进行主义的基础上衍生出证明标准。但在实践的量刑问题中，似乎缺乏这种针锋相对的对抗，法官在缺乏对抗的环境下判断孰优孰劣的参考是什么？优势证据具体要比排除合理怀疑低多少？理论界均缺乏有效的探讨。因此，现有的研究结论过于粗糙，也过于脱离量刑实践。

　　然而，中国的量刑事实证明实践却并没有等待量刑事实证明理论的指导，反而呈现出了一种领先于理论的独特实践模式，这种证明实践表现在三个方面：一是量刑证明对象的法定化与复杂化。自量刑规范化改革之后，以最高人民法院为指导，各省、直辖市高级人民法院均发布了适用于本辖区的《量刑指导意见》，在这些司法解释文件中，对总则性的量刑情节和15类常见犯罪的量刑情节均规定了裁量的操作标准。实际上，这些司法实践总结出的各式量刑情节均是要用证据去证明的对象，也就是量刑事实。它们均是能够反映社会危害性以及人身危险性两大标准的具象化事实。对比之前的量刑情节的实体法规定，目前实践中的量刑情节越来越细化，越来越固定。以往的"法定"与"酌定"的泾渭分明的区分标准越来越模糊，由司法实践总结出的、被理论视为"酌定"的量刑情节已经上升到"法定"高度，成为刑事诉讼参与者必须证明的对象。以往由法官自由裁量主义所衍生出来的酌定量刑情节，均被旨在束缚法官量刑裁量权的量刑规范化改革划到了法定量刑情节的范畴。二是量刑证据的标准化。在司法实践中，对于某一种犯罪的构成没有固化的标准，事实认定者所要做的就是将没有固化标准的各类事实用证据予以确定，再将这些事实和刑法规定的犯罪构成联系起来。例如实践中的诈骗罪，完全表现出来"口袋罪"的特征，该罪之所以会有这种特征，核心原因在于随着社会的发展、信息技术应用的普及，诈骗行为和手段也是花样翻新，层出不穷，对于各式各样的诈骗行为，根本不可能形成固定的证据标准来约束事实认定者。但是对比定罪，量刑的证据大不相同。比如认定累犯时，必须有之前的刑事判决书作为证据，否则就达不到累犯的构成，也就不能认定累犯事实的存在。再比如自首，认定自动投案必须有侦查机关出具的到案经过说明才能认定自动投案的事实，如果没有就不能认定。换言之，对于一些量刑情节，其证据在司法实践中呈现标准化的模式，其程度已经到了"有就能认""没有就不能认"的地步。三是，实践中对被告人从轻、减轻处罚的量刑事实证明标准非常严苛。尽管量刑规范化改革后中国庭审采取了相对独立的量刑程序架构，但是对定罪和量刑证据的举证质证是不分的。因此对于一些定罪和量刑具有混合特点的量刑事实，实践中的司法官对其证明标准掌握的极为严格，突出的表现就是既未遂问题和主从犯问题，甚至在大多数适用简易程序的案件中，尽管被告人认罪，但是公诉方和辩护律师仍会对既未遂、主从犯问题针尖对麦芒地进行质证和攻辩，法官认定未遂、中止以及从犯胁从犯的事实时，会采用与定罪相同的证明标准——"排除合理怀疑"。另外还有被害人过错问题，证明被害人有过错要适用和定罪基本相同，甚至高于定罪的"排除合理怀疑"标准方能认定被害人存在过错的事实。

正是因为实践中呈现出了量刑事实证明的特殊模式，对这种模式加以应然性的评判和进一步的校正是研究量刑事实证明的意义所在，也反映出了开展量刑事实证明问题研究的急迫性。

综上所述，相对独立量刑程序改革效果的弱化是刑事诉讼学界研究量刑事实证明问题的根本出发点。现有关于量刑事实证明的理论研究不够深入和细致，又与司法实践或多或少的脱节。而司法实践并没有寻求和等待理论的指导，反而形成了特殊的证明模式。种种背景都促使笔者欲以量刑的证明问题为研究对象，深入探讨量刑事实证明的理论问题，并构想和设计出良好的量刑事实证明机制，以期对实践问题的解决有所裨益。

第 一 章

量刑事实证明原理论

在职权主义诉讼模式之下，学界及实务界对于"刑事证明"一词的概念基本上已盖棺定论，即国家专门机关，当事人和辩护人、诉讼代理人按照法定的程序和要求，运用证据揭示或认定案件事实的诉讼活动。[①] 从该定义出发，刑事证明具有两方面核心特征："一个复杂的对犯罪案件的历史性回溯的认识活动，且这种回溯的真实性和准确性只能得以相对实现。"[②] 以及"必须遵循法定的程序和要求"[③]。就前者而言，出于人主观认识能力的限制，刑事证明可能无法在每一起案件中使得事实认定者的认识完全符合事实真相，由此产生了旨在科学、理性地认定案件事实的自由心证制度；基于后者，刑事证明的运作必须严格遵守法律规则，且作为证明手段的证据也

---

① 陈光中主编：《证据法学（第3版）》，法律出版社2015年版，第291页。需要指出的是，近年来有部分学者通过考证域外关于"刑事证明"的定义，提出当前通行的"刑事证明"的概念混淆了"查明""探明"的意义，不合理地将公安司法机关对案件的职权认知视为证明。然而，刑事法律规定以及实务界仍对通行的概念阐述奉若圭臬，且当前的概念并未对证明理论下的证明责任、证明标准诸内容在实践中造成混乱。故本书仍以经典"刑事证明"概念为立论依据。更多内容参见宋英辉、汤维建主编《证据法学研究述评》，中国人民公安大学出版社2006年版，第281—292页。又见张建伟《证据法要义（第2版）》，北京大学出版社2014年版，第331—336页。

② 卞建林、陈桂明：《刑事证明理论》，中国人民公安大学出版社2004年版，第42页。

③ 同上书，第48页。

必须符合法律规定的形式，由此形成了所谓严格证明的概念。

不难发现，现有的刑事证明概念与特征的论述均是从定罪的角度出发而进行的论证，正如有学者指出的："传统的刑事诉讼理论将不公正的定罪视为主要的假想敌，并为此确立了诸如无罪推定、程序正义、有效辩护、严格证明等一系列的基本理念。"[①] 但是，如若着眼于量刑事实的证明问题，《刑事诉讼法》及其司法解释的规定以及司法实践却产生了与传统刑事证明理论定义相左的现象：首先，一些证明量刑事实的信息和资料并不属于《刑事诉讼法》第50条确定的法定证据种类。最明显的例证莫过于未成年人诉讼程序中的社会调查报告。而《关于规范量刑程序若干问题的意见》第11条明确规定未成年人的社会调查报告应当在法庭上宣读，并接受质证。宣读证据信息与质证属于中国法定的证明方式，因此社会调查报告应当被视作证据。问题在于，社会调查报告的内容是一份完整的评估被告人人身危险性的综合资料，其性质不同于书证也非鉴定意见，因此它不能被视作第50条规定的证据种类，但司法解释又肯定了其证据的性质，这就导致传统理论中"刑事证明遵循法定要求"的理念没有实现。其次，刑事诉讼规则确立了自由心证制度，第55条明确将证明标准设置为"排除合理怀疑"。但是，司法实践中对于一些量刑情节，量刑者并不考虑"证明标准"，而代之以"证据标准"操作。例如："对于累犯的证明，除了已查证的新的犯罪事实之外，尚需证明之前犯罪的刑事判决书、裁定书、释放证明、假释证明、保外就医证明、监外执行证明、赦免证明等。"[②] 这意味着在量刑方面，由"回溯性"延伸出的自由心证制度受到了挑战，排除合理怀疑式的内心确信的事实认定方法不再适用，而代之以或有或无的法定性、确定性的认证方法。最后，尽管《刑事诉讼法》的司法解释

---

① 陈瑞华：《量刑程序中的理论问题》，北京大学出版社2011年版，第94—95页。

② 最高人民检察院公诉厅：《公诉案件证据参考标准》，法律出版社2014年版，第38—41页。

明确规定："经过当庭出示、辨认、质证等法庭调查程序查证属实的证据，才能作为定罪量刑的依据。"① 从而肯定了程序法定性与严格证明理论，然而近年的司法改革中的速裁程序与认罪认罚从宽机制却颠覆了严格证明的传统：在"认罪认罚从宽制度试点工作办法"中明确规定速裁程序不进行法庭调查与法庭辩论。法律上速裁程序的规定虽可作为"但书"规定的特殊情况，不过理论上不进行法庭调查和辩论的证据却仍作为定案依据明显有违严格证明的原理。

　　司法实践中既能出现有别于学术界传统定义的证明模式，这说明以定罪视角出发的刑事证明的传统定义存在着局限性，因此有必要反思刑事证明的现有定义与特征："诉讼证明的目的在于论证诉讼中的争议事实以维护己方的诉讼主张。"② 诉讼存在的基本目的必然是消弭争议主体之间的纠纷，而这种定分止争又必然要建立在对纠纷以及纠纷成因正确认识的基础上，即纠纷的解决依赖于涉及纠纷事实的发现。对于刑事诉讼来说，其最重要的目的在于实现对应负刑事责任的人的惩罚，这种惩罚的适当性建立在犯罪人的主客观恶害性之基础上，只有合适惩罚的判断方能真正地实现诉讼定分止争之功用。而欲准确判断犯罪人的主客观恶害性则要依托于刑事证明。由是，刑事证明必须实现对刑事责任人的准确惩罚，因此所有的诉讼主张须紧绕惩罚的有无与多寡，而着眼点亦要延及犯罪前、犯罪中，以及犯罪后整个过程。所以，刑事证明既包含"回溯性"，又包含"未来性"，而法律规范对二者可能要作出不同的要求。此外，刑法的构成要件理论锁定了定罪事实证明的范围，在此范围内传统的

---

　　① 此项为《关于办理死刑案件审查判断证据若干问题的规定》第 4 条。而《刑诉解释》第 63 条规定："证据未经当庭出示、辨认、质证等法庭调查程序查证属实，不得作为定案的根据，但法律和本解释另有规定的除外。"《刑诉解释》第 63 条规定来源于 2010 年《关于办理死刑案件审查判断证据若干问题的规定》第 4 条规定，但是这里尤其要注意第 63 条规定的但书：不进行法庭调查与辩论的速裁程序定案应当适用但书，否则该制度本身就违背了程序法定原则与严格证明。

　　② 卞建林、陈桂明：《刑事证明理论》，中国人民公安大学出版社 2004 年版，第 43 页。

证明规则才得以建构。但是定罪之后必须要进行刑罚的裁量，才能最后实现刑事诉讼的目的。量刑的依据亦要依托于对量刑事实的证明，而司法实践中的情况显现出量刑事实的证明活动有别于定罪事实证明，需理论单独给予分析与论证。

伴随着"量刑规范化改革"的推进，学术界开始着眼这一问题，并对量刑事实的证明规则进行了一些初步的界定和解释。例如："量刑程序诉讼证明的目的在于保证量刑的公正性，而这种公正更多是要求体现于个案中，这与刑罚个别化量刑政策的要求相一致。量刑程序虽然是定罪程序的延伸并统一于审判程序中，但其诉讼证明因诉讼目的相对于定罪程序来说有所不同而显示出特殊性。"① 然而，对于何谓量刑事实证明的特殊性，以及造成其特殊性的原因却付之阙如。这样做的结果不仅导致了量刑事实证明的基本理论缺位，还造成仅有的对于量刑事实证明规则，例如量刑事实证明责任的分配、量刑事实证明标准的设置等规则的界定和解释缺乏说服力的问题。

第一节　量刑事实证明的理念

一　刑事证明概念的重塑

之所以需要重塑刑事证明的概念，理由是传统的刑事证明的定义存在忽视量刑事实证明的重要性之嫌，因为量刑事实不仅仅只存在于过去，还有可能存在于现在，以及为实现防患未然之罪的目的，需将事实的范围延伸到未来。因此，现有的关于刑事证明的定义可能无法为量刑事实的证明提供法理基础，因此有必要重塑刑事证明的概念。

（一）刑事证明活动服务于对被告人准确定罪量刑的目的

卞建林指出："诉讼证明的目的在于论证诉讼中的争议事实以维

---

① 张月满：《量刑程序论》，山东大学出版社 2011 年版，第 206 页。

护己方的诉讼主张。"① 既然诉讼意义上的证明的目的是通过一定的手段或方法，论证证明主体提出的讼争主张是否成立，那么将这种活动纳入诉讼环境中，证明的目的就要服务于诉讼的基本目的。而无论何种类型的诉讼，其存在的基本目的必然是消弭争议主体之间的纠纷，而这种定分止争又必然要建立在对纠纷以及纠纷成因的正确认识的基础上，即纠纷的解决依赖于涉及纠纷事实的发现。因此，为了"获得"正确的认识，就必须进行对涉及纠纷事实的证明活动。

诉讼又依据实体法的区别分为刑事、民事和行政三大类别，因此在不同的诉讼类别中纠纷呈现的形式以及解决纠纷的标准自然也不同。无论是实现刑法目的，还是恢复法的平和性，论者们都提到刑事诉讼的终局具有实现国家动用刑罚权对罪犯进行惩罚性制裁的功能。那么，这种惩罚性制裁的正当性根据是什么？什么样的惩罚才是合适的？

第一，惩罚之所以正当是由于行为人实施了法律所不容许的错误行为，具体在刑法层面就是犯罪行为，并且要对这种行为的实施负有责任。诚如哲学家康德所指出的："法院的惩罚绝对不能仅仅作为促进另一种善的手段，不论是对犯罪者本人或者对公民社会。惩罚在任何情况下，必须只是由于一个人已经犯了一种罪行才加刑于他……他必须首先被发现是有罪的和可能受到惩罚的。"② 因为行为人实施了犯罪行为，侵害了社会的秩序，因此其应受到道德的谴责，受到刑罚是行为人应得的结果。同时，实施犯罪的人若是完全根据其自由的意志选择了实施犯罪行为的情境下，这意味着他对自己的行为有认知能力，那么他就要对其行为负有责任。根据这种责任，他的行为便要受到惩罚的制裁。从这个意义上来说，国家的刑事法律必须辨别行为人的犯罪行为是否存在，是否要对其行为负有责任，

① 卞建林、陈桂明：《刑事证明理论》，中国人民公安大学出版社 2004 年版，第43 页。

② 王立峰：《惩罚的哲理》，清华大学出版社 2006 年版，第 102 页。

也就是准确的适用法律为行为人定罪。

第二，惩罚不仅应当是正当的，还必须是合适的，也就是施加于犯罪人的刑罚必须是适量的。平野龙一指出："刑罚不能超出犯罪的程度，但有时可以低于犯罪的程度，甚至可能不科处刑罚。"① 刑罚本身可以视作对犯罪行为的一种非难（blameworthiness），这种非难并不能超过犯罪损害性的程度，它应当限缩在犯罪行为本身的损害之内。按照莫里斯和墨菲的"获利与担责"（benefits and burdens）之观点，犯罪行为所造成的客观恶害对于行为人来说是一种不当获利，刑罚本身的合理性便在于通过惩罚犯罪人冲抵其不正当的获利。② 依据该逻辑，获利的多少便非难多少，也就是衡量惩罚的量的标尺。传统上，根据"同态复仇"（lex talionis）理论，犯罪损害性必须完全等同于惩罚的量，即所谓"以眼还眼、以牙还牙"，但是同态复仇理论的报复性思维理念无法对犯罪人的主观罪过进行准确衡量，即对犯罪故意和过失不进行区分，也忽视对认识错误等主观因素进行评价。因此最合理的评价惩罚的适当性理论便是以犯罪人的可归责性为依托，即现代报应刑罚根据论中的责任主义——根据犯罪人客观犯罪行为的恶害程度兼其主观恶害程度，判断其应负责任的多少（即与"获利"等同的"担责"），进而对其施加合适的惩罚。

第三，合适刑罚的作出能够起到定分止争的作用。通过刑事诉讼对被告人的罪行进行确定并施加刑罚，它不仅抵偿了犯罪人因为犯罪行为而获得的不当之利益，而在认定被告人责任的前提下施加的刑罚本身也会消弭被告人可能会对国家对其行为进行非难而造成的不满（反过来说，如果被告人主观没有罪过，刑事诉讼就必须宣告其没有刑责，不能对其进行非难）。与此同时，刑事诉讼通过合理

① ［日］平野龙一：《刑法概说》，东京大学出版会 1977 年版，第 8 页，转引自张明楷《责任刑与预防刑》，北京大学出版社 2015 年版，第 122 页。

② Allan Manson, Patrick Healy, Gary Trotter：*Sentencing and Penal Policy in Canada*, Emond Montgomery Press, 2000. 40.

的裁判也给被害人一个交代，一定程度上补偿了被害人因犯罪行为而受到的各种不利影响；并恢复了原有的国家秩序，维护了国家统治阶级最基本的利益。所以，通过刑事诉讼作出合适刑罚的定分止争之功用显而易见。

第四，如何对犯罪行为进行惩罚依托于对犯罪相关事实的证明。根据以上的分析，可以得出这样的结论：刑事诉讼的目的在于实现对犯罪人合适的刑罚，并以此来恢复受损的社会正当秩序与法律的平和性，从而实现诉讼本身的定分止争的功能。那么为了实现这些目的，便必须依托与犯罪相关事实的发现，具体而言就是与定罪和量刑相关的事实。不可辩驳的这些事实的发现必须依赖于刑事证明。反过来，对犯罪事实的证明还要受制于刑事诉讼的相关因素："刑事程序发现真实的能力受制于以下因素：预选相关证据的攻辩机制需求的紧迫性；能够体现刑事程序规范架构的刑罚理念；关于施加于某些犯罪行为与某些罪犯之刑罚所包含的社会道德。"①

边沁将刑事审判中的证明分为两种类别：控方提出的证据证实的证明以及控方提出的证据证伪的证明或辩方提出的证据证实的证明。前者必须具备归罪性倾向性（inculpative tendency）以及加重性倾向性（aggravative tendency）；而后者必须具备出罪性倾向性（exculpative tendency）、与刑罚或其他强制义务相关的赦免性倾向性（exemptive tendency）以及减轻性倾向性（extenuative tendency）。根据以上区别分立的事实被称为要素性事实（principal facts），每一种不同的犯罪、对罪行的每一种"矫正"都是这些要素性事实的实践。② 边沁理论中的归罪性倾向性与出罪性倾向性和赦免性倾向性是一对对立统一的概念，这里包含了对被告人有罪或

---

① Ralph Henham：*Sentencing and the Legitimacy of Trial Judtice*，Routledge Press，2017. 172.

② Jeremy Bentham：*Rationale of Judicial Evidence：Sepcially Applied to English Practice*（1*st. volume*），Rothman Press，1995. 42 – 43.

无罪或免除处罚的证明，其本质是确定被告人犯罪行为的违法性与有责性，属于与定罪事实相关的证明；加重性倾向性与减轻性倾向性是另一对对立统一的概念，这里则是在确定被告人行为构成犯罪并且可对其进行刑罚非难的前提下，对该刑罚的程度进行加重或减轻的证明，其本质是根据责任以及预防、政策性因素调整刑罚，属于与量刑相关的证明。这些证明统一于刑事证明之中，也就是说刑事证明必须同时服务于定罪和量刑，或者说无论是对定罪事实的证明抑或对量刑事实的证明都归属于刑事证明。

（二）刑事证明的存在建立在"两造对抗、一方裁断"的诉讼结构之上

刑事证明既然以发现真实为根基并实现定分止争、实现对犯罪人的合适刑罚为终极目标，那么这种证明的存在就不可能脱离正当、合理、科学的程序。或者反过来说，有了正当、合理、科学的程序，当事人方能准确、便利、效率地提出主张并运用证据证明之，试图说服事实认定者确信自己的主张；另外，合理的程序亦能保障事实认定者获得真实、可靠的信息，并根据这样的信息作出正确的裁判。因此，正当、合理且科学的程序是必要的，对于现代法制而言，刑事证明赖以生存的刑事诉讼结构就必须是正当、合理且科学的。

接下来的问题在于，对于刑事证明来说什么样的诉讼结构是正当合理且科学的。这一问题可以延伸为什么样的结构能够完成刑事证明的第一目标——发现真实。达马斯卡指出："我们能够得出这样的结论：司法裁判中的真实最有可能与持不同意见的人们在合适的且有规制的争论中浮现出。越让他们争论、自由地问问题、证明他们的主张，就越能确信结果的准确性——不但在慎重考虑价值和规则的层面，且在认定事实性主张是否真实的层面。"[1] 而法国学者利科亦指出："辩论的功能是：使未决案件从不确定的状态到

---

[1] Mirjan Damaska："Truth in Adjudication"，*Hastings L. J.* No. 49, Vol. 289, 1997 – 1998.

确定的状态……应当是言词性的、对抗性的，同时，它应当在一个已知的、约束辩论中每个主题的程序中展开。通过这一途径，辩论呈现出言词战争的形态：论证针对论证、双方对论证的使用如同双方当事人一样，都是平等的。最后，最近似于消极主体的人——'被审判的人'——由于辩论而成为了诉讼程序的一个'行动者'。"① 由是观之，达氏与利氏的观点明显倾向于现代的当事人对抗诉讼模式更有利于事实真相的查明，且能确保各种诉讼价值与规则的实现，因此对抗制对于刑事证明来说无疑是一种正当合理且科学的外部构架。对抗制构架的典型特征其实可以总结为刑事证明的参与者是以"两造对抗、一方裁断"来对刑事案件事实予以证明，这种证明亦受到多种证据规则的限制，原则上确保事实真相的查明。正如莉莉指出："英美法系的证据规则根植于对抗制的司法机制之中。沉潜于对抗制的最基本的理论便是诉讼中的当事人基于自身利益提出证据以及为使事实认定者作出公正并且合理的裁判而展开的必要的攻辩。"② 因此，正当科学合理的诉讼结构便是与英美法系对抗制类似，即双方当事人提出具体主张以及证据，并对对方的主张与证据进行攻辩，裁判者居中通过当事人的举证和攻辩来对事实作出判断。

卞建林认为："在当事人主义诉讼中，因法官是消极的，则在实质真实的发现存在明显缺陷……法官的消极如果不伴同着辩护方诉讼能力的增强的话，诉讼中仍然存在着失衡的状态，法官本可以主动以职权调查帮他一把，如果他一味追求消极，程序的表面公正就会损害它的实质不公正。"③ 的确，在发现事实真相的层面是不能忽视法官的能动作用的，而且作为事实的最终认定者，出于居中地位

① ［法］保罗·利科：《论公正》，程春明译，法律出版社2007年版，第156页。

② Graham C. Lilly：*Principles of Evidence（Fourth Edition）*，Thomson/West Press，2006.4.

③ 卞建林、陈桂明：《刑事证明理论》，中国人民公安大学出版社2004年版，第89—91页。

的他可能最理解为了裁判需要什么样的事实，且在辩护权无法被充分保障的情况下，居中的法官一定的辩方倾向性至关重要。但是这并不代表"两造对抗、一方裁断"实质真实发现的能力要比以法官为主导的职权主义模式更低，职权主义意味着降低了控辩双方在刑事证明的地位，也就等于一定程度地削减控辩双方的对抗性，从这一角度来看，缺乏充分争辩的事实或许并不能更加接近真相。历史上以口供中心主义为核心的纠问诉讼就是一个很好的佐证。因此，正当合理的诉讼模式的基础是控辩双方的平等对抗，而事实认定者的职权参与只可能作为一种补足作用的存在。

（三）刑事证明具有贯彻刑事政策的价值

为了实现刑事诉讼的目的，就必须准确发现刑事案件的事实真相。因此，不可否认的刑事证明的首要价值便是发现事实真相的价值，而"两造对抗、一方裁断"的正当诉讼结构是这一价值能够得以实现的外在保证。但是这并不等于发现刑事案件的真相是唯一的价值，如达马斯卡所言："准确发现事实真相的最重要的目的在于准确无误地辨明犯罪者并对其施加适当的刑罚。如若没有这些暗示应当将发现真相奉为圭臬的目的，刑事程序便将无法进行下去。但是众所周知的是，刑事程序也要服务于一些独立于并且与准确发现事实真相之目的潜在性地冲突的价值需求……概言之，刑事程序以实现一些难以平衡的混合性的目的为特征，这种混合性随着阶段的变化而变化，但是其最不清楚的形式存在于决定被告人是否有罪的审判阶段。"① 这意味着刑事证明也必须实现一些发现真相价值之外其他的价值。诸如实现公正、保障人权、效率等价值均在刑事证明中有所体现，相关论证在证据法的学术成果中汗牛充栋。然而，刑事证明能够保障刑事政策的贯彻和实现的价值却更值得考量。在证明理论中，刑事政策被定义为外部政策，旨在保证证明的正当性，实

---

① Mirjan Damaska："Truth in Adjudication"，*Hastings L. J.* No. 49，Vol. 289，1997 – 1998.

现合法性的价值。其最突出的特征在于某一证据尽管可能具备较高的证明价值，但是由于其同时严重侵害了法律所要保护的另一种或几种社会价值，在通过权衡的情况下，得出排除证据的结论。代表性的证据规则是非法证据排除规则与证人拒绝作证特权规则，这些规则通过排除证据，以实现提高证明的合法性与正当性的刑事政策的目的。因为只有在实现刑事政策合法性与正当性的前提下，政策才能在刑事司法实践中得到贯彻和遵守。因此，刑事证明尤其是在证据规则上对刑事政策的贯彻实施具有重大意义。

另一种刑事政策价值的具体表现便是刑罚的结果主义（consequential theories），也就是刑罚根据论中的目的刑论。边沁指出："对于一个特定的个人来说，保证其不去再次实施犯罪的方法有三种：剥夺其进行犯罪的能力；消灭其犯罪的欲望；使其惧怕犯罪。第一种情形下，身体上他将不再有能力实施犯罪；第二种情形下，他将不再希望实施犯罪；第三种情形下，他有可能想要实施犯罪但是并不敢付诸行动。第一种属于身体上的保安处分；第二种属于道德上的矫正；第三种是对法律的恐惧和敬畏。"[1] 边沁的理论突出了刑法根据中的特殊预防理论，刑罚的保安能力使得危害社会的犯罪得到了物理上的抑制；威慑能力使得犯罪人对刑罚产生恐惧感进而使犯罪得到精神上的抑制；而再社会化能力即道德矫正能力则消弭了未来的再犯罪可能性。以上的特殊预防的目的并不是"罪有应得"的自然公理，而是在人类组建了国家政权后，为了这些目的的实现而出台各种政策予以现实化，这些政策中的刑事政策正是体现了个中之义——为了保护某些重要法益，例如禁毒，则规定较为严重的刑罚以震慑毒品活动并抑制毒品犯罪者通过毒品犯罪行为危害社会。

关于刑罚的刑事政策具有原则性和统领性，它的颁布在宏观上说明了国家对不同的犯罪行为所要实现的不同刑罚目的。然而，政

---

[1]　Jeremy Bentham：*Rationale of Judicial Evidence*：*Sepcially Applied to English Practice* (1*st. volume*)，Rothman Press，1995. 35.

策需要微观层面的落实，这种落实则必须依托于证明某些违反政策性事实的存在——构成累犯的必须有先前的定罪判决、构成立功的必须有检举揭发他人犯罪的材料并能够证明该事实为真等。诚然，为了贯彻政策，可能需要证明主体发现事实真相。但此发现事实真相不同于发现罪行有无的真相，而是为了实现政策隐含的特殊预防的价值而对政策规定的事实进行的证明，例如政策为了强调再社会化而允许犯罪人享受刑事和解的量刑优惠，刑事和解可以说与发现事实真相毫无关系，但是是否和解的事实却属于刑事证明，和解了就能说明政策的目标已经阶段性实现。因此，刑事证明具有贯彻刑事政策的价值，这种价值可能与发现事实真相的价值竞合，但有时亦会大相径庭，进而贯彻刑事政策的价值可以说是刑事证明的独立价值之一。

二 定罪事实证明与量刑事实证明的分野

在传统的刑事证明的理论中，学术探讨基本上着眼于能否准确查明犯罪事实这一价值。诚然，无论是定纷止争，抑或实现国家的刑罚权、恢复法的平和性，这些目的的达成均依赖于对基本犯罪事实的准确查明，因此以定罪证明的特征为刑事证明的理论切入点无可厚非。然而，这并不等于定罪事实的证明与量刑事实的证明就适用同样的证明理论或同样的实践规则，二者的差异其实相当明显，而厘清这种差异也是探讨量刑事实证明概念的前提。

（一）证明目的的差异

在刑事证明中对定罪事实进行证明所要实现的目的与量刑事实证明的目的截然不同。根据责任主义，惩罚的依据是被告人的责任，而惩罚的量也必须与被告人的责任相适应。那么为了惩罚被告人，准确认定被告人责任的有无和多寡至关重要。对责任量的评价实际上在定罪事实的证明中就涵盖了这一因素：在刑事诉讼中，公诉方通过提供证据对被告人的犯罪事实进行证明，并通过控辩双方的质证来让法官形成心证便是确认被告人责任有无的过程。然而，正是因为定罪证明是确认被告人责任有无，奠定惩罚被告人的基础，那么纯化事实认定的基础便是定罪证明的首要任务。因此现代刑事司法理念对定罪证明提出了诸多的要求——证据裁判、无罪推定、充分保障被告人的辩护权、严格的证据可采性规则等。另外，在这些要求中，有一些基于政策性的价值不可避免地与准确认定被告人责任的价值背道而驰，但是现代刑事司法却要求司法者必须牺牲认定被告人责任的价值而实现其他的价值；反观量刑事实的证明，由于被告人的责任已宣告确认，因此证明的目的便是围绕如何实现适当刑罚的目的而展开，即如何使被告人的责任大小与惩罚程度相适应以及如何通过刑罚实现矫正、预防、再社会化、威慑等各种功利目的。为了实现如此多元化的目的，量刑者必须大量的接触能够帮助其作出裁量的证据或信息，因此严格的不可靠证据的防范措施便不宜适用以多元化目的为基础的量刑事实的证明活动。相反，为了能够让量刑者准确裁量，量刑事实相关的证据和信息还应越多越好。此外，有时为了效率的考量，与定罪事实证明相反，量刑事实证明会牺牲发现真相的价值而确保量刑的快速作出，普遍存在于英美法系的辩诉交易便是很好的例证。

（二）证明对象的差异

因为定罪事实的证明与量刑事实的证明所要实现的目的不同，导致二者的实体证明对象完全不同。对于定罪的证明对象，依照传统刑法理论，是法定的犯罪事实的构成要件（"四要件"耦合理论）以及犯罪事实的派生事实（如排除犯罪性事由、主犯从犯等）。只有证明被告人的行为符合刑法中某一罪名所包含的构成要件，并且运用证明排除无责事实，那么才能依此认定被告人应当对其行为负有责任，也就是实现准确发现犯罪事实的目的。因此，定罪事实证明中对违法性与有责性的证明二者缺一不可。而量刑事实的证明对象则是刑罚正当的具象化的各种因素，例如犯罪行为的残酷程度（此与"三阶层"理论下的违法性有责性并不相关）这一证明对象与是否认定罪责并不相关，但是却直接与报应刑大小相关，而自首、累犯、立功、退赃等证明对象则是预防刑的具体化。在这之中，之所以实践中会发生定罪证据与量刑证据相混同的情况原因是报应刑的刑罚目的本身便与定罪问题紧密联系：报应刑着眼于客观犯罪行为，而查明犯罪行为又是查明定罪事实最重要的一部分，由此导致了定罪与量刑的证据出现了混同的情况。不过，二者在证明上的意义根本不同，一是为实现罪责的认定，二是为判断报应刑的大小，所以理论上二者分属不同性质的证明对象。而预防刑要关注未然之罪的防范，因此其证明对象脱离犯罪行为而关注犯罪人本身，证明范围延伸至罪前与罪后。进而在形式上预防刑证明对象则体现出了独立性，完全与定罪证明对象不同。因此，能够得出定罪事实证明与量刑事实证明不同的结论。

（三）证明模式的差异

所谓证明模式，是指运用证据证明法律规定的证明对象存在与否的一系列因素的总和，具体而言包括证明方式、证明责任、证明标准以及证明程序等因素。因证明目的和证明对象的差异，进一步延伸出的便是定罪事实证明与量刑事实证明在证明模式上的不同。对于定罪事实来说，基于无罪推定的诉讼理念与严格证明原则，控方要承担证明被告人有罪的几乎全部的证明责任，并证明至排除合理怀疑的证明程度，并且这一证明过程必须严格依据法律的规定进行，以及过程中必须充分保障被告人的辩护权。而量刑事实的证明模式则颇为复杂。在英美法系国家，如果控方完成了证明责任，被告人被判有罪，那么无罪推定便丧失了其效力，基本上加重情节证明责任由控方承担，减轻情节证明责任则由辩方承担。而对量刑事实的证明也是有独立的证明程序存在，这种证明程序虽归属于刑事程序但是与定罪程序则完全不同。在大陆法系国家，虽然没有独立化的量刑事实证明程序，又由于自由心证规则的存在使得定罪事实和量刑事实证明标准的分野不明显，但是理论和实践均承认量刑事实的证明模式相对定罪更加放松。

在证明理论价值中公正与效率是一对矛盾却同时存在的概念，

定罪事实证明与量刑事实证明在证明模式上的差异体现了这一对矛盾的平衡与取舍。很显然，现代诉讼理念决定在定罪事实证明中公正价值更为优先，但应兼顾效率。在量刑事实证明中，正如英美法学者雷兹指出的："量刑事实要比定罪事实更多且更主观。而在极其复杂的裁判环境和灰色地带，纷繁复杂的程序性规则所要花费的成本更多，且作用更小。"① 量刑准确均衡是量刑事实所要实现的目的，为了使得大量证据信息进入量刑者的视野，也就必须采取更加效率的办法冲淡严格证明模式的棱角，但与此同时却也必须保证证明过程的基本公正，因此可以说，这一对矛盾价值在量刑事实证明模式中体现效率优先，兼顾公正。

三 量刑事实证明的本质

基于以上的论述，量刑事实证明的本质可归结为以下几点。

（一）量刑事实证明活动的根本目的在于实现刑罚的根据

"量刑，是在认定犯罪性质及其法定刑的基础上，依案件情节和犯罪人的再犯罪危险性程度的不同，实行区别对待方针，具体选定适当的宣告刑或者决定免予刑罚处罚的审判活动。"② 依据案件情节反映了报应的刑罚根据，并延伸出依据犯罪人的可归责性裁量刑罚。刑事司法的一项重要目的在于实现对犯罪人的惩罚，抵偿其通过犯罪行为获得的不利益。确定这种不利益的程度之根据便是犯罪人的责任，而根据责任来裁量刑罚便是量刑。同时，惩罚的量的确定还要着眼于其再犯危险性，即衡量什么程度的刑罚能够震慑犯罪人进而消弭其再犯的危险，树立其对刑法的尊重和敬畏。因此，量刑的实质便是将刑罚的根据具象化，体现了刑罚的具体作用。

---

① Kevin R. Reitz："Proof of Aggravating and Mitigating Facts at Sentencing"，from Julian V. Roberts：*Mitigation and Aggravation at Sentencing*，Cambridge University Press，2011. 230.

② 张明楷：《责任刑与预防刑》，北京大学出版社 2015 年版，第 92 页。

亨海姆指出："就证据与量刑的关系来说，最为关键的理论即是刑事证明能够被视为关于刑罚与量刑的'共享镜像式的价值'的程度……对于理解刑事司法不同的理论分析会产生关于量刑程序中证据角色不同的观点……这样的观念可能需要考虑刑罚根据及其框架，还包括证明的规范与证明的目的。"① 刑事证明服务于实现对犯罪人的惩罚之目的；反之，实现对犯罪人的惩罚又依托于刑事证明。因此刑事证明必然具有实现刑罚的功能。刑事证明分为定罪事实的证明和量刑事实的证明，而既然量刑的实质是刑罚根据的具象化，那么通过对量刑事实的证明则是这一具象化的过程。此外，量刑事实的证明并不局限于证明活动本身，什么样的事实需要量刑证明来实现亦是其题中之义。而决定什么样的事实是量刑事实、需要通过量刑证明实现则是依据报应刑与目的刑两种刑罚根据确定的。由此，不难得出量刑事实证明活动的根本目的便是实现刑罚的根据的结论。

（二）量刑事实证明活动的直接目的是规范量刑自由裁量权

"刑法不可能将所有量刑情节法定化，不可能对各种量刑情节的裁量制定具体规则，不可能对各种量刑情节的作用予以数学式的量化。"② 因此，量刑活动本身需要法官合理运用量刑自由裁量权来实现。同时，学界无人否认对量刑自由裁量权必须施以合理限制。正如有学者指出的："失去有效规范的法官量刑自由裁量权的滥用会破坏法律、司法的威信和公信力；同时，不受制约的法官量刑自由裁量权也为法官权力寻租提供了较大的空间，在一定程度上滋生了法官的腐败。"③ 而2004年由最高人民法院牵头的量刑规范化改革也是

---

① Ralph Henham：*Sentencing and the Legitimacy of Trial Justice*，Routledge Press，2017，p. 173. 虽然亨海姆在这一论述中点出了证明与量刑之间的关系，但它对证明要寻求刑法根据的观点持否定态度，因为这样会过分强调程序的工具价值，可能会损害程序正义原则。但本书坚持量刑事实的证明必须寻求刑罚根据的观点。

② 张明楷：《责任刑与预防刑》，北京大学出版社2015年版，第374页。

③ 臧冬斌：《量刑自由裁量权制度研究》，法律出版社2014年版，第3页。

源于各司法辖区的量刑自由裁量权行使乱象，这也佐证了合理限制规范量刑自由裁量权的重要性。

如何具体地限制规范量刑自由裁量权？前述学者给出了一个答案："要求法官载明量刑理由，为量刑作出合理化说明；确立量刑基准点以及规定量刑刑事判例制度。"① 实际上，不管是上述哪一种方法，其实现必须依赖于对量刑事实的证明：量刑理由的载明本身就是证明活动中心证公开原则的要求；确立量刑基准点实质便是将犯罪人的责任具体化到一"点"，具体化的过程不可能由法官恣意臆断而是通过依托具体的能够反映犯罪责任大小的事实来加以确定；量刑判例法的形成就更要依托于个案量刑的作出才能实现，个案量刑的前提就是以证实的量刑事实为基础的。

总之，量刑活动需要法官合理的自由裁量权。这种合理性的保障的基础便是运用具有证明力的证据通过合理的程序证明量刑事实主张。依托业已证明的量刑事实，法官方有充分发挥自由裁量权的空间。如果缺乏事实基础，量刑自由裁量权便成为空中楼阁，法官不可能在这种"高处不胜寒"的环境下合理发挥自由裁量权的。因此，进行量刑事实证明活动的原因之一是为自由裁量权的发挥奠定基础，或者说，量刑事实的证明能够有效限制不合理的量刑自由裁量权。

（三）量刑事实证明活动具有相对的独立性

定罪事实证明与量刑事实证明的差异性导致量刑事实证明独立于定罪事实证明的结果。不过，这种独立不是绝对的，而是相对的，即量刑事实证明活动具有相对的独立性。

首先，量刑事实的相对独立性表现在内在独立与外在独立两个方面。内在独立是指量刑事实是在性质上独立于定罪事实。前文已指出，量刑事实的本质是反映作为刑罚根据的报应刑与预防刑的要求，延伸出了对被告人的非难可能性以及实现预防之目的的需求。而定罪

---

① 张明楷：《责任刑与预防刑》，北京大学出版社 2015 年版，第 79—87 页。

事实的本质是反映犯罪的法律构成要件，凸显罪刑法定原则在具体追诉犯罪过程中的意义。二者的目的、要求有所区别，而这种区别促使量刑事实在刑事证明活动中的独立化。然而，本质上的独立并不是绝对的而是相对的，具体是指因责任主义的要求，量刑事实中反映报应刑刑罚根据的事实是源于具体的犯罪行为，从这个角度来说，报应刑事实与定罪的构成要件事实相辅相成，直接将其割裂也是不正确的。因此，在内在层面，量刑事实相对独立于定罪事实。

外在独立是指量刑事实在实践中的表现方式上独立于定罪事实的表现方式。此处的表现方式即指证据。目前刑事诉讼学界不少观点均指出量刑证据具有特殊性，如："在刑事审判过程中，法院对犯罪事实与量刑事实的认定既具有一定的交叉性，又带有一定的独立性。通常说来，被告人犯罪事实的成立，也成为法院对其适用刑罚的事实基础；法院对被告人犯罪事实的认定过程，客观上也是对犯罪行为的社会危害程度、被告人主观恶性以及被告人能否回归社会、有无再犯可能等事实的确定过程。在某种意义上，法院通过对被告人犯罪事实的法庭审理活动，客观上使部分量刑证据得到了举证、质证和辩论，部分量刑事实也就随之得到了当庭认定……而对于那些独立于犯罪事实之外的量刑情节，法院则需要在量刑审理程序中进行单独的调查和认定……定罪事实与量刑事实的交叉性和重合性，决定了法院对部分量刑事实的认定要遵循传统的证据理念。而定罪事实与量刑情节的独立性，则意味着法院在认定这部分量刑事实过程中不可能固守传统的理念，而应确立一些新的原则。"① 量刑证据与定罪证据既有交合又分立于定罪证据，这也可以表示在外在形式，即证据方面量刑事实相对独立于定罪事实。

其次，量刑事实的相对独立性还体现在证明程序上。因为量刑事实在外在层面也就是量刑证据相对独立于定罪证据，因此围绕着证据构建一系列程序的规则，例如举证、质证、认证以及证据规则

---

① 陈瑞华：《量刑程序中的证据规则》，《吉林大学社会科学学报》2011年第1期。

也是有所不同的。在英美法系国家，在普通程序中经由陪审团确定被告人有罪后，则启动对被告人的独立的量刑程序。在这一程序中，一系列程序规则都有别于定罪的程序规则，例如传闻证据规则将不再适用，品格证据规则也是如此，证明标准有所降低，是否举行交叉询问则由量刑法官作出决定，等等。这些事实说明量刑事实在证明程序上独立于定罪事实的证明程序。然而，不同于英美法系国家，中国既没有陪审团审判，也没有独立化的量刑程序，因此量刑事实的证明程序与定罪事实的证明程序相混合，亦即所谓的相对独立的量刑事实证明程序。这种相对独立性是由量刑证据的特性所决定的，与定罪证据相交叉的部分定罪程序就已经将其查明，无必要再展开额外的程序进行证明。而独立的量刑证据因为区别于定罪证据因此要有独立的证明程序予以查明。在程序上隔断两者充分说明了量刑事实的相对独立性。此外，此种相对独立性还表现在公正与效率的价值辨析上。定罪是对被告人犯罪行为的定性，因此程序必须严格且公正，最大程度上实现刑事司法正义，而量刑事实的查明是使量刑法官获得更多的量刑证据和资料，越充分的信息就可能使量刑越准确，因此量刑事实的证明程序更加关注效率。

第二节 量刑事实证明活动的范围

对于量刑事实的证明问题来说，区分定罪事实和量刑事实的证明活动范围十分重要，因为这种区分决定了量刑事实证明的逻辑起点——只有在定罪事实得以查明后才能开始量刑事实的证明。遵循着这一逻辑，量刑规范化改革才构建了所谓相对独立的量刑程序，同时划定了量刑事实证明活动的范围。具体而言，首先，区分定罪与量刑决定了量刑的证明对象，而量刑的证明对象则为量刑证明的主体提供了证明的指向。例如根据量刑规范化改革项目组对《量刑指导意见》的解读，量刑情节包括非犯罪构成事实、犯罪事实当中的非犯罪构成事实，以及犯罪构成事实当中除基本犯罪构成事实以外的与犯罪构成有关的犯罪事实。亦即带有犯罪构成或改变犯罪构成性质的事实不可作为量刑情节而存在。① 其次，区分定罪与量刑决定了量刑事实的证明责任与证明标准。如果某一事实被识别为定罪的事实，那么毫无疑问地根据无罪推定原则，公诉方必须承担证明责任并要将其证明至排除合理怀疑的标准。反之，量刑事实的证明责任的分配则需要进一步的探讨，证明标准也要因为各种因素而不能被排除合理怀疑一元化。最后，区分定罪和量刑是将量刑程序独立化的基本条件，探索独立化的程序，必要一点就是厘清该程序要查明什么样的事实，如果在量刑程序查明定罪事实则毫无意义。因此围绕着这一程序证明主体的举证也局限于量刑的相关事实而非定罪的事实，质证也是围绕着量刑的事实，而法官的最终认证也要将定罪部分和量刑部分予以区分的。在法官对量刑事实的认证环节，区别定罪和量刑对禁止重复评价原则的行使有着关键性的影响。某一事实如果被识别为定罪的事实，那么该事实就不能作为量刑的依据给予第二次的评价。

假设量刑事实证明活动能够独立化，那么在具体裁判中，哪些活动属于定罪的证明，哪些活动属于量刑的证明？这样的区分有何现实意义？从量刑事实的性质出发，刑诉学界多数理论观点将量刑事实分为两种类别："与定罪事实相交叉的量刑事实以及独立的量刑事实，前者因为与定罪事实混同所以程序上只要在定罪阶段查明即可，而后者具有独立的特征因此要在相对独立的量刑程序中查明。"② 这种观点说明定罪和量刑的分野是建立在程序上而非实体上的。本书认为，这样的观点实际上忽视了两个概念在刑法实体法上的区别，但实体法上的关于定罪与量刑区别的论证却容易与诉讼证

---

① 最高人民法院量刑规范化改革项目组：《量刑规范化办案指南》，法律出版社2011 年版，第57—58 页。

② 李玉萍：《量刑事实证明初论》，《证据科学》2009 年第 1 期。

明理论割裂，从而欠缺证据法上的理论基础。因此，有必要从刑法理论层面梳理二者的关系，同时探寻二者的区别对证明活动的意义，方能得出合理的结论。

一　刑法理论层面关于量刑范围的界定

刑法理论界将犯罪构成分为普通的犯罪构成与派生的犯罪构成。陈兴良指出："普通的犯罪构成，又称独立的犯罪构成，是指刑法条文对具有通常法益侵害程度的行为所规定的犯罪构成。派生的犯罪构成，是指以普通的犯罪构成为基础，因为具有较轻或较重法益侵害程度而从普通的犯罪构成中衍生出来的犯罪构成，包括加重的犯罪构成和减轻的犯罪构成。"[①] 这种刑法学观点受到了挑战。例如张明楷便不同意这种观点，他指出："其一，刑法理论将犯罪构成分为普通的犯罪构成与加重、减轻的犯罪构成，同时认为犯罪构成是区分罪数的基本标准。既然如此，就意味着加重、减轻的犯罪构成不同于普通的犯罪构成；其二，'情节较轻'等减轻的犯罪构成只是为了区分不法和责任程度不同的分则上的犯罪，并非属于减轻的犯罪构成；其三，刑法理论使用了法定刑升格的概念，二者的内涵和外延不尽相同，不能单纯地将其混同起来……因此，中国刑法分则条文单纯以情节严重、恶劣或者数额数量巨大、首要分子、多次等条件作为法定刑升格条件时，只能视为量刑规则。而因为行为、对象等构成要件要素的特殊性使得行为类型发生变化，进而导致不法程度提升，并升格法定刑时，才属于加重的犯罪构成（或构成要件）。"[②]

根据张明楷的观点，传统上的派生性犯罪构成情节属于定罪的范畴，只有在定罪时予以考量。但是将派生性犯罪构成一律界定

[①]　陈兴良：《规范刑法学（第 4 版）》（上册），中国人民大学出版社 2017 年版，第 109 页。

[②]　张明楷：《责任刑与预防刑》，北京大学出版社 2015 年版，第 211—214 页。

为定罪事实是不合理的，因为只有犯罪构成的构成要件发生了变化，才属于加重的犯罪构成，也就是定罪的事实。只有表明了违法行为类型的基本特征，区分了此罪和彼罪，才属于构成要件的要素。类似这样的犯罪构成必须具有法定性的特征。① 而法定刑升格的情节严重或轻微、数额巨大或特别巨大、首要分子、多次犯罪、违法所得等绝大多数情节虽然有可能表明了不法程度上的加重，但并不属于表明不法行为的特征。数额犯和情节犯中，数额和情节的变化只是体现了量的程度上的变化，而非质的改变，换句话说，它们无法改变罪行的性质，也就是说它们只是量刑的规则。一言以蔽之，在刑法上，除了法律、司法解释规定的应当作为犯罪构成条件之外的加重或减轻的情节均表示为衡量犯罪人不法和责任程度的量刑情节。

除了情节加重之外，对于结果加重的情况也是如此。例如《刑法》第263条规定的抢劫罪的行为加重与结果加重犯。持枪抢劫行为无疑提升了抢劫罪的法定刑幅度，但是该行为却并没有改变抢劫罪本身的性质，抢劫致死无疑也提升了法定刑的幅度，但是该行为也没有改变抢劫罪本身的性质，也就是说，在没有法律规定改变犯罪行为的性质前提下，某一事实不能识别为定罪相关的事实。一个相反的例子是，强奸杀人罪法律规定要数罪并罚，因为杀人行为改变了强奸行为本身的性质，侵害女子性权利的法益改变成侵害生命权的法益，基于两个法益的不同于犯罪行为本身性质的改变，因此两罪要数罪并罚，而将强奸行为作为杀人行为的加重情节或者杀人行为作为强奸行为的加重情节都是不适当的。因此，结果意义上的加重或减轻情节，如果不作为法定构成要件或者想象竞合犯处断，那么它也应当被识别为量刑之范畴。

---

① 例如，《刑法》第345条规定了滥伐林木罪，而最高人民法院、最高人民检察院发布的《关于办理盗伐、滥伐林木案件应用法律的几个问题的解释》明确规定："情节严重"是刑法规定盗伐、滥伐林木罪构成的必要条件。数量较大是"情节严重"的重要内容。这说明此处"情节严重"即为犯罪构成。

二　量刑事实证明活动范围的界定

基于以上的论述，结合区别定罪和量刑在证明问题上的意义，本书赞同张明楷关于"改变犯罪构成要件的情节属于定罪范畴，没有改变的则属于量刑范畴"的观点，将该刑法理论观点结合证明理论，在判断某一事实属于定罪事实还是量刑事实时，必须要关注事实对定性的终局性影响。具体而言，就是有了这一事实是巩固了犯罪的成立？还是加重和减轻了最终的刑罚？如果这一事实影响了最终的刑罚的变化，则应当识别量刑相关事实。因此从刑罚理论的角度出发，从刑罚理论层面上看，刑事诉讼参与者的量刑活动，始于法定刑的选择，延于责任刑的裁量，终于预防刑的判断：首先，法定刑选择背后的法理依据是对被告人的责任量的初步判断，亦即他应负刑事责任的多少决定了刑罚施加其量的多少。当制刑环节为个罪法定刑配以不同档次时，法官要根据与责任相关的事实判断并选择合适的法定刑，这些事实虽然寓于具体的犯罪行为中，但其本质上系属于量刑活动的范畴，所以依据量刑意义上的责任主义法定刑的选择应当被视作量刑活动。其次，在法定刑确定以后，量刑法官还会进一步根据被告人的责任在法定刑范围内裁量具体的责任刑。而在裁量责任刑时其依据与选择法定刑的依据是不同的，因为这种责任刑是具体的，随着个案犯罪行为的不同而产生变化。最后，一旦法官裁定了责任刑，他还要根据预防刑的各种情节，即反映被告人人身危险性以及再社会化的可能的情节来调整业已确定的责任刑，作出最终的宣告刑。刑事诉讼学界绝大多数关于量刑事实证明活动范围的论证都是围绕着定罪事实与量刑事实交叉和分立展开的，这种形式化的区分标准主要是建立在从预防刑到宣告刑的步骤上，而对于法定刑和责任刑的选定和裁量诉讼理论却鲜有涉及，这无疑不当缩减了量刑的范围。

从实践的层面上看，由于最高人民法院的《量刑指导意见》已经通过规范化的量刑方法指导量刑活动，因此量刑的作出实际上已不再遵从责任刑和预防刑的理论设定，而代之以基准刑到宣告刑的方法实现量刑规范化。然而，基准刑的作出是建立在量刑起点和增加刑罚量的基础上，量刑起点和增加刑罚量又建立在犯罪基本构成事实和影响基本构成事实的基础之上。这种做法首先缩减了责任主义在量刑时的功能，因为所谓基本构成事实明确指向的是行为的客观恶害，而多少忽视主观罪责，主观罪责通过"年龄""动机"等量刑因素而置于调节基准刑的量刑情节的地位，实际上人为地削弱责任在犯罪行为转化报应刑过程中所起的作用，这一点表现在证明中，容易造成刑事诉讼参与者对责任刑量刑事实的忽视，因此，基准刑与量刑情节两分来界定量刑事实证明活动范围，其结果恐怕将限缩量刑事实证明规则对实体法规范化的作用。

综上所述，决定量刑事实证明活动范围的基本法理是某一事实是否反映了刑罚的报应或者预防的正当化根据，或者某一证明活动是否以实现报应或者预防为目标。而并非单纯的以刑诉学界量刑证据的特征（交叉抑或独立）来划分，也非以《量刑指导意见》的规范化量刑方法对量刑事实证明活动的界定。当"情节严重"等情节或者结果加重的情节决定的是刑罚的多寡而非此罪和彼罪的区分时，它应当被定性为量刑事实证明活动的部分。因此在量刑事实的证明活动始于法定刑的选择，一旦法官形成了犯罪行为系属刑法规定的某一罪后，其后的适用何种刑罚，如何调整并形成最终的宣告刑都是证明意义上的量刑。在明确划分这一范围的基础上，再对证明对象、证明责任以及证明标准等问题展开探讨，才是符合量刑事实证明理论的基本逻辑的。

第三节   量刑事实证明活动的特殊原则

罗斯科·庞德指出："一个原则是一种用来进行法律论证的权威性出发点。各种原则是法律工作者将司法经验组织起来的产品，他们将各种案件加以区别，并在区分的后面定上一条原则，以及将某一领域内长期发展起来的判决经验进行比较，为了便于论证，或者把某些案件归之于一个总的出发点，而把其他一些案件归之于某个其他出发点，或者找出一个适用于整个领域的更能包括一切的出发点。"① 按照庞氏的观点，法律原则无外乎是法律工作者运用归纳推理将实务中的司法经验进行组织和总结，罗列出的具有一定普适性的上位规则。刑事证明亦不例外，需要遵循诸如证据裁判、无罪推定、自由心证等原则。然而，这些原则的归纳来源大部分是定罪的经验，而呈现特殊性的量刑事实的证明活动中，这些原则是否还能得到适用需要画一个问号。本书认为，通过对实践的观察，量刑事实的证明确实存在着一些定罪证明原则不能全面适用，甚至完全与传统理念相左的处理方法。将这些实践归纳总结，量刑事实证明活动应当适用一些有别于定罪事实证明的原则，这些特殊的原则至少包括但不限于以下原则：责任主义与刑罚个别化相结合原则、适当证明原则、法定证明与自由证明相结合原则、疑义有利于被告原则以及禁止重复评价原则。

一　责任主义与刑罚个别化相结合原则

责任主义与刑罚个别化贯穿刑罚裁量活动的各个方面，但是对于二者与量刑事实证明活动的关系学界却鲜有涉猎。本书以为，两项原则作为刑罚理论的上位原则，其与量刑事实的证明存在着不可分割的联系。

责任主义是刑法学界普遍承认的概念，在量刑层面，它被归结为消极的责任主义，即"无责任则无刑罚"。德国的罗科信将其解释为："责任为刑罚的前提，刑罚的重轻不得逾越责任的范围；基于预

---

① ［美］罗斯科·庞德：《通过法律的社会控制》，沈宗灵译，商务印书馆 2010年版，第 27 页。

防的考虑，有责的行为并非一律应科处刑罚。"① 莱西指出："责任主义具有将犯罪行为侵害的严重性（死亡、人身伤害、财产伤害）与犯罪人的主观罪过等级（故意、疏忽、过失）有机结合的作用。它不仅为刑罚的根据提供了正当的理由，而且就犯罪行为与施加其刑罚的比例与共度性关系来说，它巩固了合适的量刑的正当性。"② 在量刑事实的证明活动中，贯彻责任主义是题中之义，因为只有通过准确判断犯罪行为人责任的"量"，即准确评估其非难可能性，才能决定什么样的量刑是合适的，才能使得量刑者不逾越责任主义框定的范围。这一固定化的范围亦固化了量刑事实证明活动的规则和范围。因此，于量刑事实证明层面，责任主义约束量刑事实的证明规则。例如，既然责任主义要求司法机关准确判断犯罪行为的危害性，那么其基础就是准确查明犯罪行为是否存在，也就是说，与犯罪行为危害性相关的量刑事实证明标准要与定罪事实的证明标准一元化。因此，责任主义需延伸至量刑事实证明活动的各个层面。

　　刑罚个别化原则也是现代量刑实践活动的一项重要原则，它是指"在制刑、量刑和行刑的过程中，国家根据犯罪人人身危险性的大小，在报应观念所允许的对已然之罪适用的相当刑法区间内，设定、宣告和执行相应的刑罚的一项原则"③，是比较大的概念。翟中东指出："刑罚个别化是一种以刑罚一般化为前提，以犯罪人的人身危险性为核心的刑罚理念，其理论根基在于'报应与刑罚个别化相统一'的刑罚目的说，中国法律应在统一说的基础上对其实事求是的进行评价。一般说来，刑罚个别化出于功利的目的，应预防未然之罪的需要而设置，与狭义的罪刑相适应，反映了刑罚适用的两种

---

①　张苏：《量刑根据与责任主义》，中国政法大学出版社 2012 年版，第 12 页。

②　Allan Manson, Patrick Healy, Gary Trotter: *Sentencing and Penal Policy in Canada*, Emond Montgomery Press, 2000. 35.

③　翟中东：《刑罚个别化的蕴涵：从发展角度所作的考察——兼与邱兴隆商榷》，《中国法学》2001 年第 2 期。

不同要求。"① 可见，刑罚个别化原则源于预防刑论，但却主张刑罚实践中的报应与预防相统一。刑罚个别化原则要求准确评估以及预测被告人的人身危险性，从而做出合适的量刑。基于刑罚个别化对于人身危险性的预测之特点，量刑活动中刑罚的个别化也必须依托证明实现。例如，因为要实现个别化目的，必须对被告人的人身背景信息予以考量与调查，因此看似与定罪毫不相关的、"无证明价值"的背景信息也必须予以法定程序进行证明。同时，个别化的要求促使量刑者必须接触大量的与被告人相关的信息资料。而这些信息资料的取得必然与定罪所需证据的准入标准相分离。因此刑罚个别化决定了一些量刑事实证明的规则要相对放松，放松的程度也取决于是否能够实现个别化的需求。

现代刑罚论奉行责任与个别化相结合的并合主义刑罚观，而二者的内部关系在理论界则众说纷纭。不过仅论在量刑事实的证明活动中，证明主体在进行证明时必须同时结合责任主义与刑罚个别化两项重要原则，不可偏废其一。因此，这也就影响了量刑事实相关证明规则的设置。具体来说，责任主义框定了证明活动的范围，亦即运用量刑证明对象锁定了证明主体所要努力的目的，而刑罚个别化则要求量刑者必须全面考量评价一切被告人人身危险性相关的资料和证据，同时证据收集程序的标准以及证据准入的规则亦要基于个别化的要求而设定。另外，作为规则的重要补充，在缺乏相关量刑事实规则的前提下，必须以考虑责任主义与刑罚个别化之目的进行量刑事实的证明也是该原则的应有之意。

二 适当证明原则

准确认定事实与有效率地认定事实是证据法学必须追求的一对对立的价值取向，由此，依据证明严格程度的不同，大陆法系的证

---

① 翟中东：《刑罚个别化的蕴涵：从发展角度所作的考察——兼与邱兴隆商榷》，《中国法学》2001 年第 2 期。

据法理论将证明划分为严格证明与自由证明。二者之间的区别亦已在大陆法系证据理论中盖棺定论——即"在证明手段上用以严格证明的证据手段必须是法律明确规定的手段，证据也必须具有证据能力；自由证明则以实务惯例选择适当证明手段且不限证据能力。在证明过程上严格证明必须以法律规定的法庭调查程序进行；而自由证明则由法官视具体情况裁量决定"①。基于此，由于量刑情节具有实体量刑证明对象的特征，因此多数中国学者将量刑情节划归严格证明范围之属。② 但是，有学者却持完全相反之观点："量刑证据范围宽大，调查程序简便灵活，应当采用自由证明。"③ 不过，也有学者称："对量刑情节是采取严格证明还是自由证明需要具体分析……酌定情节是刑法没有明文规定，由法官根据立法精神和司法实践斟酌考虑的情节，这些情节法律既然委于法官斟酌考虑就不宜对有关信息的形式、来源等作过多的限制，而要对各种情况进行综合考虑。因此对酌定情节可采自由证明……法定量刑情节可分为对被告有利事实和不利事实，基于是否影响程序公正，对被告人有利的法定情节证明采取自由证明即可，对于不利于被告人的法定情节的证明须采取严格证明。"④ 亦有学者称："多数量刑事实可采用自由证明的方式、部分量刑事实需进行严格证明。范围限于量刑事实中某些涉及犯罪构成以及刑罚加重等方面的事实。"⑤

　　本书认为，就严格证明与自由证明于量刑事实证明中的适用，以上观点均值得商榷。首先，基于量刑事实的实体证明对象化的特征就认为其应当归属于严格证明的范畴显然是不合适的。量刑事实

---

　　① ［德］克劳斯·罗科信：《德国刑事诉讼法》，吴丽琪译，台湾三民书局1998年版，第236页。

　　② 卞建林：《证据法学》，中国政法大学出版社2000年版，第291页。

　　③ 闵春雷：《论量刑证明》，《吉林大学社会科学学报》2011年第1期。需要指出的是，作者在下一段笔锋一转，又认为量刑需要有针对性地引入"适当的证明"。

　　④ 吴宏耀、魏晓娜：《诉讼证明原理》，法律出版社2002年版，第72页。

　　⑤ 罗海敏：《刑事诉讼严格证明研究》，北京大学出版社2010年版，第122页。

的证明虽然与传统的定罪事实证明有所交叉，但基于根本目的和价值的区别，量刑事实的证明具有独立的特征，那么显然将其一律归属严格证明自然不利于析出量刑事实证明的独有特征。而且，实行证据法和量刑程序皆独立化的英美法系国家均认为严格的证据排除规则应当在量刑阶段予以放松，以便法官尽可能地接触更多的量刑证据从而实现刑罚个别化的目的。日本学者团藤重光就指出："量刑事实是非类型化的，其与犯罪事实的证明难以同等对待，如果要求严格证明适用于量刑事实的证明，取得量刑资料将会变得极为困难。"[1] 而且日本最高法院的判例也认为："只为量刑而用，并非与定罪事实认定相关的证据，没有必要实行严格的证据调查程序。"[2] 因此将量刑事实的证明限缩在严格证明的框架内无疑会丧失很多宝贵的量刑信息，不利于法官的量刑判断。其次，严格证明与自由证明等理论概念的提出源于准确公正的价值与效率价值的取舍兼平衡。有学者比较了严格证明与自由证明的适用范围，提出："区分严格证明与自由证明属于一种程序分流措施……其优点是理论适用范围更加广泛，并且能够较好地实现公正价值与效率价值的结合。"[3] 自由证明的表征便是松弛程序法定主义与证据能力规则的束缚，将一些事实从快地进行认定。基于此，与限定的构成要件对象不同，量刑的证明对象可以说是无法穷尽的，它们随着个案情况的不同，刑事政策等因素的变化而变化，因此若将这些处在动态模式下的证明对象规定为严格证明的对象，那么证明效率将大打折扣，颇不现实。因此从合理性的层面予以考量，量刑事实的证明在多数情况下，或所谓"原则上"也应当是自由证明。

然而，这并不意味着"有利于被告的量刑情节适用自由证明，而不利于被告的量刑情节适用严格证明"的观点就是考虑周全的。

---

① 大阪刑事实务研究会：『量刑实务大系 第4卷 刑の选择・量刑手続』（判例タイムズ社，2011年）第177頁。

② 最二小决昭27.12.27刑集6卷12号第1481頁。

③ 吴宏耀、魏晓娜：《诉讼证明原理》，法律出版社2002年版，第61页。

这种粗暴的两分法并未意识到量刑情节外延无限、动态变化的基本特征——不利于被告的量刑情节并不是都能被法律或者《量刑指导意见》所涵盖，譬如被告在定罪前被发现有多次行政违法的记录，这种记录既不能作为累犯亦不能作为再犯的指控，系属法官的酌情认定的"劣迹"情节，记录的多少必然对加重的幅度产生影响。若把此种量刑情节规定为严格证明对象，那么程序的烦琐性可想而知；另外，有利于被告的量刑情节也不可能均适用自由证明。例如实践中最常见的从轻减轻情节自首，实际上刑事司法实践对自首的掌握标准颇为严格，在个别案件中甚至成为控辩双方的主要争点，而这恰好说明中国实践中的自首是严格证明的对象。言而总之，由于量刑事实复杂、非类型化的特性，导致有利和不利被告的事实基准难以确定，因此，这种模仿英美法系量刑事实的证明标准的"两分法"有失偏颇。

因此，提出一项新的标准自然是合理的进路。本书赞同对于量刑事实的证明应当适用"适当证明"之原则。"适当证明"最早是由日本刑事法集大成者平野龙一提出的概念。这一概念的核心特征在于赋予当事人争辩证据的机会，以当事人的意见为基础，实现严格证明与自由证明之间的过渡以及转化，即"折衷的证明"。① 平野龙一论述道："通说认为刑之量定采取自由之证明即可，但是因为刑事责任仍有界限，不顾被告积极之异议，而采用无证据能力之证据认定之，这并不公正，在公判庭中，有必要聆听提示证据后之辩解意见……此种证明谓之'适当之证明'。"② 之所以出现"适当证明"理论，是因为第二次世界大战后的日本刑事诉讼走上当事人主义的道路。在这种诉讼制度框架中，充分赋予当事人的争辩机会是必然的发展。实质上，这种重视当事人的诉讼活动的观点体现的恰是严

---

① 白取祐司：『刑事訴訟法』（日本評論社，1999 年）第 298 页。
② 黄东熊等：《刑事证据法则之新发展——黄东熊七秩祝寿论文集》，学林文化事业有限公司 2003 年版，第 513—514 页。

格证明中的程序法定的因素——只有当事人在诉讼中有充分的程序
事项（证据事项）选择权，方可得出程序合法的结论。"适当证明"
的本质便是将松缓的证据能力规定与证明程序规定为特征的自由证
明中的"证明程序规定"一项收紧，形成严格证明中的程序法定的
特征，亦即保证当事人对自由证明对象具有充分的争辩权。

正如"适当证明主张派"田宫裕指出的："对于量刑情状，如
果采严格之证明，对于证据资料加以限制，其结果可能是限制被告
所提出之资料，反而导致对被告不利之后果……当被告提出积极的
异议时，则不应采用无证据能力之证据而为认定，并应于公判庭中
给予被告充分辩解之机会。"[1] 因量刑证明对象具有复杂性、无穷性
以及变化性，对此唯一的解决出路便是由个案中的控辩双方提出并
争辩量刑事实，法官居中作出裁断。其背后的原理在于：不设强限
制的自由证明能够保证法官接触更多量刑资料，但是如果被告人积
极争辩证据能力，那么必须基于程序公正的理由"恢复"量刑资料
的证据能力限制，而证据能力的判断自然要在"控辩两造对抗，法
官居中裁断"的庭审格局中实现。[2] 因此，以自由证明为主导，可
以效率地认证来源广泛的各种量刑信息；同时，当控辩双方对某一
量刑信息或证据产生巨大争议时，则在法官的引导下，依照证据能
力的相关规定以及严格的法定证明程序对该信息或证据进行充分的
争辩与质证，保证量刑心证基础的纯化。所以，与适用定罪的严格
证明以及适用程序事项的自由证明均不同，"适当证明"应当成为量
刑事实独有的证明原则之一。

三　法定证明与自由心证相结合原则
由适当证明原则延伸出来的另一项原则便是法定证明与自由心

---

[1]　黄东熊等：《刑事证据法则之新发展——黄东熊七秩祝寿论文集》，学林文化
事业有限公司 2003 年版，第 515 页。

[2]　大阪刑事实务研究会：『量刑实务大系 第 4 卷 刑の選択・量刑手続』（判例タ
イムズ社，2011 年）第 179—180 页。

证相结合的原则。法定证明或者法定证据评价法则（Die gesetzlichen Beweisregeln）是兴起于神示证据制度灭亡后，与中世纪欧洲大陆的教会法中的纠问制度相伴生的证据制度。有学者指出："法定证据制度的兴起很大程度上是与神明裁判的衰落后司法力量为追寻案件实质真实而导致的恣意司法密切相关……只要纠问官认为能够发现真实，一切方式方法都委诸于他的自由裁量……对这种情况的反省导致了抑制法官自由裁量的问题意识的产生，使得法定证据制度登上历史舞台。"① 可以说，法定证明的理论前提是将司法实践中共通性、普遍性的情况一般化为法律，以限制法官恣意。其于立法层面直接规定了证据的证明力，并说明在有什么样的证据的情况下可以确定被告人有罪，司法层面上强调法官机械地操作证据数量上的加减且不能运用任何的自由裁量权。只要法官把控方提供的证据加在一起形成完整的证明，他就必须作出有罪判决；反之，则要作出无罪判决。这种机械性完全泯灭了法官作为理性裁判者的内心确信，成为单纯的证据操作者，因此在后来的历史中被认为是非理性的，且又直接导致了刑讯逼供的盛行。因此，在法国大革命后，新时代的自由心证制度几乎完全否定了法定证据制度，仅保留下来证据裁判原则。

或许从定罪的角度来看，发现被告人是否实施了犯罪的事实，法定证明确实是非理性的选择——它否定了逻辑和经验等理性判断而直接由立法者通过规定机械操作案件，由于个案情况的不同，机械的规则必然导致处理结果的不正常和不理性。但是从量刑的角度来看，法定证明却并不是完全非理性的。因为量刑事实并不是像定罪事实那样只出现在犯罪的进行过程中，它覆盖了犯罪前的情况以及犯罪后的情况，而发生在这些场合中，尤其是犯罪后的场合中，所谓的"事实"便落入了司法机关的掌控范围之内，在这一阶段，回溯性的自由心证制度便丧失了存在的必要性，典型的示例是退赃

---

① 吴宏耀、魏晓娜：《诉讼证明原理》，法律出版社 2002 年版，第 99—100 页。

退赔以及立功。对于退赃退赔等情节，被告人如何退赃、退赔，退了多少、赔了多少，这些情节完全在司法机关的掌控之下，也就是能够直接通过被告人的罪后行为判断该事实的有无，因此自由心证制度便失去了作用。对于立功情节，被告人是否检举和揭发了他人的犯罪行为，是否提供了重要线索，是否证明他人的犯罪行为，是否有重大发明创造等，这些事实可以被司法机关直接感知，也并不需要自由心证去回溯过去事实。① 另外，发生在罪前的事实也可能是需要法定证明的量刑事实。典型的是累犯这一情节，构成累犯要求前一项犯罪必须是判处有期徒刑以上且没有经过五年的故意犯罪，实践中证明该事实的存在是前一项犯罪的生效判决书。生效的刑事判决书具有既判力，产生了法律上的约束性，也就等于默认事实被查明（不考虑审判监督等例外）。在这一条件下，累犯情节便不需要自由心证去回溯前一项犯罪事实是否存在。

此外，有一些法律直接予以规定证据标准的事实也属于法定证明的事实。在英美法系国家，最明显的莫过于辩诉交易。辩诉交易制度的核心特征在于一旦被告人作出有罪答辩，那么无论其实际是否有罪均按有罪处理。这是英美法系的法律规定。也就是说，法律直接规定了作出有罪答辩的被告人所陈述的事实就是实际的事实，无须通过复杂的程序与陪审团的心证判断来予以查明，实际上辩诉交易制度体现了典型的法定证明的特征。因被告人通过辩诉交易能够获得减轻刑罚的优惠，所以辩诉交易也可以视为一项量刑情节，其所陈述的事实也就是量刑事实。2018 年《刑事诉讼法》引入了认罪认罚从宽制度。认罪认罚从宽制度规定被追诉人认罪认罚的，并且同意程序适用的，检察机关在与被追诉人尽量协商一致的基础上，

---

① 这里需要指出的是，虽然立功是揭发他人的犯罪行为，并且中国采立功实际效果论，也就是揭发行为或者提供线索必须查证属实，可能对于他人的犯罪行为的查证需要自由心证。但是若只关注立功人，评价的对象并非他人的犯罪行为本身，而是他的线索或揭发行为为查明他人的犯罪行为提供了多大的作用，其作用是能够直接被司法机关所感知的，因此立功也属于法定证明的事实。

通过被追诉人的具结，向法院提出从宽量刑的建议。这使得认罪认罚无可争议的成为重要的量刑事实。而审前认罪认罚的成立建立在控辩有限的量刑协商之基础上，那么司法机关对认罪认罚的情况自然了如指掌，在如此情况下自由心证制度也是毫无意义的。

以上示例说明，首先在需法定证明的量刑事实中，其核心特征是发生的时间点基本出现在罪前或者罪后，因为这意味着司法机关能够直接掌握事实甚至"控制"事实（认罪认罚），而无须通过烦琐的证明程序，相当高的证明标准通过自由心证制度完成对事实的回溯。其次，法定证明的量刑事实体现在具体的法律规定上，这些事实需要的是"证据标准"而非"证明标准"，即只要实际的证据满足了法律规定，量刑法官必须直接认定事实的存在（累犯情节中，在定罪的前提下，如果通过前一项犯罪的判决书认定被告人构成累犯，则直接认定累犯事实的成立）。需要法定证明是量刑事实有别于定罪事实的一项重要特征，因此在证明量刑事实的过程中，必须考虑需法定证明的量刑事实的存在，即坚持法定证明与自由心证相结合的原则。它决定了量刑事实证明活动的诸多方面，比如识别量刑的证明对象、应当设置多元化的量刑事实证明标准等。

四　疑义有利于被告原则

"疑罪从无"是无罪推定原则逻辑上的延伸。于诉讼理念层面，"疑罪从无"体现了"与其杀不辜，宁失不经"的司法之道，不仅利于人权保障，且利于抑制国家追诉权力的滥用。于证据理论层面，"疑罪从无"是作为承担证明责任的公诉方在没有完成证明责任时承担败诉风险的表现，它为司法机关在审查评价案件的过程中，证据无法达到法定的证明标准时如何处理案件提供了解决出路。

就"疑罪从无"的适用范围问题，林钰雄指出："罪疑唯轻原则在实体法上包括犯罪之成立、罪数、效果以及间接事实……关于犯罪之法律效果，包括狭义的刑罚以及保安处分在内，只要是科处该法律效果之前提事实有所疑问者，皆应使用罪疑唯轻原则。就狭义的刑罚部分，包括各种刑罚之量定与科处。"① 显然，"疑罪从无"不仅适用于有罪无罪的定罪事实的判断，亦适用于量刑的判断。就其表现形式，"如果定罪事实的证明是要解决罪行的有无问题，那么量刑事实的证明则是要解决刑罚多少的问题"②。因此，在解决刑罚的量的过程中，与"疑罪"相对应的，决定刑罚多少的事实存在疑问的"疑刑事实"也必然会存在，而所谓"疑刑事实"亦可分为有利于被告的量刑事实与不利于被告的量刑事实，因此分配这些事实的举证不能的失败风险是量刑事实的证明无法回避的问题。根据"疑罪从无"的理念，当量刑事实存疑时应当作出有利于被告的判断，即"疑义有利于被告"原则，此举亦反映了刑事诉讼人权保障的基本价值。

1996 年的《刑事诉讼法》第 191 条明确规定了"疑罪从无"。之后的"两个证据规定"以及 2012 年《刑事诉讼法》和司法改革均多次肯定"疑罪从无"的意义。然而，对于"疑刑事实"的处理问题，法律以及司法解释则语焉不详。2014 年后，借"以审判为中心"的司法改革之浪潮，2016 年由最高人民法院、最高人民检察院、公安部、国安部、司法部联合发布的《关于推进以审判为中心的刑事诉讼制度改革的意见》第二项以及 2017 年最高人民法院公布的《关于全面推进以审判为中心的刑事诉讼制度改革的实施意见》的第四项第 30 条均规定："定罪证据确实、充分，量刑证据存疑的，应当作出有利于被告人的认定。"这意味着于法律层面肯定了"疑义有利于被告"原则的效力，在"疑刑事实"出现时，量刑者何去何从法律给出了结论。

然而，对于如何具体适用"疑义有利于被告"司法解释并没有作出解读。本书认为，此处的"疑义"是指对量刑事实的疑义。在

---

① 林钰雄：《严格证明与刑事证据》，新学林出版社 2002 年版，第 150—154 页。
② 陈瑞华：《量刑程序中的证据规则》，《吉林大学社会科学学报》2011 年第 1 期。

适用该原则时，如果对不利于被告的量刑事实的证明无法达到法定的证明标准，那么就不能认定该不利于被告量刑事实的存在；如果对有利于被告的量刑事实的反驳无法达到法定的证明标准，那么就要认定有利于被告的量刑事实的存在；如果法官在履行证明职责时对某一量刑事实存有疑惑，那么就要做出有利于或偏向于被告的判断。由此可见，"疑义有利于被告"的原则虽然出发点是在证明中保障被告人的人权，并体现刑罚宽厚的传统理念，但是更重要的，"疑义有利于被告"解决了量刑事实存疑时如何处理的难题，这与设置证明责任的目的是一致的。同时，基于量刑事实的特殊性，以法定证据模式予以证明的量刑事实，由于无须以自由心证进行伦理和经验上的回溯判断，因此事实就不存在模棱两可的境地，此时结论只可能存在"或有"与"或无"两种，因此在此种情形下"疑义有利于被告"不应予以适用。当法律规定了某一量刑事实的"证据标准"时，在达不到此标准时只得作出该事实不存在的认定，而无论其是否有利于被告人。

值得一提的是，在适用"疑义有利于被告"原则时，还要考虑量刑判断的构造。衫田宗久法官提出："量刑的判断构造是在法定刑的大范围内确定量刑的基本幅度，而这一过程的实现要根据各种量刑要素进行综合判断。在这一过程中，即便缺少特定的量刑要素，从而使得量刑的幅度增加或缩小受到了影响，但是只要加入其他的量刑要素，在量刑幅度中作出最终的量刑判断也并非不可能……因此，疑义量刑事实应当在量刑上具有重要的意义，并且在只有剩下的量刑事实无法决定在法定刑中最终量刑的基本方向性的前提下，才应当适用'疑义有利于被告'的原则。"① 量刑的判断构造不像定罪的判断构造那样是由犯罪构成要件划定的相对范围，它是在法定刑范围内确定特定的幅度或特定的点（中国的模式）后，再适用各

---

① 大阪刑事实务研究会：『量刑実務大系 第4卷 刑の選択・量刑手続』（判例タイムズ社，2011年）第168—170頁。

种量刑要素对其进行调节而作出最终宣告刑。在这一过程中，若某种存疑的量刑事实并不会导致量刑结果产生巨大的变化，那么即便缺少这一事实，也不会使量刑结果不公正、不准确。因此，疑义有利于被告原则并非适用所有的量刑事实。只要在该事实对量刑具有重大的意义，以及缺少该事实后，会造成量刑上的困难时，该原则方能适用。由于中国刑事司法已经采用了规范化量刑方法，因此可以结合该量刑方法来使两个标准具体化：所有有重大意义的量刑事实，应当是由《刑法》以及《量刑指导意见》明确规定的量刑情节，这些量刑情节均带有调节基准刑的功能，因此相关事实自然应当清楚；缺少某一事实导致量刑困难应当特指使量刑方法变得困难。例如某一增加刑罚量的事实存疑，进而使得基准刑难以作出，此时可以考虑适用"疑义有利于被告"从而不予增加刑罚量。

五　禁止重复评价原则

《量刑指导意见》规定："对于同一事实涉及不同的量刑情节时，不重复评价。"此项规定意味着中国刑事司法在法律的层面上肯定了量刑中的重要原则——禁止重复评价原则。这一基本原则是为了杜绝导致一罪多罚或者轻罪重罚的现象而设置的。一罪多罚或者轻罪重罚等现象违背了罪刑相适应原则，且过重的刑罚亦严重侵害了被告人的人权，因此在实践中肯定和适用禁止重复评价原则具有重要的意义。

刑法上关于禁止重复评价原则的适用主要体现在两个方面："作为符合犯罪构成的事实，已经在定罪因而在确定相应的法定刑时，起到了应有的作用，就不能在作为量刑情节考虑；当某种事实已经作为情节严重或者情节特别严重的根据，因而选择了情节严重或者情节特别严重的法定刑之后，如果再将该事实作为在选择的法定刑内从重处罚的情节，便将同一事实进行了双重评价，明显不当。"[1]

---

[1]　张明楷：《责任刑与预防刑》，北京大学出版社 2015 年版，第 266 页。

在确定罪名时，如果某一情节系属犯罪的法定构成要件，那么不论如何都不能在量刑时利用该情节对被告人作出不利的评价；在选择法定刑时，根据某一情节使得法定刑升格适用，那么在裁量责任刑与预防刑时该情节也不能再次考虑。因此，在适用重复评价原则时，对于量刑法官来说重点和难点问题在于辨别某一事实的性质，识别它是属于定罪构成要件，还是选择和升格法定刑的依据，还是裁量责任刑和预防刑的依据。

对于量刑事实的证明来说，审查判断证据从而对事实作出认定是证明的最终步骤也是最关键的一步，而禁止重复评价原则主要适用在这一阶段。换言之，为了准确识别量刑情节，遵守禁止重复评价原则，关键是量刑法官准确判断某一量刑证据证明的量刑事实的性质如何。根据罪刑法定原则，《刑法》分则中所有的犯罪都有构成要件，这在证据法上被称为要素性事实，如果某一证据是用来证明这些要素性事实的证据，那么在量刑认证时就不能再考虑这一证据。同时，某一证据是用来判断法定刑的选择的，即情节或结果是否达到了严重或特别严重的程度、数额是否达到了巨大或者特别巨大的程度，那么这一证据便不能再作为裁量责任刑，也就是确认量刑基准的事实依据。例如，对于入户盗窃犯罪来说，入户行为是成立盗窃犯罪的构成要件，而证明被告人存在入户行为的证据则是用于定罪的证据，那么在量刑时入户行为便不能作为量刑证据使用。由此可见，能否合理地在量刑事实的证明中适用禁止重复评价原则，关键在于准确区分刑事庭审中的证据所对应的证明对象是属于定罪的构成要件还是量刑事实。

第 二 章

比较法视域下的量刑事实的证明

第一节 英美法系国家的量刑事实证明机制

一 英国①量刑事实证明机制

作为传统的判例法国家，英国在刑事诉讼中设置了完全独立化的量刑程序。不过在 20 世纪 80 年代之前，英国司法当局并没有对如何量刑的问题进行规范性立法，实践中法官通过自由裁量的方式遵循先例而对个案进行量刑；而在独立化的量刑程序中如何对量刑事实进行证明英国的刑事司法也没有作出具体规制。

21 世纪以来，英国的犯罪率、定罪率以及科刑率呈上升态势：治安法院（Magistrates Courts）判处被告人有罪并科刑的案件量从 1951 年的 705 件至 2007 年的 1351 件，50 多年间上升了近一倍；而重罪法庭（Crown Court）判处的案件由 1951 年的 18 件至 2007 年的 65 件，上升了三倍之多②，因此量刑问题于英国日益突出。不少刑法学者开始从量刑的宣告问题着手进行研究。与之相反，英国实务

---

① 苏格兰地区与北爱尔兰地区的司法体制与英格兰及威尔士的英美法传统大相径庭，因此此处的"英国"特指不列颠岛的英格兰地区与威尔士地区，下同。

② Andrew Ashworth：*Sentencing and Criminal Justice（Fifth edition）*，Cambridge University Press，2010. 9.

界却均没有对量刑的程序问题和证据问题过分关注，诚如英国学者指出的："总体来说英国的刑事程序可分为确认罪行有无与科刑两个阶段。在前一个阶段中程序参与者们必须在完全公平的对抗制中发现犯罪事实的有无，但是在后一阶段中这一激烈的对抗便不复存在，取而代之的是法官不受限制的自由裁量，这使得量刑存在诸多问题，但是学者们或多或少都忽视了这些问题。"①

针对日益突出的量刑问题，英国当局进行了一系列的立法活动对传统的量刑架构进行调整和改良：1991 年的《刑事司法条例》（*Criminal Justice Act*）第一次尝试搭建统一适用的量刑架构；2000 年英国议会又通过了《刑事法院量刑权条例》（*Powers of Criminal Courts Sentencing Act*）巩固了这一统一适用的量刑架构；2003 年又对《刑事司法条例》关于量刑的规定作出增设和修正，以适应实践需要。在这些立法文件中，对量刑事实的证明相关问题的规定，蕴含了现代英国量刑事实证明机制的主要特征；同时，英国学界自 20 世纪 70 年代始也开始了对量刑事实的证明问题的关注，一些科研成果为量刑事实的证明奠定了理论基础。

（一）量刑的证明对象

1. 量刑的事实基础

根据证据裁判原则，诉讼中所有的事实主张都必须有证据进行证明，量刑也并不例外，亦即所有合理的量刑的前提是必须在查明事实（此处事实特指英美法系中的法律真实）基础上作出。关于量刑的事实基础，英国量刑领域专家安德鲁论述道："即便是在无罪答辩的完整的刑事程序中，法庭或许也不能对所有能够为量刑提供事实基础的证据进行充分的听证。然而，这并不意味着被告就要（量刑阶段）遭受不利，因为司法机制亦为独立的量刑阶段分配了事实争点，这些争点的结果可能对量刑结果产生实质影响并且这些争点

---

① Martin Wasik："Rules of Evidence in the Sentencing Process"，*Current Legal Problems*，Issue 1，Vol. 38，1985，p. 187.

必须通过正当程序的质证来进行解决，以彰显对被告人权利的保护。"① 由此可见，量刑事实基础不仅是作出准确合理量刑之必需，且一定要经过正当程序查明方能作为量刑依据，它们包括：

- 陪审团审判阶段查明的事实。毫无疑问，量刑的作出必须建立在陪审团得出被告人是否有罪的结论之上。尽管在定罪阶段，陪审团更多的视点集中于被告人是否有罪的问题上，但是在随后的量刑阶段，陪审团确认的关于罪行的事实也可称为量刑作出的依据。另一方面，陪审团在定罪阶段没有充分关注的但却会对量刑产生重要影响的事实，如犯罪动机、目的等，若在定罪裁决中没有包含这些事实，则法官有责任在量刑前程序（pre-sentencing proceeding）中查明这些事实。
- 有罪答辩承认的事实。当被指控人作出有罪答辩时，法官便没有机会进行听证，这意味着无论定罪还是量刑，所有裁判的事实基础均来源于检察官与被指控人的认罪协议。除非被指控人有异议，否则法庭便以认罪协议上的内容为事实依据进行量刑。需要注意的是，英国重罪法庭在判例中规定检察官不得与被指控人达成任何以不真实的事实为基础的协议，且如果控辩双方在辩诉交易过程中对任何事实存在争议，则法官应启动"牛顿听审"（Newton hearing）程序对争点事实进行裁决。

2. 加重量刑情节

英国的量刑事实证明过程中，加重情节是关键的证明对象。刑事司法将加重情节的来源归为三大类：法定②加重情节（Statutory aggravating factors）、量刑指南中的一般加重情节（General aggravating factors recognized in definitive guidelines）以及特别加重情节（Specific

---

① Andrew Ashworth：*Sentencing and Criminal Justice*（*Fifth edition*），Cambridge University Press，2010，p. 372.

② 此处的"法定"（statutory）指的是法院在量刑时必须要考量，而不能根据自由裁量权可以不考虑的情节。

aggravating factors）。

　　法定加重情节指由 2003 年《刑事司法条例》所规定的法庭必须查明其是否存在的四类加重情节，它们是被指控人是否在保释期间实施了犯罪、犯罪行为的实施是否涉及种族或宗教因素、犯罪动机是否包含性侵犯或侵犯残疾人的倾向以及犯罪行为是否与恐怖主义相关联。此外，关于被告人的先前定罪记录也属于法定加重情节的范畴。

　　量刑指南中的一般加重情节指由英国量刑指南委员会（Sentencing Guidelines Council）所设置的适用于量刑实践的总则性的加重情节。尽管这些总则性的加重情节无法穷尽，但其共同特征是"情节必须满足严重性（Seriousness），即能够充分说明犯罪具有更大的伤害性或更高的有责性（Higher culpability）"。比较典型的有：

- 是否存在实施犯罪的具体计划；
- 是否意图实施比造成的实际结果更严重的犯罪行为；
- 是否由犯罪团伙或犯罪集团组织；
- 实施犯罪是否能获得金钱上的利益；
- 犯罪是否能带来高收益[①]；
- 是否企图隐藏或销毁证据；
- 是否无视他人的警告；
- 是否在有行政许可的前提下实施犯罪；
- 犯罪动机是否出于对少数民族或者弱势群体的敌意；
- 犯罪的实施是否受到酒精或毒品的影响；
- 是否使用武器威胁或伤害被害人；
- 是否采取超出实施犯罪需要的暴力或对财产的破坏行为；
- 滥用权力的虐待行为；
- 处于信任关系下的虐待行为。[②]

[①]　此处收益不单指金钱上的获利。

[②]　Andrew Ashworth：*Sentencing and Criminal Justice*（*Fifth edition*），Cambridge University Press，2010，pp. 161 – 162.

特别加重情节是指在具体案件中存在的加重量刑情节，也可以称为"分则性"的加重量刑情节。基于个案情况的不同，分则性加重量刑情节不计其数。例如在（非入户盗窃）盗窃罪和夜盗罪中，加重量刑情节分为"有责性加重情节"与"伤害加重情节"。前者为犯罪计划、有组织犯罪或故意针对弱势群体的犯罪等情节；后者为高犯罪收益、取得高价值的被害人的财产等。

3. 减轻量刑情节

与加重情节对应的量刑证明对象是减轻量刑情节。相较加重情节而言，减轻情节大量地充斥着英国量刑实践，并呈多样化复杂化的态势。这是因为 2003 年《刑事司法条例》第 166 条第一项明确制定法的"门槛"不得阻碍法庭考量任何能够影响作出减轻量刑的因素。根据该规定，很多减轻量刑情节进入量刑阶段的难度相当低，导致大量的减轻情节出现在量刑阶段中。

但是，法定的减轻量刑情节却只有有罪答辩而获得减轻处罚的优惠一项。根据《刑事司法条例》第 144 项，在裁量作出有罪答辩的被告人的具体刑罚之前，法庭必须考量被告人作出有罪答辩的意向性以及所有能够说明其意向性的相关因素。作为考量的结论，刑罚必须明显轻于没有作出有罪答辩被告的刑罚。这充分说明被告人有罪答辩的主观方面已经成为法定的量刑证明对象，即是否出于自愿必须经过证据进行证明。

另一项具有普适性的个性化减轻情节是被告人对刑事司法的协助。在 R v. Salisbury Justices[①] 案中，上诉法院规定在警察发觉犯罪之前被告人主动投案并承认自己的罪行的情形下必须减轻处罚（类似中国的自首）。而在 P and Blackburn [②]案中，上诉法院强调如果被告人想要获得减轻量刑的处理，则他必须披露之前所有犯下的罪行；在重罪案件中有此种情形的，减轻的幅度应当在总刑期的二分之一与三分之

---

① See *R v. Salisbury Justices*, 1 Cr APP R（S）560.［2003］.
② See *R v. P and Blackburn*, 2 Cr APP R（S）457.［2006］.

二之间，且如果被告作出有罪答辩则在此基础上应当再减轻。

而英国刑事司法实践中出现的减轻情节则多如牛毛，且随着个案情况的不一，减轻情节的类型也不一致。根据学者的实证研究，实践中较常出现的减轻情节有：犯罪行为缺乏严重性、在共同犯罪中扮演相对次要角色、未成年人、受个人或家庭需要的逼迫、直面或理解罪行造成的侵害、良好的品行、详述毒品问题以及承担家庭责任的需要。①

（二）量刑事实的证明责任与证明标准

诚如诺丁汉大学的赫恩海姆指出的："在量刑阶段与定罪阶段相区分的诉讼程序中量刑事实的证明标准问题显得尤为重要，并且在传统、原则、内外部关系上它也与定罪阶段的证明标准截然不同。"② 从英国上诉法院的判例来看，在英国关于量刑事实的证明责任原则上由控方承担，并且与定罪证明标准相同，即要证明至排除合理怀疑的程度。作为原则，这一规定存在着若干例外。

1. "排除合理怀疑"的准则

20 世纪 80 年代，英国刑事上诉法院通过两个案例确立了量刑事实的证明责任分配与证明标准的规则：在 Ball 案③中，量刑官听取了各方提供的证据并最终将检察官提供的证据确认为量刑依据；紧接着在 McGrath and Casey 案④中，上诉法院法官在意见中明确指出："为确定量刑事实，法官必须基于刑事案件证明标准进行判断。"在随后的一些案例中，英国上诉法院遵循先例，逐渐形成了"量刑事实的证明责任由检察官承担、并且对加重情节必须证明至排除合理

---

①　Jessica Jacobson and Mike Hough："Personal Mitigation：an Empirical Analysis in England and Wales"，from Julian V. Roberts：*Mitigation and Aggravation at Sentencing*，Cambridge University Press，2011. 150.

②　Ralph Henham：*Sentencing and the Legitimacy of Trial Justice*，Routledge，London and NY Press，2012. 192.

③　See：*R v. Ball*（1982）4 Cr. App. R.（S）351.

④　See：*R v. McGrath and Casey*（1984）5 Cr. App. R.（S）460.

怀疑的程度"之规则。

之所以确立该量刑事实证明责任与标准规则主要因为：首先，被告人在定罪后的量刑阶段中，加重情节事实将会对其造成相当大的不利益影响，这种不利益影响的程度不亚于定罪的影响，因此从持续性的角度来看，定罪阶段与量刑阶段设置不同的证明责任和证明标准是徒劳的。正如安德鲁指出的："对于加重情节的证明会对量刑产生巨大的影响，因此在解决这些问题时，证据规则适用的公正性一点也不亚于定罪阶段的标准。"① 设置较高的证明标准也能提示量刑者慎重考虑加重情节。其次，对比定罪阶段，在量刑阶段提出的证据普遍过于粗略并且不够充分，因此设置较高的证明标准，一定程度上可以提高证据质量，使量刑者获得"更好的证据"。此外，在定罪阶段与量刑阶段分设不同的证明责任与标准会使程序规则复杂化，容易使量刑者对于量刑事实的判断感到困惑。②

2. 若干例外

英国刑事司法实践亦确定了排除合理怀疑准则的若干例外，这些例外一定程度上弥补了单一量刑事实证明责任和标准规则的不足：

第一种例外是当被告人在量刑阶段提出特殊的减轻情节，并且控方反对这一情节充当量刑依据时，此时被告人有义务提出"一些证据"（some evidence）证明减轻情节的存在。显然，为了杜绝虚假的减轻情节的出现，有必要为被告人分配一定的证明责任。然而，这种提出"一些证据"的责任却并无证明标准的要求，因为不仅量刑者可以通过裁量排除一些无意义不真实的减轻情节主张，而且设置分层式的证明标准亦会打破排除合理怀疑在两个阶段的持续性。因此判例法给出的答案是对于争议的减轻情节，被告提出"一些证据"证明其基本事实后，持反对意见的控方必须举证进行反驳，并

---

① Andrew Ashworth: *Sentencing and Criminal Justice*（*Fifth edition*），Cambridge University Press，2010，p. 375.

② Ibid. , pp. 195 – 197.

且该反驳要证明至排除合理怀疑的程度。第二种例外是成文法明确规定被告需要对某些量刑事实承担证明责任的情形。例如，在交通肇事案件中，被告人有义务根据交规条例证明其驾驶资格的存在以免受无资格驾驶的加重处罚。第三种例外则是被害人损失程度的相关事实争议的证明。尽管被害人的损失程度作为重要量刑事实之一需要适用一般的量刑事实证明责任和标准规则，但是这一事实无疑是案件本身的从属性事实，并且这一事实主张基本上都是由被害人在民事诉讼中提出，因此对于这一事实的证明应当适用民事诉讼的证明标准。①

（三）量刑事实的证明程序

1. 普通案件中的量刑事实证明程序

在英国的刑事诉讼中，量刑程序是独立的。在这独立化的程序中，证明的过程可以分为两个部分，一是辩诉交易案件中的对量刑事实的证明过程；二是被告人不认罪但是被陪审团定罪后的量刑听证程序中的证明过程。在这两部分中，控辩双方的任务不尽相同。

辩诉交易的量刑过程中，法官据以量刑的事实基础取决于警察或者皇家检控署的调查。这些经过调查的事实人为操作空间较大，根据被告人的答辩态度，有时检察官可能会故意忽略某些量刑情节。如果对于与被告人定罪相关的事实控辩双方陷入争议，则通过下文叙述的"牛顿听审"程序解决。在被告人被陪审团确定有罪后的量刑听证程序中，根据 2004 年《皇家检察官守则》（*Code for Crown Prosecutors*）的规定，检察官有义务提示法官案件中存在的：案件中所有的加重或减轻量刑情节；被害人个人陈述；犯罪对于社区的影响的相关证据；可能有帮助的实体法规定以及量刑指南规定；与是否存在量刑辅助性规则（如反社会行为鉴定规则）等。基于检察官

---

① Martin Wasik: "Rules of Evidence in the Sentencing Process", *Current Legal Problems*, Issue 1, Vol. 38, 1985, pp. 198 – 200.

的客观义务①，检察官必须适当履行上述职责，提示法官注意任何影响量刑的事实因素以及实体法规定，以防止错误量刑的出现。

被告人在量刑过程中可以提出关于减轻其量刑的任何证据和意见。对比加重情节的证据，实践中大量充斥着由被告人提出的减轻量刑证据。从证明被告人在犯罪中的角色、犯罪人的状态、对犯罪行为的态度以及各种与犯罪周遭的相关情状到犯罪人的背景、过去以及再犯可能性，各种各样的可能影响减轻量刑的情节被律师在听证过程中提出。根据学者研究，这些多种多样的减轻量刑证据或意见中，被采纳率最高的是被告人基于警察或检察官提出的加重情节的辩驳，从而变相减轻自己的量刑的证据或意见。此外，如果被告人对于减轻事实的证明能够比量刑前报告中包含的信息更加的可靠、更加相关、更加易理解，其采纳率也会更高。②

2. "牛顿听审" 程序（Newton Hearing）

"牛顿听审" 程序是近年来英国量刑程序改革的一大标志。在 R v. Newton 案中，被告人 Newton 承认肛交其妻子并作出有罪答辩，但是他论争其行为经过了他妻子的同意，但是根据其妻子对事实经过的描述，他的行为并没有获得同意并且充斥着暴力威胁。在上诉审阶段，法庭给出两个解决方案：一是法官不进行任何关于此争论的听证，但允许控辩双方提出意见与论据并据此直接得出结论。若双方的意见仍不一致，则法官作出有利于被告人的裁决；二是法官自己 "充当" 陪审团，对争论进行听证，并据此得出结论，并且听证的进行要沿用定罪阶段的证据规则。虽然在该案中，法官选择了第一种解决方案，但在随后的类似案件中，法官们普遍接受了第二种

---

① 英国理论界并无 "检察官客观义务" 的概念，但是英国刑事司法实务要求检察官 "should act in the spirit of a Minister of Justice, and not striving for severity but adopting a balanced view in the public interest. （代表司法部长行使检察权，不过分追求打击犯罪而从为实现公共利益的权衡视角追诉犯罪。）" 这体现了检察官客观义务的基本精神。

② Andrew Ashworth: *Sentencing and Criminal Justice (Fifth edition)*, Cambridge University Press, 2010. 381.

做法，由此将"牛顿听审"程序沿用至各个司法辖区。

启动"牛顿听审"程序的条件有两个，一是案件必须是辩诉交易案件，即以被告人作出有罪答辩的情况下仍出现事实争议为前提；二是事实争议必须仅与量刑事实相关，尤其是与主观方面相关的事实：如被害人有无过错，或者一些"明知"型犯罪中被告人主观上是否"明知"等。可见，"牛顿听审"程序是典型的程序倒流机制，也是弥补辩诉交易制度固有的忽视客观事实的缺陷的一种折中办法。

（四）量刑证据

1. 警察的先行记述（Police Antecedents statements）

在英国，刑事案件发生后由警察机关负责证据的收集和整理，各种证据中自然包括被告人量刑的相关信息，这些信息统括在名为先行记述的文件中。2002 年英国通过司法实践指导（practice direction）规定警察必须用全国警察机关电脑系统上整理先行记述并以案卷形式呈交检控署。先行记述必须包含三项内容：被告人的个人信息（年龄、教育程度、工作经历以及其他背景）、先前犯罪记录以及警告记录。在重罪案件中，还需要添加与其犯罪行为类似的至少三种犯罪记录及其量刑结果以供参考。此外，在举行量刑听证前，警察必须检查先行记述中的信息是否发生变化以提示法院注意。

2. 量刑前报告（Pre-sentence Reports）

1960 年，斯垂特菲尔德量刑委员会在报告中称："委员会工作的核心原则即是所有量刑的作出必须基于法庭寻求的那些具有可信性、综合性以及相关性的信息。"① 在接下来的几十年中，英国法院大量地应用量刑前报告。通过这些报告法院可以了解关于被告人的个人情况、犯罪情况以及对犯罪的态度，作出准确的量刑，促进刑罚个别化。

2007 年的《犯罪人管理的国家标准》（National Standards of Man-

---

① Streatfeild Mr. Justice: *Report of the Interdepartmental Committee on the Business of the Criminal Courts*, London: HMSO Press, 1960.

agement of Offenders）文件中规定了量刑前报告的制作格式与内容。它要求量刑前报告必须：内容公平且准确、关注罪行带来的风险、关注罪犯的再犯可能性并提供相关证据以及包含被害人的相关信息。如果是辩诉交易的案件，量刑前报告必须以最快的速度作出。

在一些案件中，法庭可能会推迟量刑作出的时间以便缓刑官准备量刑前报告。在 R v. Gillam[①] 案中，沃特金斯法官确立了一项规则：当法官为了评估是否有监禁刑的替代措施而推迟量刑时，如果替代措施满足各方面（刑罚目的）的要求，那么法庭必须采用该替代措施。同时，《刑事司法条例》亦规定缺乏量刑前报告而作出的量刑应当重新予以考量。由此可见量刑前报告对于作出量刑的主要作用在于评估是否存在替代监禁刑的措施之可能性，这也体现了个别化的刑罚目的思想。

然而，量刑前报告的重要性并不能掩盖实践中该量刑证据的运用暴露出来的弊端。根据一些学者的研究，实践中缓刑官常常会遗漏一些重要的信息并时而接受被告提供的不实信息、法官会被报告中使用的行话以及"不现实"的量刑建议所困扰。而法官也对报告提出的量刑建议颇为抵制，认为其侵犯了他们的量刑裁量权。[②]

3. 被害人个人陈述（Victim Personal Statement）

2001 年英国司法系统引入了被害人个人陈述机制。该机制确保被害人能够充分参与量刑活动，描述罪行对他们的侵害以及影响。并且在审判前，被害人有权在任何时间更新他们的陈述。关于被害人陈述，司法实践指导确立了三项规则：

- 法庭在作出量刑前必须考量被害人个人陈述内容；
- 在被害人个人陈述中包含的关于罪行对其影响的相关证据的形式必须合适，即以证人证言的形式或专家意见的形式在量

---

① See：*R v. Gillam*，(1980) 2 Cr App R (S) 267.

② Andrew Ashworth：*Sentencing and Criminal Justice (Fifth edition)*，Cambridge University Press，2010，pp. 378 – 380.

刑前交给被告人的律师。除非能够通过其他情状证据得出结论，否则法官不得在缺乏证据支持的情况下作出关于罪行对被害人影响的任何推断；

- 法庭在作出量刑前必须考量所有关于犯罪的情状证据，以及量刑作出后对被害人造成的影响。

一些学者对英国的被害人个人陈述机制进行了实证研究。结果表明实践中只有约30%的被害人在量刑中作出个人陈述。一些被害人并不了解他们的陈述能够用来做什么，一些被害人并不相信他们的陈述能够对量刑产生影响，还有一些被害人担心受到被告人的家属亲友的报复而拒绝陈述。但是在那些作出陈述的被害人中，有61%的被害人认为陈述后他们的感觉"好了很多"，体现了陈述的治愈性效果。①

（五）证据规则在量刑事实证明中的应用

在英国刑事司法中，于定罪阶段适用的严格的证据排除规则在量刑阶段得到了放松，这是为了法官能够接触到更多的与量刑相关的信息以助其作出准确合理的量刑。但这并不意味着所有的定罪证据规则与量刑事实的证明毫无关系，尤其是保障被告人交叉询问不利于其的证人方面以及检验与量刑事实相关的证人证言可信性方面，至少传闻证据规则与补强证据规则的应用值得探讨：

1. 传闻证据规则

在量刑阶段，由于缺少外行的陪审团，法官完全有能力权衡传闻证据的证明价值，因此量刑事实证明过程中使用传闻证据的风险似乎并没有那么大。并且，排除传闻证据的过程与论证本身就很浪费时间，拖沓效率。因此量刑阶段传闻证据原则上可以采纳。然而，英国法院仍在一些判例中排除了量刑阶段使用的传闻证据：在 Rob-

---

① Andrew Ashworth: *Sentencing and Criminal Justice* (*Fifth edition*), Cambridge University Press, 2010, pp. 383 – 384.

inson①案中，被告人确定有罪后，检察官向法庭提供了一份警察的书面证言，宣称被告人有较深的毒瘾并时常精神恍惚，因此应当判处监禁刑。在上诉审中法官认为如果警察不能在量刑阶段出庭作证并接受交叉询问，那么其证言便是典型的不可采的传闻证据，而接受这一传闻证据是"显而易见的非正义"。在其后的一个案件中，上诉法官亦根据传闻证据规则排除了警察收集的诋毁被告人名誉的一份文件。根据判例，决定量刑阶段的传闻证据是否可采取决于被告对该证据是否存在争议，以及争议出现后控方能否排除合理怀疑地证明之。如果控方并不能证明传闻证据能够用以证明争议事实，那么法官量刑时便不再考虑这一事实的存在与否。②

2. 补强证据规则

在英国法中，补强证据规则是指对于那些与庭前供述或陈述不一致，或带有明显偏见性，或不具完全作证能力的人作出的证言需要其他的可以提高证言可信性的证据对证言进行补强，否则证言将不具可采性。在普通的量刑听证程序中，补强证据规则并不适用。因为量刑的法官被认为"有能力辨别可信性较低的证据并能正确估计其证明力，并且对于一些加重事实，检察官有义务证明其至排除合理怀疑的程度，因此量刑程序中证据并不要求被强制补强"③。但是在 Long 案④中，被告人对其猥亵 12 岁女童的犯罪行为作出有罪答辩，不过对于基本犯罪事实女童的陈述与被告人的供述内容完全不一致，并且该案并无其他证明犯罪事实的证据。上诉法院裁定该案中女童的陈述并未被补强，因此应当完全将被告人的供述作为量刑依据。根据该案确立的判例法，除非法官裁定启动牛顿听审程序，当证人陈述的可信性不足并且没有补强证

---

① See *R v. Robinson*, (1969) 53 Cr. App. R. 314.

② Martin Wasik："Rules of Evidence in the Sentencing Process", *Current Legal Problems*, Issue 1, Vol. 38, 1985, pp. 208 – 211.

③ Ibid. , p. 203.

④ See：*R v. Long*, (1980) 2 Cr. App. R. (S) 8.

据支持时，该证据不得作为量刑的依据。换言之，当量刑证据的可信性存疑时，英国制度提供了牛顿听审程序和补强证据规则两种方案来巩固其可信性。

二　美国量刑事实证明机制

在美国《宪法》第 4、5、6、7、8 修正案以及第 14 修正案规定的"正当程序"条款的背景下，美国以当事人对抗制为基础，构建了旨在保护被告人宪法权利，实现公平正义的"宪法性刑事诉讼法"。然而，在司法实践传统上，于定罪阶段美国被告人享有的一些宪法权利在独立的量刑程序中不再适用。究其原因，以刑罚个别化为原则的美国式量刑必须保证量刑者能够获得足够的信息和证据来对被定罪之人进行准确公正的评价，因此获得信息和证据的过程自然不宜受到严格的证据规则以及程序规则的阻碍。尽管如此，正是由于如此不受限制的自由裁量权的影响，导致美国各个司法区间的量刑差异很大，且同一法官在量刑时也缺乏前后连贯性。因此在 20 世纪 70 年代，一些包括在量刑中的种族和阶层歧视的关注等因素的作用下使全美范围内掀起了限制量刑自由裁量权的热潮。1980 年，明尼苏达州首次采用了量刑指南制度。1984 年，美国国会制定了《量刑改革法》，设立了美国量刑委员会，负责联邦量刑指南的制定以及审查处理联邦量刑程序。经过量刑委员会对 40000 有罪案件的简要报告以及 10000 份追加的判决前报告、假释指南以及政策性评价等资料的分析，1987 年，经过国会审查，《联邦量刑指南》生效。该指南详细列举了各类犯罪的量刑事实，而且其中的 6A 部分又对量刑程序作出了规定。自此之后，美国法官的量刑裁量权受到了《联邦量刑指南》以及各州制定的量刑指南的严密限制，直到 2005 年，美国最高法院在 Booker 案[①]中宣布《联邦量刑指南》仅仅作为一项"有效的参考"，对法官

---

①　See：*United States v. Booker*，543 U. S. 220，160（2005）.

的量刑自由裁量权的限制终于有所松动。

传统上，美国的刑事司法制度中，量刑程序独立于定罪的庭审程序。因此形成了一套区别于普通庭审程序的规则。不过，基于对人权的重视、刑罚个别化的价值导向等原因，针对量刑事实证明的问题美国刑事司法的态度相当的松弛，他们更倾向于使量刑者尽可能获得更多的量刑信息以使量刑结果更加的准确。《联邦证据规则》明确证据法不适用量刑程序就充分说明了对这一问题的态度。然而，从 1949 年 Williams 案件最高法院首次阐释了被指控人的正当程序权利在量刑程序中的适用问题开始，在量刑程序中的量刑事实证明问题逐渐凸显出来。伴随着美国量刑规范化改革的推进，诸如《量刑指南》规则的出台使得独立化的量刑程序中的证明对象得以法定化，而这法定化的证明对象也引起了最高法院对量刑事实证明责任的分配、证明标准的界定、量刑证据以及证据规则的适用等问题的关注，相关的解释接连出台。围绕着独立的量刑程序，美国人构建了一套较为完善和固定化的量刑事实证明机制。在 2005 年，认为量刑规范化运动"矫枉过正"的美国最高法院通过 Booker 案确定《量刑指南》下的诸多规则仅是法官的"有效参考"，量刑事实证明规则失去了一定的强制性，但是已经在实践中经过检验达成共识的证明规则仍未丧失其合理适用的空间。

（一）量刑事实证明的基本原则

1. 刑罚个别化原则

在刑罚的基础理论层面，存在着功利主义与报应主义的争论，功利主义认为刑罚所带来的痛苦可以减少可能发生的犯罪所带来的痛苦时，它才是正当的；而报应主义则认为当有过错者自由选择违反社会规范的时候，刑罚就是应得的。两派争议经久不衰，因此现代的多数法治国家均采取了结合功利主义与报应主义的折中理论。美国也不例外，从宪法第八修正案的"禁止残酷、不人道的刑罚"条款延伸出罪刑均衡原则以及"三振出局"等措施反映的刑罚个别化原则均是美国式量刑的重要原则。

　　然而，从量刑事实证明的角度出发，量刑事实证明的原则体现更多的则是个别化原则。美国不愿为法院在行使量刑裁量权时施加更多法律限制就是因为个别化量刑的需要，进而确保对每一个被量刑的罪犯都可以得到有利于其回归社会的最佳效果。而这种个别化的基础就是法官的量刑自由裁量权。为了更好地发挥个别化原则的功能，法官就要尽可能的获得有关罪犯的量刑信息以及证据，因此，《联邦量刑指南》第 6 部分第 1 节 3 条规定："在解决任何一个关于对量刑起重要作用因素的争议时，法院可以考虑相关的资料而不需要注意审判中可适用的证据规则，只要这些资料有足够的可靠性来支持其准确性。"而《联邦证据规则》亦规定："本证据规则（除被告人特权外）不适用于量刑程序。"①

　　2. 正当程序原则

　　自美国《宪法》第 14 修正案规定了正当程序条款以来，美国的刑事诉讼基于该条款建构了完善、复杂的程序性机制，用于刑事案件的处理和解决。1949 年在 Williams v. New York 案中，最高法院确认了量刑程序中应用正当程序条款所应具备内容的首要原则，这些重要的原则包括：

- 法官在决定量刑时所可能加以考虑的因素的范围；
- 被告人享有对法官量刑时所考虑的因素和证明这些因素而提出的证据的知情权；
- 赋予被告人对这些因素的相关性和他们的存在提出质疑机会的权利；
- 在量刑时获得律师帮助的权利；
- 通过交叉询问、对质，以及其他方法来验证量刑信息准确性的权利；
- 被告人在量刑程序中说出和提供他自己证据的权利；

---

　　①　Rule 1101, *Federal Rule of Evidence.*

● 要求对与量刑有关的事实的证明必须达到证明标准的权利。[①]

可以说，1949 年的 Williams 案以正当程序原则为指南针，为美国的量刑事实证明概括性地引导了今后相关机制的发展方向。

有学者对正当程序原则以及基于其他宪法修正案被告人在刑事诉讼中所享有的权利在美国司法区的适用作出了总结，并形成了下表：

表1 美国被告人宪法权利于量刑阶段的适用[②]

权利	量刑阶段的适用		来源	分析标准			
	最高法院	下级法院		宪法规定	司法实践	正当程序权利	最佳评估
律师权							
有权聘请律师	Y	—	6th	Y	Y	N	Y
申请法律援助	Y	—	6th	N	N	N	Y
有效辩护	Y	Y	6th	N	N	N	Y
自由选择律师	?	y/split	6th	n	y	N	n
律师的程序参与	?	split	6th	N	y	N	N
保 释 权							
免于过分保释金	y	?	8th	Y	y	N	y
完全保释	n	n	5th	N	n	Y	n
有权获得起诉通知	?	y	5th/6th	y	N	?	Y
陪审团审判权	N	—	6th	n	n	N	N
证据开示权	y	Y	5th	N	N	Y	Y
禁止双重危险							
无判决后不利益变化	N	—	5th	y	N	N	N
禁止反言	?	?	5th	n	N	N	y
快速审理	?	split	6th	n	y	N	y
公开审理	?	y	6th	n	y	N	N

---

① See：*Williams v. New York*，337 U. S. 241（1949）.

② Alan C. Michaels："Trial Rights at Sentencing"，*N. C. L. Rev.* No. 81，Vol. 1771，2002 - 2003.

续表

权利	量刑阶段的适用		来源	分析标准			
	最高法院	下级法院		宪法规定	司法实践	正当程序权利	最佳评估
排除合理怀疑	N	—	5th	N	N	Y	N
对质权							
使用传闻证据	n	N	6th	Y	N	N	N
法庭内可采性裁决程序	?	n	6th	Y	N	N	N
强制到庭	?	Y	5th/6th	N	?	y	Y
提出证据权							
口头陈述权	?	split	5th/6th	n	Y	?	Y
争辩控方证据权	?	y	5th	n	?	Y	Y
传唤证人权	?	N	6th	y	?	Y	?
沉默权							
拒绝作证权	Y	—	5th	n/a	n/a	n/a	n/a
禁止使用强迫取得的供述	?	split	5th	y	y	N	n
不得从犯罪事实中作不利推定	Y	—	5th	N	N	N	N
不得从其他事实中作不利推定	?	?	5th	N	N	N	N
最高法院的相关裁定中的运用				5—6	7—4	4—7	10—1

注：此为翻译原文表格，以下为作者对表格的说明（译文）：

为了便于说明，解释将以"律师的程序参与权"为范本。最左边的竖列是各项权利。其中大多数被划分成反映某一项权利保障的不同方面的子类。例如，会见律师权被分为包括"律师的程序参与权"在内的五个子类。（聘请律师、申请法律援助、获得有效辩护、律师选择以及律师的程序参与）

接着的两个竖列表示这些被告人权利是否根据现行法能够适用于量刑程序。"最高法院"指美国最高法院是否明确指出权利能够适用于量刑，能即"Y"，不能即"N"，没有做出相关决定即"?"。如果最高法院做出了一些明确的说明但是并未最终决定是否适用或不适用，则用小写字母表示。例如，"律师的程序参与权"对应的是"?"，这说明最高法院尚未明确决定该权利是否适用量刑程序。"下级法院"指除最高法院外的下级法院对权利适用的相关意见。大写字母表示下级法院的意见非常明显，小写则表示意见只是试探性的。

下级法院中对相关问题的典型的不同意见则由"split"表示，因为下级法院会对被告人是否具有某一权利存在争议。

下一列（来源）是指某一诉讼权利的宪法来源。例如"律师参与权"，来源于第六修正案，因此由"6th"来表示。若权利笼统地来源于第十四修正案的"正当程序原则"，则将其归于第五修正案（与诉讼权利相关）。

剩下的四列则是"分析标准"，即基于本文（引注文献）所描述的分析某一权利是否适用量刑时所参照的标准。换句话说，即根据某一标准进行分析，表格中的结果回答了权利可否应用于量刑程序的问题。四列中的"Y"等字母的意思与前面的字母的意思是一样的。

在"宪法规定"一列中，"律师参与权"被标记为"n"，意味着如果宪法规定是准则，虽说结论并不确定，但该权利很有可能不适用于量刑程序。在"司法实践"一列中，"律师参与权"被标记为"y"，意味着在该标准下争论的结果倾向于该权利可适用于量刑程序。"正当程序"一列则标记为"N"亦即该权利并不在正当程序标准考量的范围内。最后，"最佳评估"标准标记为"N"，因为从该权利的适用性和对正确的结果进行合理评估的角度，该权利并不必要被应用于量刑程序，而仅仅视为对被告人的一种保护。

关于标准的四列最下面的一行是"最高法院的相关裁定中的运用"，并以数字表示。是指最高法院在裁定案件时利用某一标准进行论证和考量了多少次。

从该学者整理的结果上看，对于美国宪法修正案赋予被指控人的各项正当程序权利，最高法院明确其适用于量刑程序的屈指可数。对于大多数的权利，最高法院的态度模棱两可。而就决定是否适用的分析标准而言，直接源于宪法规定和司法实践的权利适用情况较少，多数情况下最高法院是依据最佳评估标准，即权衡量刑程序中被指控人的权利保障与对合理量刑结果的预期之间的关系而得出适用的结论。这充分说明对于量刑事实的证明以及认定，美国过往的态度是相当宽松的。

（二）量刑的证明对象

在 Williams 案中，最高法院确认量刑法官的职责是"尽可能地获得与被告人相关的生活或者性格特征的材料"。而《联邦量刑指南》亦规定法官在决定罪犯罪行等级时必须要考量被告人所有的"相关行为"。这就意味着就量刑的证明对象来说，其范围是非常宽广的，至少远超于考量定罪行为的相关因素。尽管如此，对于量刑证明对象仍有两个重要问题需要分析和厘定：

首先，为了实现刑罚个别化的理念与准确量刑的目标，法官自然要考虑大量的与罪犯人身危险性相关的事实。然而这种考虑的过程是否要受到法律的限制？应当限制到什么程度？Williams 案后，最高法院通过判例附加了两条基本限制，一是禁止量刑法院对被告人在刑事程序的基本程序性权利的行使予以考量；二是禁止考量被告人或者被害人的种族与性别，或者被告人对其基本宪法权利的行使。20 世纪 70 年代后，伴随着限制法官量刑自由裁量权的浪潮，对于量刑证明对象的固定化与法定化亦成为理论界和实务界研究的重点。例如，《联邦量刑指南》出台前，有学者设计了一份《模范量刑指南》，其中他将量刑证明对象分为犯罪行为相关因素与犯罪者个人相关因素，行为相关因素又分为加重量刑因素和减轻量刑因素两个部分：加重情节包括犯罪手段是否残酷、被害人是否是弱势群体、犯罪者是否持有武器、是否有多名被害人等；减轻情节包括被害人对犯罪发生是否有过错、犯罪者是否被动消极、犯罪者是否受到了他人的威胁等；犯罪者人身因素包括犯罪者是否认罪、是否有身体上或精神上的疾病等。[1] 1987 年《联邦量刑指南》生效后，其几乎涵盖了极为细致的法官在量刑时所要考量的因素，包括根据不同罪名设置不同的对象，至此量刑证明对象几乎完全法定化。然而，2005 年 Booker 案后被《联邦量刑指南》紧缚的量刑事实的证明范围再次松动和扩张，最终 2010 年最高法院通过 O'Brien 案[2]确定："案件中特定事实是定罪因素还是量刑因素决定权在国会。"

其次，正如 O'Brien 案中最高法院确定的规则，既然量刑时所要考虑的范围非常宽广，但是如何将量刑因素和定罪因素相分离也是

---

[1]　Stephen J. Schulhofer：" Due Process of Sentencing ", *U. Pa. L. Rev.* No. 128, Vol. 733, 1979 – 1980.

[2]　See：*United States v. Martin O'Brien and Arthur Burgess*, 560 U. S. 218（2010）.

划定量刑证明对象的关键所在。尤其是对于实行量刑程序独立化的美国。在后温希普案时期，美国最高法院面临着如何界定定罪因素还是量刑因素的痛苦抉择。在 1975 年 Mullaney 案中，最高法院判定受到被害人挑衅的激情杀人情节的证明责任由被告人承担违宪。通过这一判例规则，根据正当程序条款，在刑罚方面有重大影响的事实不能被标以量刑事实；但在随后 1977 年 Patterson 案中最高法院又确定因极端情绪痛苦而激情杀人的情节归属为量刑情节；1986 年最高法院在 Mcmillan 案中又指出任何超出法定最高刑事实均为定罪因素；但随后又在 1998 年的 Almendarez-Torres 案中确定累犯虽然改变了罪犯的法定最高刑，但是其应当被视为量刑因素。直至 2010 年 O'Brien 案最高法院将界定这一棘手问题丢向国会，并指出，是否是量刑因素要考量 5 个标准，即：1. 文义解释；2. 量刑传统；3. 量刑不公的风险；4. 刑罚的严重程度；5. 立法的历史。从某种程度上说，O'Brien 案的判例法意味着美国量刑因素的识别和确定走向了相对法定化的道路。

此外，美国也存在着陪审团量刑的程序机制。依照司法惯例，大多数的州都在死刑案件中应用陪审团进行量刑。陪审团量刑的方式既可以包括集中式审理，又可以包括定罪和量刑分别审理。问题在于，在集中式审理的陪审团量刑程序中，如何排除诸如先前犯罪行为记录等可能会给陪审团造成预断的证据？最高法院在案中解决了在集中式审理程序中关于先前犯罪记录的对待方式问题。在三起案件中，法官对确定被告人先前罪行的资料都予以确认，但是却指示陪审团在作出被告人有罪或者无罪的判决时对其的先前犯罪记录不要加以考虑。"基于传统的证据规则，允许法官在判决有罪或者无罪时采纳先前犯罪证据的各种情势都是存在的……限制法官的指示权也并不足以防止偏见后果的发生，而且会造成对州刑事证据法完整性的损害和对其他审判体系广泛领域的威胁。"可见，最高法院的解决态度倾向于利用法官指示权的活用来缩小或排除陪审团可能产生的基于相关性证据规则的偏见。另外，在 McGautha 案①中，就被告人在集中式程序中行使沉默权的问题与接触证据权的问题，最高法院赋予被告人的二选一的权利：要么行使强迫自证其罪特权不对自身是否有罪加以证明并且在对量刑事实进行证明前行使该特权，要么在量刑时对争议事项进行证明从而使自己对其是否有罪的争议接受交叉询问。

（三）量刑事实的证明责任与证明标准

当量刑的证明对象确定之后，那么对于证明量刑事实的存在或不存在的责任分配以及证明标准问题就成为正当程序中另一个极为重要的因素。就前者来说，在 United States v. Urrego-Linares 案②中，第四巡回法院确认在量刑程序中，被告人要对罪轻事实的量刑承担优势证据证明责任；控方则要就提高法定刑幅度以及提高最终量刑的事实承担证明责任；正当程序并不要求控方就被告人不接受减轻量刑的事实承担证明责任。另外，在 Walton v. Arizona 案中，最高法院也明确规定："州可以要求被科处死刑的被告人要运用优势证据标准证明与量刑相关的减轻情节因素的存在。"③ 由此可知，美国的量刑事实证明责任分配的基本原则是将加重情节的证明责任分配给控方，而被告人则要承担减轻量刑因素存在的证明责任。这与民事诉讼的举证责任分配是极为类似的。

对于证明标准问题，最高法院在 Patterson 案中指出："当不存在加重量刑时如此重要以至于其已经成为罪行的实质性构成要素时，优势证据证明标准是足够的……当优势证据标准被认为在审判时证明防卫和减轻情节是符合宪法要求的。"④ 这意味着对于量刑因素而言，其证明标准为优势证据标准。这一点在最高法院的 McMillan

---

① See：*McGautha v. California*, 402 U. S. 183（1971）

② See：*United States v. Urrego-Linares* 879 F. 2d. 1234（1989）.

③ See：*Walton v. Arizona* 497 U. S. 639, 111（1990）.

④ See：*Patterson v. New York*, 432 U. S. 197, 53（1977）.

案①中得到了确认。在 20 世纪 80 年代后，美国一些州司法辖区陆续出台了《量刑指南》，在指南中优势证据的证明标准同时适用于加重和减轻情节，并且法庭有义务进行量刑心证公开（量刑说理）。② 另外，在 2010 年 O'Brien 案中，最高法院再次重申："在法官量刑程序中，对于量刑事实的证明要达到优势证据证明标准。"

　　然而，在美国并非所有的量刑事实的证明都适用统一的优势证据标准。例如，在 2000 年 Appendi③ 一案中，最高法院确认除了先前定罪行为（这一规定为 Almendarez-Torres 案④中确定），任何高于法定最高刑的事实均是犯罪相关事实，不仅要被陪审团所审查，并要适用排除合理怀疑标准。可见，对于优势证据与排除合理怀疑两个证明标准的选择取决于证明对象是定罪因素还是量刑因素。值得一提的是，有学者在 2005 年 Booker 案后指出："当《量刑指南》失去了对法官量刑自由裁量权强力的约束效力后，必须适用正当程序条款来约束失去束缚的量刑自由裁量权，也就是说，排除合理怀疑证明标准必须适用量刑事实的证明。……适用优势证据标准或明晰可信标准的目的是《量刑指南》中的规则的应用，而并非普通法的应用。"⑤

　　（四）证据规则在量刑事实证明中的适用

　　能够代表英美法国家的一个传统典型特征就是英美法系的庞杂而又精细的证据规则。尽管如此，在量刑程序中，从《美国法典》（U. S. C. A）第 18 章 3661 节，到《联邦证据规则》第 1101 规则，这些成文法规定均否认了证据规则在量刑程序中的适用。尽管证据

---

①　See：*McMillan v. Pennsylvania*，477 U. S. 79，91（1986）.

②　Kevin R. Reitz："Proof of Aggravating and Mitigating Facts at Sentencing"，from Julian V. Roberts：*Mitigation and Aggravation at Sentencing*，Cambridge University Press，2011. 233.

③　See：*Appendi v. New Jersey*，530 U. S. 466，147（2000）.

④　See：*Almendarez-Torres v. United States*，523 U. S. 224，140（1998）.

⑤　Alan Ellis and Mark H. Allenbaugh："Standards of Proof at Sentencing"，*GPSolo*，No. 27，Vol. 28，2010.

规则限制的放开的确能够让量刑法官接触到尽可能多的证据和信息，但是不受限制的证据难免会造成一些证据因不具备可靠性而影响到量刑的准确性。因此，在美国有一些证据规则通过在量刑程序中的适用，来附加一些对量刑证据的限制。

1. 先前定罪行为规则

《联邦证据规则》第 404 条确定了先前定罪行为的证据排除规则。但是，《联邦量刑指南》第四章明确为先前犯罪行为以及犯罪记录设定了量刑规则，《联邦刑事诉讼规则》第 32 条第 C 款也明确量刑前调查必须包括被告人的前科以及性格特征内容。这些成文法规定均说明关于被告人前科以及先前行为的证据具备可采性。然而，在 United States v. Tucker 案①中，最高法院认为，如果因为被告人没有获得律师的帮助导致量刑时，法官在不知道对被告人的先前定罪判决是违反宪法的情况下作出的而将该先前定罪判决作为此次量刑的依据，那么该量刑裁决不能成立。另外，美国刑事司法实践有一种将先前定罪记录视为既定事实而无须寻求其他任何证据确证的倾向，为了防止受到误导，许多法院也确实限制一些先前定罪记录或者不良行为记录的运用。

2. 第四、第五修正案与非法证据排除规则

基于对美国《宪法》第四修正案的适用而产生的非法证据排除规则在 1987 年《联邦量刑指南》出台之前，最高法院衡量某一违反第四修正案获取的证据是否在量刑程序中适用时，偏重于考量证据的排除能否产生震慑警察取证行为的效果。但在指南生效后，最高法院承认了这些证据在量刑阶段的效力。然而，就《宪法》第五修正案规定的反对强迫自我归罪特权来说，最高法院在 Estelle v. Smith 案②中指出："就如同第五修正案规定的反对被告人成为不利于他的证人一样，被告人也不能成为对他处以不利刑罚的证人。目前并没

---

① See：*United States v. Tucker*，404 U. S. 443（1972）.

② See：*Estelle v. Smith*，451 U. S. 454，68（1981）.

有区分第五修正案在定罪阶段和死刑裁量阶段的适用的依据。"因此，在量刑环节，宪法第五修正案如同定罪程序般适用。这意味着若违背该项规定获得的证据要被排除。不过，被告人在量刑前会见缓刑官时缓刑官没有米兰达警告的义务。另外，最高法院在 Mitchell v. United States 案①中也确认在量刑时不得就被告人行使沉默权的行为而作出对其不利的推定。

3. 第六修正案与传闻证据规则

联邦证据规则确定了排除传闻证据规则，而在美国刑事审判中，基于第六修正案，被告人亦享有对质权。对质权的延伸包括三点：排除传闻证据（除非基于例外可采）、证人必须出庭陈述以及被告人享有出庭权，就量刑证据规则方面，现仅讨论传闻证据的采纳与排除。

在 Williams 案中，最高法院明确规定在量刑程序中传闻证据具备可采性，在该判决中，最高法院甚至阐述："如果在量刑程序中排斥传闻证据的适用，那么绝大多数量刑程序就都是违宪的。"下级法院也确实承认正当程序条款不应当在量刑程序中使用传闻证据。然而，下级法院却确立了采纳传闻证据的底线标准：有足够的可信度来支撑自身的精确度，亦即最低的可信性标准。有学者评论："如果传闻证据与事实是相关的并且至少具有一些证明力，那么如果基于对质条款限制传闻证据的使用就太不切实际了……允许考虑任何相关的证据将会提升裁判的准确性。"② 由此可见，尽管传闻证据在量刑程序中原则可采，但是法官仍要评断其基本的证明力，即最低的可信性。此外，对于一些匿名者提供的传闻证据，有一些法院也指出这种传闻证据不应该出现在量刑前报告中，除非匿名者有"好的理由"或者能够"通过其他方法作证"。

---

① See：*Mitchell v. United States*，526 U. S. 314，317（1999）.

② Alan C. Michaels："Trial Rights at Sentencing"，*N. C. L. Rev.* No. 81，Vol. 1771，2002 - 2003.

（五）量刑事实的证明程序

《联邦刑事诉讼规则》第 32 条以成文法的形式详细地规定了美国的量刑程序。在量刑程序中，关于量刑事实证明过程的最重要的问题至少包括量刑前报告、证据开示、量刑程序的运作以及被害人影响性陈述。

1. 量刑前报告（Pre-Sentencing Report）

《联邦量刑指南》第 6 章第 1 节第 1 条规定，量刑指南的适用必须依据量刑前报告中包含的信息；《联邦刑事诉讼规则》第 32 条 C 款则规定除非法院认为案卷中的信息已经能够确保公正量刑或法律另有规定，否则缓刑官必须进行量刑前调查，并在量刑前向法官提供量刑前报告。因此从本质上说，美国缓刑官的量刑前调查行为属于量刑证据的收集行为，而最终形成的量刑前报告则是一份包括多个证明对象的量刑证据。量刑前报告包含的典型内容包括：缓刑官通过与被告人的深度会谈来获取被告人对其罪行的态度以及其他关于被告人的信息；通过 FBI 提供的逮捕名单或其他记录获取先前犯罪记录；通过了解被告人身边的人获取有关被告人更多的信息等。《联邦诉讼规则》E 款和 G 款规定：缓刑官必须最迟在量刑听证日 35 天前向控辩双方提供量刑前报告并听取意见，最迟在听证日 7 天前提交最终的量刑前报告。

在联邦和一些州的司法体系中，量刑前报告可以在被告人作有罪答辩或者被作出有罪判决前提供。《联邦刑事诉讼规则》E 款确认了这一规则。这个时间点产生了一个似乎不可避免的问题：量刑前报告存在使量刑法官产生预断的风险。美国的法院则通过控制下述的量刑前报告的披露时间点来排除这一风险。

2. 证据开示（Discovery of Evidence）

证据开示是基于当事人主义的美国刑事诉讼中的一项极为重要的制度，最高法院也确认基于正当程序条款控方必须承担向辩方开示证据的责任。在量刑程序中，证据开示分为两个方面——量刑前报告的开示以及其他量刑证据的开示。

量刑前报告曾经被认为是"秘密性文件"，因为被告人在获知了报告中的内容后可能会对提供信息的人不利，直至 1977 年 Gardner v. Florida 案①中，最高法院确定量刑法官不阐明量刑前报告中的实质性的信息的行为是违宪的。《联邦刑事诉讼规则》第 32 条 G 款规定了量刑前报告必须向被告人披露，而第 3 项则确立了开示的例外：如果开示报告会影响矫正被告人计划实施的；基于保密协议获取证据来源的以及如果开示被告人可能会对他人造成身体伤害的。

对于其他的证据，最高法院并没有明确的表态，但是它在确认刑事诉讼的证据开示规则的典型案例 Brady v. Maryland 案②中明确表示控方证据开示的范围包括"与定罪和量刑相关的证据"，由此可知，在量刑程序中，控方仍要承担向被告人开示证据的义务。

3. 量刑听证程序（Sentencing Hearing）

《联邦刑事诉讼规则》第 I 款详细规定了量刑听证程序的基本形式。在这一程序中，法院必须核实被告或被告的律师已经阅读了量刑前报告及其附属信息；给予控辩双方根据 D 款而排除在量刑前报告外的信息以及争辩这些信息证明力的机会；允许控辩双方争辩缓刑官的决定或者其他给出的合适的量刑；允许控辩双方基于合适的理由在量刑作出前提出反对意见。

此外，法院允许控辩双方就量刑前报告的反对意见提出证据进行证明。如果有证人出庭作证，其适用《联邦刑事诉讼规则》第 26.2 条 A 款 – D 款以及 F 款的关于证人陈述展示的规定。如果控辩双方违背了这些规定，那么法院将不得考虑证人证言。在量刑程序中，被告人与被害人均有权关于量刑问题进行陈述。

值得一提的是，就被告人在刑事诉讼中的证明权而言，该证明权至少包括三个方面：自己作证、反驳控方证据以及传唤证人（包括强制有利于他的证人出庭作证）。最高法院尽管没有明确的表述上

---

① See：*Gardner v. Florida*, 430 U. S. 349, 51 (1977).

② See：*Brady v. Maryland*, 373 U. S. 83 (1963).

述证明权在量刑程序中是否直接适用，但是在一些别的案件中，最高法院与一些下级法院均通过判例承认了被告人当然在量刑程序中享有自己作证权以及反驳控方证据的权利，只是就强制有利证人出庭作证这一权利上，法院们普遍认为证人是否出庭应当由法官自由裁量。①

4. 被害人影响性陈述（Victim Impact Statement）

在 20 世纪末被害人权利保护运动的浪潮下，量刑程序中允许被害人有权在量刑程序中作出口头陈述或者提供被害人的书面陈述并记载在量刑前报告中。的确，被害人影响性陈述在发泄被害人情绪、促使加害人悔过与回归以及帮助法官准确量刑等方面具有重大意义。不过，美国刑事诉讼理论界有些观点认为被害人进行了不当的影响性陈述可能会对被告人的量刑准确性产生影响，因此被害人陈述的内容应当限定在犯罪行为对其的身心伤害，以及物质损失。寻求报复等陈述意见法官不应当在量刑时予以考虑。

三　加拿大②量刑事实证明机制

地处北美的加拿大国曾经是英国的联邦国，其司法体制深受英国的影响。1982 年，在英国女王签署了《加拿大宪法法案》（the Charter）后，加拿大取得了完全的立宪权与修宪权，意味着其法律上的完全独立。后加拿大在保留一些英国司法体制的基本制度的基础上，受到了美国司法的影响，形成了具有自身特色的英美法体制。在 1985 年，加拿大议会通过了《加拿大刑法典》（Criminal Code），该刑法典不仅对实体法问题进行了详尽的规定，亦吸收了判例法确立的一系列与刑事诉讼程序以及量刑相关的规则，成为"刑事一体化"的制定法。1996 年 3 月，加拿大议会通过了 Bill C-41 刑法典修

---

① Alan C. Michaels："Trial Rights at Sentencing"，*N. C. L. Rev.* No. 81, Vol. 1771, 2002 - 2003.

② 加拿大分为英属省份与法属省份，此处单独探讨包括安大略省在内的英属省份的量刑证明机制。

正案，其中对成年人的量刑制度进行十分完善和详细的规定。在该修正案出台前，加拿大的量刑根据是预防刑下的特殊预防主义，并依托法官的自由裁量权予以实现，而报应刑与罪刑均衡的刑罚根据体现的并不明显。Bill C-41 修正了第 718 条关于量刑目的的规定，新的第 718 条指出：“量刑的基本目的是，伴随着阻止犯罪的主动性，通过施加正当的刑罚以尊重法律，并伸张正义、维护和平与公共安全。正当的刑罚带有如下一个或几个目标：谴责违法行为、震慑犯罪人或者意图实施犯罪的人、必要时隔离犯罪人实现保安、帮助犯罪人的再社会化、补偿受到犯罪侵害的被害人以及社区、促进犯罪人的责任意识，使之意识到犯罪行为对被害人以及社区的伤害。”加拿大学界认为，修正后的第 718 条的规定意味着报应刑与预防刑刑罚根据的统一，量刑活动必须以实现上述量刑目的为依据展开，因此加拿大的量刑事实证明机制的构建与运行毫无疑问地必须以实现量刑的基本目的为原则来进行。

（一）量刑的证明对象

在加拿大的量刑实践中，法官量刑时必须考量所有具有显著特征的量刑相关因素，即各种加重情节与减轻情节。一般来说犯罪的性质本身就为法庭提供一个体现震慑或谴责等刑罚目的因素的参考，因为这些因素本身与犯罪的严重程度直接关联。除此之外，预防的目的则与犯罪人的个人性格特征等因素关联，而恢复性与治愈性的目的则与犯罪危害的对象相关。因此《加拿大刑法典》第 718 条第 2 项（量刑法官在量刑时所需要考量的因素）（e）要求法官在量刑时必须考量以上所有因素。毫无疑问，基于个案情况的不同以及刑罚目的的多元性，加重情节和减轻情节是无法穷尽的，然而法官在考量个案的情节时，必须以两项原则为依据：

- 基于犯罪行为的可归责性以及结果的严重程度确定犯罪行为的严重性；
- 犯罪人的个人背景和特征、过去行为以及罪后表现。

然而尽管确立了量刑证明对象的考量根据，即量刑情节的设置依据,但加拿大的实践并没有独立化的量刑指南,因此所有的常用量刑情节或来源于实体法律规定,或来源于司法实践的总结。这是区别于英国与美国的加拿大量刑证明对象的一个独有特征。只不过,相对来说,加拿大的刑法典立法技术相当成熟与完善,除了传统的刑法立法的总则与分则的分支外,刑法与宪法的关系问题,刑事诉讼问题均在刑法典中有所体现,而相应的,量刑证明对象在《加拿大刑法典》中规定得相当细致。

1. 量刑的事实基础

无论是被告人作出有罪答辩的案件,还是被告人答辩无罪后被陪审团定罪的案件,《加拿大刑法典》第745条第4项要求量刑法官必须考虑犯罪的性质与所有与犯罪相关的情节;据以量刑的各种事实必须有证据进行证明。

为了奠定量刑的事实基础,《加拿大刑法典》作出了一些原则性的规定:首先,根据第726条第1项,为决定量刑,法庭必须考虑所有与量刑相关的信息,包括控方或被告提出的关于量刑的意见中包含的信息。这里需要注意的是,"信息"一词的外延要宽于"证据",亦即证据的概念在量刑阶段要被扩大化。同时,信息必须与量刑具有相关性,并且这些信息原则上要通过口头的方式在量刑程序中提出。[①] 其次,控辩双方律师必须保证法庭能够获得完整并且准确的信息。如果与量刑相关的事实并不明确,那么法官应当基于有利于被告人的原则对事实进行解释并据此量刑。另外,第723条第3项规定如果法官得知双方律师持有完整准确的信息但是并未在量刑阶段中提出,法官有权要求律师提供此种信息。再次,量刑阶段中,法官可以直接采用定罪阶段使用的证据而无须进一步的证明,亦可以直接采用控辩双方同意的无争议的证据。最后,法官只能考虑案件范围内的相关信息,而不得考量与案件不直接相关的信息,例如

---

① Clayton C. Ruby; Gerald J. Chan, Nader R. Hasan, Annamaria Enenajor: *Sentencing* (*Ninth Edition*), LexisNexis Canada Press, 2017, p. 101.

社会问题、民愤对犯罪的影响等。

在陪审团审判案件中，有一个重要的问题值得考虑：量刑法官能否在量刑阶段解决陪审团未解决的与量刑关联重大的事实问题并据此量刑？加拿大的判例法①给出了两项规定：其一，量刑法官必须受到陪审团判决中对事实明示或暗示的推断的约束，并且不得接受陪审团拒绝认定的事实作为量刑的依据；其二，如果陪审团判决中对重要量刑事实没有作出推断，或者对事实的推断模棱两可，那么法官不能直接将这种推断作为量刑依据，他必须对推断及其作出推断的相关证据作出独立的裁断。例如，对加重情节或者先前犯罪问题，如果陪审团没有在判决中涉及这一问题，那么法官必须要求控方提供对这些问题的相关证明，并且该证明要达到排除合理怀疑的程度。②

2. 加重量刑的事实

在加拿大的量刑实践中，按照法源加重量刑的事实分为成文法规定的加重量刑事实与实践常用的加重量刑事实。就前者而言，《加拿大刑法典》第718条（a）将一些重要的加重量刑事实法定化。包括：犯罪的动机基于种族、民族、语言、肤色、宗教、性别、年龄、身心残疾、性取向及类似因素的偏见和痛恨；犯罪行为包括虐待配偶、事实婚伴侣以及儿童的情节；犯罪行为包括违背被害人的信赖利益或权利的情节；犯罪行为是在犯罪组织的带领下实施的。此外1997年《加拿大毒品与违禁品条例》第10条第2项亦规定了毒品违禁品型犯罪的加重情节：犯罪时伴随持有、使用武器或以使用武器相威胁；使用暴力或以使用暴力相威胁的行为以及在学校附近或平均年龄低于18岁的公共场所进行毒品违禁品的交易行为。

实践中常用的加重量刑事实通常包括：

---

①　See：*R v. Brown*（1983），79 Cr. App. R. 115. and *R. v. Gardiner*，（1982）2 S. C. R. 368.

②　Allan Manson and William J. Vancise：*The Law of Sentencing*，Irwin Law Press，2001，pp. 130 – 131.

- 犯罪前科；
- 实际使用武器或以使用武器相威胁；
- 犯罪行为特别残忍；
- 针对多人的犯罪或连续多次犯罪；
- 犯罪组织化或犯罪集团化；
- 阻碍被害人诉诸司法程序；
- 经济损失；
- 有计划的犯罪；
- 被害人系弱势群体；
- 被害人系特殊身份群体（例如被害人系警察、狱警或曾担任陪审员）；
- 犯罪人故意承担风险（此类情节发生于过失型犯罪中，如果犯罪人明知其行为可能产生危险还实施行为，即故意承担风险，此时可能会被加重处罚）；

需要区别的是，实践中存在一些实质上的减轻量刑情节，但是没有该事实也不能成为加重处罚的情节，比如被告人作无罪答辩或行使沉默权、没有对犯罪行为悔过、没有配合司法机关等。

3. 减轻量刑的事实

除了对被害人的赔偿补偿外，《加拿大刑法典》并没有对减轻量刑事实作出特别规定。在实践中，被告人会基于自己的量刑利益在意见中提供大量的减轻情节事实。比较重要的有：

- 初犯（相对地可以使再社会化的目标更容易实现，且能说明犯罪人本人的品格）；
- 无犯罪前科（犯罪记录若没有在法庭之上提出，那么则视为无犯罪前科，应当减轻刑罚）；
- 良好品行（在加拿大的实践中，良好品行主要指在社区内犯罪人的声誉情况。信息来源非常广泛，包括犯罪人的亲属、朋友、同事、熟人。在反映人性阴暗面的犯罪中，如性犯罪，品行证据或信息的证明力较低，因为亲属及朋友有可能并不了解犯罪人的人性阴暗面。)

- 有罪答辩与悔过（有罪答辩一般来说是必须要考量的减轻量刑事实，因为它意味着犯罪人思过心理以及对犯罪负责性的深刻检讨。有罪答辩提出的时间点亦是刑罚减轻的考量对象，越早提出获得的减轻利益越大。)

- 犯罪人的身心状况（因为量刑直接与罪行的可归责性相关，因此犯罪人在犯罪时的身心状况，比如心理疾病或者嗜瘾症状可能会成为减轻量刑的因素）

- 良好的工作记录（良好的工作记录能够说明犯罪人的社会责任感以及对社区准则的遵守态度，能够说明较轻的社会危害性。)

- 罪后表现（犯罪人的罪后表现，尤其是那些为了再社会化的努力，受损的社会关系的修复等表现均是必须予以考量的减轻量刑事实。)

- 赔偿或补偿 [赔偿或补偿是《刑法典》第 718 条（e）与（f）特别规定的减轻量刑事实，它不仅要求犯罪人实际赔偿补偿被害人或社区，并且还要求犯罪人意识到自己的过错以及对被害人或社区的伤害以及责任。]

- 受害人过错（常见的受害人过错包含挑衅行为以及胁迫行为，这些行为本身不构成《刑法典》规定犯罪，但是这些行为一旦存在，犯罪人就应当被减轻处罚）

- 迟延起诉或量刑（在一些案件中，如果因特殊原因而延迟起诉或延迟量刑，那么基于犯罪人的程序利益，他们可能会被减轻量刑。)

- 对违禁品的错误认知（在毒品犯罪中，如果犯罪人对犯罪行为的主观认知错误可能会影响量刑。例如，在走私可卡因的案件中，如果犯罪人误将可卡因错认成大麻，并且情状证据支持这种认知的存在，那么量刑可能会减轻。)

（二）量刑事实的证明责任与证明标准

加拿大传统的量刑实践中并没有与量刑事实的证明责任和证明标准的相关规定，直至 Gardiner 案的到来。在该案中，被告人对其妻子实施了人身伤害行为，被告人承认该事实并作出有罪答辩。然而，被告人的妻子在量刑听证中控诉被告人还有性虐待行为，而被告人并不承认。控方支持被告妻子的主张并认为这是加重情节，并提出只要将该情节证明至盖然性权衡（Balance of probability）这一民事诉讼证明标准的程度即可。针对这一意见，最高法院拒绝了控方就量刑中对加重情节事实的证明应当适用较低的证明标准的请求，并阐释道："除了在有罪答辩中被告人承认的加重事实，控方应当对任何加重事实进行立证。如果没有争议，那么程序将以非正式方式进行；如果出现争议，那么基于被告的利益解决争议的法律规则必须适用刑事程序中的一般原则，包括排除合理怀疑。"① 由此，加拿大刑事司法确立了控方就罪重事实需承担证明责任，并证明至排除合理怀疑程度的证明标准之规则。根据这一规则，量刑法官对于加重情节必须通过控方提出的能够排除合理怀疑的证据进行事实认定，任何降低证明标准或者采用司法认知等免证方法的行为均是不允许的。同时，《加拿大刑法典》第 724 条第 3 项（e）亦确定控方的对于加重情节的证明责任与证明标准。

至于减轻情节的证明责任与标准问题，Gardiner 案的判决指出："控方承担罪重事实的证明责任并要证明至排除合理怀疑并不适用被告人的举证——即所有的减轻量刑事实均有可能被以有利于被告的方式呈现。"而第 724 条第 3 项（d）则规定除了控方承担证明责任的情形，量刑前法庭必须以盖然性权衡的标准裁定争议事实。易言之，不能因为法律规定控方承担证明责任和排除合理怀疑证明标准就意味着被告只承担提出合理怀疑存在的证明责任即可，而是一旦被告对争议事实有所主张，那么他就必须进行证明并适用盖然性权

① See：*R. v. Gardiner*，(1982) 2 S. C. R. 368.

衡的证明标准。可见，第 3 项规则一定程度上更改了控方承担加重情节证明责任与证明标准的原则，因为除了直接提出并证明减轻情节的存在外，被告也可能通过反驳加重情节证据来争取减轻量刑，此种情形下，根据规则（d），被告就必须承担证明责任，并适用盖然性权衡的证明标准。后续的判例 Donovan 案再次明确了这一点："量刑程序中一方提出主张，但拒绝或者没有进行证明，则该主张不得作为量刑的依据。"①

（三）量刑事实的证明程序

加拿大的量刑事实证明程序依附于其独立的量刑程序中，一般来说，在被告人作出有罪答辩或者在事实审理中陪审团确定被告人有罪（普通程序）之后，法官应当"及时"开启量刑听证程序。如若迟延举行量刑听证，则被告可以获得刑罚上减免的利益。在加拿大，除了一级谋杀罪以及可能判处终身监禁的刑罚是由陪审团决定量刑之外，量刑是专属法官的权力。

实体法已经对量刑程序的证明过程作出纲领性规定，根据《加拿大刑法典》第 723 条：

- 在决定量刑前，法庭应当给予控辩双方同等的机会就量刑相关事实提出主张和证据；
- 法庭应当听取任何由控辩双方提供的具有相关性的证据；
- 法庭可以根据自己的判断，在听取控辩双方就量刑事实的辩论后，要求控辩双方再提供相关证据以帮助作出合适的量刑决定；
- 基于伸张正义的需要，法庭可以强制证人出庭作证以帮助作出合适的量刑决定。

其中，量刑程序中的法官不再像审判阶段中基于对抗制的要求而扮演消极中立的角色，法官可以要求控辩双方就可作出适当量刑之目的提供任何必要的信息和证据。除此之外，法官也可以主动依

---

① See：*R v. Donovan*，(2004) N. B. J. No. 273，188 C. C. (3d) 193.

职权就作出适当量刑之目的调查必要的信息和证据。易言之，在量刑阶段，法官可以成为量刑事实的证明主体。

量刑程序的控辩双方的证明目的也从审判阶段中关注罪与非罪问题转化为帮助法庭做出适当且公正的量刑。因此他们有权向法庭呈交任何包含证据信息在内的事实性意见（factual submissions）。如果控辩双方对某一事实存在争议，那么在法庭的主持下控辩双方可以就争议进一步提供证据或辩论，甚至可以裁定开启存于审判阶段的决定证据可采性审理程序（Voir Dire）。相较于辩方，控方多了一个义务，即不得组织任何相关性的证据，尽管这些证据可能与其目的或主张不符。

被告人在量刑阶段亦享有传唤证据、提出意见以及与对其不利的证人对质的证明权利。这些权利是由加拿大的《权利法案》以及《权利与自由大宪章》所保障的，并且不得放弃。此外，对被告人在量刑阶段中证明权利的违反不能构成法律上的适用错误而使定罪失效。

（四）"量刑圈"证明程序（sentencing circle）

提及加拿大的量刑制度就不能绕开颇具特色的"量刑圈"。"量刑圈"起源于加拿大地区的原住民对部落内违反规则的人处理模式——在部落首领的牵头下，行为人、被害人以及部落居民代表聚集成一圈，依次发表意见后，投票决定如何处理行为人。这一传统被加拿大刑事司法予以保留用以解决量刑问题。在典型的"量刑圈"中，由量刑法官牵头，警察、检察官、被告人、被害人、被告人所在社区的成员、亲戚、朋友等大约10—15人参与进该程序中，并依次发表意见。其最终目标是要让被告人意识到犯罪行为的伤害性以及必须要对该行为承担责任，并寻求被害人的谅解以及社区成员的支持。"量刑圈"虽然体现了当代的恢复性司法的先进理念，并且就再社会化的刑罚价值来说，"量刑圈"的作用自然比较明显。然而，该程序的处理结果并不能约束法官的量刑权，且只能适用决定缓刑、罚金刑以及可能判处两年监禁刑以下刑罚的刑事案件。实践中，由于辩诉交易机制的存在，法官对有罪答辩的案件作出量刑的实践快于通过"量刑圈"的结果决定量刑(量刑圈的作出时间普遍为半天,而低级法院的法官在这段时间内可能决定两起刑事案件的量刑),因此召集"量刑圈"的案件并不多。①

在"量刑圈"中,证明过程的法定性与正当性较之独立的量刑程序更加的放松,但是仍有一些必要的限制存在。"量刑圈"中被告人仍享有反对强迫自我归罪之特权(他罪),并且享有保持沉默的权利;法官必须向参与者阐释自己基于可采的证据进行量刑的义务;对于据以量刑的事实(即罪行相关事实)的证明责任必须由控方承担;必须询问被害人的意见;必须询问被告人辩护律师的意见;询问参与者对量刑前报告或相关信息的意见;如果控方需要,还必须询问控方对量刑的意见。②

(五)量刑证据相关问题

1. 量刑前报告(pre-sentence reports)

为了使刑罚个别化的目的以具体确切的方式实现,加拿大的量刑机制设置了量刑前调查与量刑前报告制度。根据《加拿大刑法典》第721条的各项规定,为帮助法官作出适当的量刑决定,当被告人(除组织类犯罪)作出有罪答辩或者被陪审团确认有罪后,缓刑官(probation officer)需要准备并向法庭呈交书面的量刑前报告;除非法庭另有规定,报告必须包括被告人的年龄、成长经历、性格特征、行为、态度以及接受改造的意愿,以及对其实施过的替代刑罚的措施和被告人自己对该措施的回应;省委员会的助理官员可以就不同的犯罪规定报告所包含的具体内容作出决定;在控辩双方于量刑听证程序结束后,法庭也可以要求增加任何符合其量刑需要的其他内容;法庭的书记员应当向被告及其代理人以及控方提供量刑前报告

---

① T. W. Ferris: *Sentencing*: *Practical Approaches*, Lexis Nexis Press, 2005, pp. 475 – 476.

② Clayton C. Ruby; Gerald J. Chan, Nader R. Hasan, Annamaria Enenajor: *Sentencing* (*Ninth Edition*), Lexis Nexis Canada Press, 2017. 481.

的复印件。

根据判例法规定，量刑前报告必须只用于法官评估被告人的个人特征且只得与被告人"个人"相关，亦即任何与定罪相关的对查明事实有关联的内容均应当被排除。Arsenault 案中法官指出："因为一个公开的旨在查明案件事实的审判程序的成本是非常昂贵的，因此（量刑前报告中包括的与查明事实相关的内容）不具备持续性，并且也没有必要让缓刑官来完成类似的任务。"① 可见，判例法认为量刑前报告的本质是帮助法官准确量刑，更好地实现刑罚个别化的目的，因此报告本身绝对不能僭越查明事实这一证据法的基本目的。依据这一逻辑，量刑前报告即是证明目的仅限于量刑本身的一种量刑证据，其也只能在量刑阶段方能提出。

被告人必须在量刑听证举行之前阅读量刑前报告，这样他就有机会反驳任何报告中他不接受的内容。因此，一般来说被告人不能在公开的量刑听证程序中阅读报告。同时，当量刑前报告呈交给法院时，辩护律师应当特别提醒法院注意接受那些处于争议之中的量刑事实。

量刑前报告的准备必然要占据一定的时间，所以在量刑前报告制作中，法庭必须对被告人进行羁押必要性审查。除非因罪行的严重性法庭决定羁押的时间长于准备量刑前报告所花费的必要时间，否则推迟准备量刑前报告时必须释放被告人。

虽然法律对量刑前报告的内容之规定并不详尽并设置了"法庭根据需要"这一弹性条款，但是实践中有一些内容除了上文提及的定罪相关事实外，是量刑前报告不能包括的，如：关于被害人的相关信息（被害人若要参与量刑，则可通过提交被害人陈述的形式参与）、共犯被告人的相关信息（原则上一人一份量刑前报告）、任何意见性证据、被告人的犯罪记录（举证的责任在于检察官而并非缓刑官）、其他未指控的犯罪行为（无罪推定原则在量刑中的适用）

---

① See：*R v. Arsenault* (1981) P. E. I. J. No. 9, 21 C. R. (3d) 368 (P. E. I. C. A)．

以及未查明的事实（侧面要求量刑前报告的所有证据必须是经查证属实的证据）。

2. 被害人影响性陈述（Victim Impact Statement）

加拿大的刑事司法传统认为为了保证审判的公正性与法官的中立性与超然性，法庭不得过多考量被害人的利益。20 世纪 70 年代以来，受保护被害人刑事诉讼权益以及加强被害人诉讼参与的改革风潮影响，加拿大也开始了构建被害人合理参与刑事司法机制的相关改革，其中量刑程序中的被害人影响性陈述机制成为改革的亮点之一。现代犯罪学理论认为被害人乃最直接受到犯罪影响的人，因此量刑时法官必须考量被害人在犯罪中受到的伤害以及损失。《加拿大刑法典》第 722 条第 1 项规定："被害人有权在量刑阶段提起犯罪对其影响性的相关陈述，法官必须考量该陈述中包含犯罪对其造成的伤害以及其因犯罪所受到损失的相关内容。"第 2 项则规定："被害人影响性陈述必须以书面形式呈交法庭，同时陈述的复印件必须由法庭交给被告人或其代理人、公诉人各一份。呈交影响性陈述的程序则由省委员会副职官员为方便实践法庭的权力而特设。"

第 722 条第 1 项很明确地规定了被害人影响性陈述应包含犯罪对其造成的伤害及其损失内容，亦即其他内容，包括被害人因犯罪所导致的愤懑或报复意图或严惩被告人的期望都不应存在。在 La-brash 案①中，被害人的陈述是由被害人的丈夫作出的。加拿大英属哥伦比亚上诉法院在指出本案被害人丈夫作出陈述的身份不适格外，亦指出其陈述包含"合适的量刑可以消弭其欲'好好处理'被告人的怒火"的不适当内容。可见，因为受到犯罪的影响，被害人主观上很大概率或出现欲对被告人泄愤，"杀之而后快"的心理，法官必须排除这些不适当的言论，甚至也要小心符合法律规定的陈述内容中，可能会导致量刑偏见产生的言论。根据美国的一项实证研究：在某一死刑案件量刑中，研究者将量刑陪审员分为两组。第一组在

---

① See: *R v. Labrash* (2006) B. C. J. No. 1768, 229 B. C. A. C. 66 (B. C. C. A.).

被害人作出影响性陈述后决定量刑而第二组则并没有被害人进行陈述的情况下直接量刑。结果是听取陈述的陪审员中 63% 的人偏向于适用死刑；而在未听取陈述的陪审员中只有 18% 的人支持死刑。[①]可见，评估被害人影响性陈述时必须审慎。此外，检察官也有义务审查被害人影响性陈述内容的合法性。被害人影响性陈述亦不能包括意见性证据，如果是专家的意见性证据，则要适用专家证据的相关证据规则。

被害人在量刑阶段的参与虽仅限于提交书面的陈述，但法庭可以根据第 722 条第 3 项的规定，基于维护司法公正的需要，而强制被害人出庭作证。但是这一规定实际上干扰了影响性陈述本身的性质。影响性陈述本质上是一种量刑证据，即其证明力只与刑罚的裁量相关，那么其涉及的任何可能涉及犯罪行为本身的都可以视为一种对先前定罪结论的"侵蚀"，并且可能打击被害人在量刑程序中呈交影响性陈述的积极性，并可能使其因程序原因"再次被害"。因此在决定是否传唤被害人到庭对争议事实作证时，法官必须充分发挥自由裁量权。如果被害人的证言确实可能对案件的公正性产生巨大影响的情况下，法官应当裁定强迫其出庭作证。

就被害人影响性陈述的证明作用而言，如果被害人谅解了被告人的犯罪行为，则其会毫无疑问成为减轻量刑情节。反之，如果检察官利用被害人影响性陈述中的内容作为加重处罚的事实，那么根据 Gardiner 案的判例法以及第 724 条的规定，检察官不能仅就陈述作为证据，而必须排除合理怀疑的证明该事实的存在。

3. 证据规则在量刑事实证明中的适用问题

在 Levesque 案[②]中，最高法院确定证据规则在量刑阶段必须予以放松，以使得法官可以更多地获取各种信息以对被告人作出合适

---

① Ray Paternoster and Jerome Deise："A Heavy Thumb on the Scale：The Effect of Victim Impact Evidence on Capital Decision Making"，*Criminal*，No. 4：1，Vol. 129，2011.

② See：*R v，Levesque*（2000）S. C. J. No. 47，148 C. C. C.（3d）193.

的量刑。《加拿大刑法典》第 724 条第 1 项亦确定量刑应当以审判阶段、量刑阶段以及控辩双方均认同的事实和信息为裁定基础。在这些信息中，一些问题应当予以关注。

首先是传闻证据在量刑阶段的适用问题。原则上，因传闻证据本身可能含有相当有价值的信息，因此为了达到合适量刑的目的，传闻证据在量刑阶段具有可采性。但是前文提及的 Gardiner 案为传闻证据增加了限制，即量刑阶段可采的传闻证据必须同时具备可信性和真实性（credible and trustworthy），并且传闻证据的证明力法官必须综合所有相关情状予以准确评估。此外，根据《加拿大刑法典》第 723 条第 5 项的基本精神，量刑法官享有对传闻证据可采性判断的自由裁量权。如果法官认为基于维护正义的需要，可以强制对量刑相关事实有个人知识的证人出庭作证。

其次是专家证据在量刑阶段的适用问题。专家证据作为评估被告人的身心状态以判断量刑轻重的工具在量刑阶段起到举足轻重的作用，因此专家证据原则上是具备可采性的。但判例法仍规定法官在判断专家证据时必须"小心处理"。在一起针对儿童的性犯罪案件①中，量刑阶段某一专家对猥亵行为可能对儿童产生的不当影响（加重情节）作了特别宽泛的评估，上诉法院指出这种对诸如虐待、利用性控制他人、强迫卖淫等宽泛的儿童心理影响性评估在量刑背景下并不合适，控方有义务对这些事实进行排除合理怀疑的证明，而不是理论性的假设。

第二节　大陆法系国家量刑事实证明机制

一　法国量刑事实证明机制

法国的刑事诉讼程序中量刑程序并不独立，因此在审判过程中，

---

① See：*R. v Owens*（1986）O. J. No. 1294，555 C. R. （3d）386.

定罪事实与量刑事实是一同被证明的。加之作为大陆法系国家的代表之一，法国刑事诉讼强调职权调查原则，法官可在案件审理过程中充分发挥职权对事实进行查明，因此量刑事实的证明机制在这一国家体现得不甚明显。尽管如此，在法国对量刑事实的证明仍有一些特殊之处。表现在罪分三类原则、无罪推定原则以及自由心证原则对量刑事实证明的影响，以及定罪量刑事实合并证明的程序特征。

（一）并合主义刑罚观、罪分三类原则与量刑的证明对象

根据《法国刑法典》第130条之一的规定，"为保护社会，预防犯罪发生和恢复社会平衡，本着保护受害人利益的精神，刑罚具有如下功能：1. 惩罚犯罪人；2. 促使犯罪人改过自新、融入社会或者复归社会"。由此可见，法国的刑事政策与刑罚功能论顺应了现代社会的主流，采报应主义与目的主义相统一的并合主义立场，即实现对犯罪人的社会报应，以及威慑犯罪人和潜在犯罪人，并矫正犯罪人，促使其复归社会的功能。具体在量刑（宣告刑）层面上，即《法国刑法典》第132之一条："依据法律或条例惩治犯罪时，要遵循刑罚章节之规定；宣告的所有刑罚都应予以个别化；在法律规定的限制内，法院依据犯罪情节、犯罪人人格以及犯罪人的物质条件、家庭状况和社会环境，确定宣告刑的性质、刑度和刑罚制度；法院决定必须符合刑罚的目的与功能。"根据本条规定，法国确定量刑证明对象的基本出发点被确定下来，即实现并合主义立场的刑罚的目的和功能。因此，确定量刑证明对象的范围时，不仅要考量是否存在《法国刑法典》所确定的法定量刑情节，亦要考量是否有利于震慑犯罪，并且有利于犯罪人复归社会的因素。例如，《法国刑法典》第221条一节对故意杀人罪作出了规定。一般来说，第221条之一规定故意杀人处30年监禁刑。但是根据情节的不同，谋杀、杀害近亲属、杀害未成年人的不同行为则给予不同的刑罚，这就体现了对不同犯罪情况的不同的报应，而这些不同情况就是为作出量刑所要证明的对象。而因宗教、性取向、性别等因素而实施的杀人要加重处罚，这就体现了刑法保护宗教自由、性取向自由、男女平等等现

代重要社会观念的目的，这些就是基于目的主义设置的量刑证明对象。

除了并合主义的刑罚观对量刑证明对象范围的确定有至关重要的影响外，另一影响因素便是法国刑法独特的"罪分三类原则"。根据《法国刑法典》第 111 条之一："刑事犯罪，依据其严重程度，分为重罪、轻罪以及违警罪。"根据刑法，三类犯罪区别的标准是犯罪的严重程度，即以刑罚的轻重对犯罪作出区分。尽管这种区分在法国是受到诟病的，如有学者指出："从理性的角度来看，犯罪的严重程度并不取决于对它当处刑罚的轻重，应该反过来，对处刑之轻重起支配作用的，应当是犯罪的严重程度。"① 但不能否认，这种对犯罪分类的做法在一定程度上非常便利，例如可以确定诉讼管辖，划分刑罚时效等等。在量刑证明对象范围的确定问题上，不同类别的犯罪证明对象的性质便会产生变化。例如在重罪以及轻罪中，"犯罪未遂"是犯罪，但要减轻其刑事责任。由此可见，重罪和轻罪中的犯罪未遂是量刑证明对象。但是在违警罪中，犯罪未遂并不受到处理，也就是不是犯罪。那么在违警罪的情况下，证明是否构成犯罪未遂便是确定违警罪成立与否的关键，此时犯罪未遂便成为定罪证明对象，而非量刑证明对象。②

（二）无罪推定原则与量刑事实的证明责任

法国《人权宣言》以及《欧洲保护人权与基本自由公约》均明文规定了无罪推定原则，《法国刑事诉讼法》第 1 条第三项再次重申了该原则。可以说，明文规定的无罪推定原则是法国刑事诉讼最为重要的原则。根据该原则，刑事诉讼中共和国检察官要承担全面的举证责任，并且法官有遵守"存疑有利于被告"（le doute profite a l'accuse）之义务。根据无罪推定原则的要求，在法国刑事诉讼中对

---

① ［法］卡斯东·斯特法尼：《法国刑法总论精义》，罗结珍译，中国政法大学出版社 1998 年版，第 183 页。

② 同上书，第 189 页。

量刑事实，检察官原则上要承担证明责任，而对量刑事实存在认证上的疑问时，法官必须作出有利于被告人的裁断。

就举证的范围而言，法国证据法理论将事实分为三类，分别是法定要件（element legal）、客观要件（element materiel）以及主观要件（element moral）。法定要件顾名思义，是指必须证明的法律条文或法令条文直接规定的要件。根据法国刑事诉讼理论，除一般意义上的被告人需要证明其抗辩构成正当防卫的事实外，其他的法律规定的证明对象均需检察官承担证明责任，亦即法律规定的量刑情节必须由检察官承担证明责任。例如《法国刑法典》总则所规定的因种族、家族、性别歧视导致犯罪的这一加重情节，必须由检察官证明该事实的存在；客观要件是指构成犯罪的客观事实作为证明对象的要件。客观要件包括作为与不作为，亦包括犯罪事实的加重情节；而主观要件是指犯罪行为人实施犯罪的主观方面，即必须证明行为人的犯罪故意或过失。在这一层面上，有关行为人的主观态度的恶劣性也成为影响量刑轻重的重要因素，也需检察官举证证明。①

（三）自由心证原则与量刑事实的证明标准

《法国刑事诉讼法》第427条规定："除法律另有规定外，犯罪得以任何证据形式认定，并且法官得依其内心确信作出判决。"根据这一规定，法国刑事诉讼关于刑事案件的认定适用"内心确信"的证明标准。关于"内心确信"的应用，第353条表述道："法律不为法官规定某种规则并让他们必须依赖这种规则去认定某项证据是否完备，是否充分。法律只要求法官平心静气、集中精神、自行思考、自行决定，本着诚实、本着良心，依其理智，寻找针对被告人及其辩护理由所提出之证据产生的印象。"由此可知，对于刑事案件，定罪事实的认定和量刑事实的认定均适用"内心确信"的标准，并且这种标准在程度上如何区分，完全由法官自由决定。这就意味着，

①　［法］贝尔纳·布洛克：《法国刑事诉讼法》，罗结珍译，中国政法大学出版社2009年版，第71—72页。

无论犯罪的严重程度如何，也无论刑罚的严厉性，法官均可以从法庭辩论时提出的各项证据形成内心确信。因此可以盖棺定论，法国刑事诉讼中对量刑事实的证明标准即为法官的自由心证的结果，与定罪事实证明标准的区分完全由法官决定。此外，对于重罪案件，法庭也无须进行充分的量刑说理，只有在轻罪与违警罪案件中，法官要进行量刑说理。[①] 但是，这并不意味着法官的自由心证丝毫不受限制，通过严格的诉讼程序，可以很大程度上确保心证的理性和逻辑性，例如下文提及的刑事案件评议程序。

（四）量刑事实的证明程序

作为典型的大陆法系国家，法国的刑事诉讼中并没有独立的量刑事实的证明程序，因此整个证明的过程是隅于整个证据收集调查的过程中的。尽管近年来法国也尝试对其庭审程序进行改革：如"1993 年 1 月法国提出把定罪和量刑严格分开。有些证据只能作为量刑证据，而另一些证据只能作为定罪证据。不能将证据重复使用，也不能将证据在不合适的地方使用"[②]。而定罪权赋予陪审员，量刑权赋予法官。但 1993 年 8 月因为压力太大而被迫取消了此规定。[③] 但是，构建独立量刑事实证明程序的失败并不意味着它始终沉潜在整个围绕定罪事实的证明过程中。对于轻罪案件和重罪案件来说，在整个刑事诉讼过程中，一些环节突出了量刑事实证明的典型特征。

首先，对于一些轻罪案件与重罪案件，检察院在决定公诉后，必须向预审法官发出"立案侦查意见书"开启预审程序。而预审法官则要根据《法国刑事诉讼法》第 81 条之规定，进行其认为有益于查明事实真相的所有侦查活动。它意味着预审法官既要查明与犯罪相关的事实，又要查明犯罪行为人的人格；既要查明有利于行为人

[①] ［法］贝尔纳·布洛克：《法国刑事诉讼法》，罗结珍译，中国政法大学出版社 2009 年版，第 79—80 页。

[②] 同上书，第 70 页。

[③] 赵志梅：《量刑程序规范化改革研究》，知识产权出版社 2011 年版，第 81 页。

的各种事实，也要查明不利于行为人的各种事实。① 根据这一解释，存在预审程序的预审法官，肩负着量刑证据的收集和调查职责。根据第 81 条第 6、8 款，在量刑证据的收集问题上，预审法官必须进行两种调查：第一种是"社会调查"，即预审法官亲自或委派司法警察或委派任何有资格的人对受审查人的人格及其家庭状况、物质与社会状况进行调查。在重罪案件中，"社会调查"具有强制性。进行调查的人并不视为鉴定人，而是被视为证人。因此调查的人若出庭作证则必须宣誓；第二种是"心理—医疗检查"，即对受审查人的身心状况进行检查。对于社会调查的结果和受审查人身心状况的检查结果，必须独立成卷，即"受指控人的人格案卷"。一般人格案卷包括受指控人是否系未成年人的调查材料、累犯资料、罪行性质、可能缓刑或假释的证明材料等。根据《法国刑事诉讼法条例》的规定，对于人格案卷不能就正在进行的案件实体问题作出任何结论，也不得以当事人可惩罚性作为证据目的。② 由此看来，预审法官就是量刑证据收集的主体，而人格案卷类似英美法系的社会调查报告，可以作为用以证明量刑事实的重要证据。

在庭审环节，一开始在主审法官的指挥下，要先对被告人进行讯问。这一过程中，根据《法国刑事诉讼法》406 条的规定，法官在必要时必须具体说明本案所认定罪名而言犯罪人是否属于累犯，也就是说在讯问被告人时，在定罪事实证明之前，就要对累犯这一量刑问题进行调查。讯问被告人之后，进入证人作证阶段，此时对犯罪人进行社会调查和心理医疗检查的人就要作为证人作证，以口头方式回答检察官、律师以及法官的问题。法庭调查结束后，进入公诉辩论阶段，首先由检察官发表公诉意见，公诉意见要以口头方式进行陈述，一般包括对犯罪人适用刑罚的建议，而被告人及其辩

---

① ［法］贝尔纳·布洛克：《法国刑事诉讼法》，罗结珍译，中国政法大学出版社 2009 年版，第 366 页。

② 同上书，第 367 页。

护人可以针对性地进行辩论。①

对于轻罪庭审来说，法庭辩论结束后，法官宣布休庭。但是在重罪庭审中，法庭辩论结束后则进入"提问"环节（审理终结环节）。在这一阶段中，审判长要宣读法庭及陪审团应当回答的问题。如在起诉决定的行文中已经提出这些问题，或者被告人或其辩护人放弃要求宣读，宣读问题不属强制性；每一项主要问题均应按照以下方式提出被告人是否因实施了这一行为而有罪？对起诉决定的主文中特别列举的每一特定事实，均应提出一个问题。对每一项加重情节均应单独提出一个问题。对每一项免除刑罚或减轻刑罚的法定原因，如其被援用，亦应单独提出一个问题；如经法庭审理发现有移送裁定书中没有提及的一项或数项加重情节，审判长应提出一个或几个专门问题。

庭审结束后，法庭则进入评议阶段。在评议阶段中，《法国刑事诉讼法》对评议的自由心证的方式有着严格的限制："法庭及陪审团先进行评议，然后采用书面表决的方式，通过连续的分开投票，首先对主要犯罪事实，并且在必要时，对不负刑事责任之原因，对每一项加重情节与附带问题，以及每一项构成免除刑罚或减轻刑罚的法定原因进行表决；任何不利于重罪被告人的决定，重罪法庭一审案件，至少应有 8 票之多数通过，重罪法庭作为上诉审审理案件，至少应由 10 票之多数通过；在对被告人有罪作出肯定回答的情况下，重罪法庭应当继续就适用的刑罚进行评议，然后以秘密方式进行投票表决，对每一个被告人，均分开投票；关于刑罚的决定，应以投票人数之绝对多数票作出，但是，对于判处最高自由刑重罪法庭一审审理的案件，只有至少 8 票赞成才能作出宣告；重罪法庭作为上诉审的案件，至少应有 10 票之多数赞成才能作出宣告。"② 通过

---

① ［法］贝尔纳·布洛克：《法国刑事诉讼法》，罗结珍译，中国政法大学出版社 2009 年版，第 494—495 页。

② 《法国刑事诉讼法》第 356、359、362 条。

这些投票机制的设置，法官及重罪案件的陪审团的自由心证被一定程度上的束缚，削弱自由裁量权过大而导致的恣意膛断的可能。

在评议环节，当法庭认定受到追诉人有罪时，才能对量刑问题作出认定。此时法庭必须遵守法定最高刑的幅度，并且在量刑时应当考虑犯罪人的人格，同时要考虑犯罪给社会造成侵害的严重性，尽可能全面平衡地考虑刑罚应当事先的震慑、报应和社会再适应的目的。另外，有学者认为，在确定刑罚时，犯罪人的人格应当起主导作用，但人格又不影响法官对被告人是否有罪作出决定，因此应当将人格案卷在定罪问题确定后传达给法庭，因此1975年修改后的《刑事诉讼法》第469条1款增加了所谓"顿挫"（停顿）制度，即前文提及的犯罪人人格案卷要在诉讼的选择刑罚的阶段传达给法官，在确定被告人有罪后，才能根据人格案卷来考虑量刑。①

二　德国量刑事实证明机制

与法国相同，德国的刑事诉讼程序中也并无独立的量刑程序，也就是说采取定罪量刑一元化的庭审制度。虽然理论界对于量刑程序的独立化有一些争议，但是最终立法机关仍没有在刑事诉讼中建构独立的量刑程序。不过，由于古典主义刑罚论与实证主义刑罚论以及刑事政策，均起源于德国，因此量刑的重要性在德国刑事司法中毋庸置疑，进而司法实践中量刑事实的证明问题也受到相当的重视。而在职权探知主义之下，德国量刑事实的证明虽然更偏重于法官的自由裁量，但是在庭审中仍对量刑事实的证明存在一些规定。

（一）责任原则、个别化原则与量刑的证明对象

《德国刑法典》第46条规定："行为人的责任是量定刑罚的基础。必须考虑刑罚对行为人在社会中的未来生活所期望发生的作用。在量定刑罚时法院要对照考虑对行为人有利和不利的情况，此时特

---

① ［法］贝尔纳·布洛克：《法国刑事诉讼法》，罗结珍译，中国政法大学出版社2009年版，第505页。

别要考虑：行为人的动机和目标，由行为所表明的感情和在行为时所使用的意志，违反义务的程度，行为实施的形式和所造成的效果，行为人以前的经历、其人的和经济的关系以及行为之后的活动、特别是其补偿损害的努力及行为人实现与被害人和解的努力。已经是法律的构成要件标志的情况，不允许加以考虑。"根据该条规定，可以推导出德国的刑罚目的接受了责任主义与个别化主义相结合的立场，即量刑的"基础"是行为人的罪责，同时还要考虑到刑罚效果对行为人将来在社会上的影响，也就是考虑再社会化的利益。[①]

责任主义是德国量刑论乃至刑罚论的核心原则。责任主义亦即行为人的刑罚轻重应体现在行为人应对其具体的犯罪行为应负有责任的多少。根据第46条，行为人的责任不是一般的非难可能性，而是对具体行为的非难，因此不能根据一般的道德评价来量刑，且行为人的背景等个人情况只有在与犯罪行为发生联系的情况下才可以影响刑罚的轻重。德国学者耶塞克认为："刑罚首先应当有助于对由行为人造成的有责的不法进行抵偿……如果刑罚与'罪责'相适应，刑罚的这一任务方能实现。"[②] 根据责任主义，德国刑事案件量刑基准是完全参考行为人的责任多少以确定的，因此能够体现与行为人责任的"量"的事实，如犯罪动机、目标、手段、后果等与定罪相关的事实也是在量刑中需要被证明的对象。

除了责任主义，德国刑法理论亦吸收了目的刑的刑罚功能论，关注行为人的个别情况，以实现不同的刑罚目的。根据第46条，法官量刑时必须考量行为人再社会化之可能，同时关注犯罪人的个人经历、社会关系，以及犯罪后与被害人和解的情况。根据责任主义确认了量刑基点后，德国的刑事法官则要根据各种与犯罪人自身相关的情况等影响量刑的因素调节基准刑，此时调节的根据便可以视

---

① ［德］汉斯·海因里希·耶塞克、托马斯·魏根特：《德国刑法教科书》（下），徐久生译，中国法制出版社2017年版，第1175页。

② 同上书，第1176页。

作量刑的证明对象。因此影响量刑证明对象范围的另一重要原则就是刑罚个别化原则，这也是预防主义在德国量刑的证明对象中的重要体现。

值得注意的是，第 46 条规定"已经是法律规定的构成要件的情况下，法官不得考量这些因素。"这一项规定可以理解为德国刑法理论中的"禁止重复评价规则"，亦即当某一因素（证明对象）已经被当作定罪的证明对象之时，那么在量刑时这些因素就不能再次被作出评价。德国将禁止重复评价规则明确写入法典中，这意味着在立法层面上，德国的量刑事实证明活动中必须区分定罪的证明对象与量刑的证明对象，当定罪证明对象与量刑事实证明对象相重合时，必须优先考虑对定罪的影响，考虑后就不能再在量刑时予以考量。

（二）职权探知原则、检察官客观义务与量刑事实的证明责任

"职权探知原则"（Amtsermittlungsgrundsatz）是德国刑事诉讼的代表性原则，是整个刑事诉讼的核心所在。正如托马斯·魏根特所指出的："决策者（进行定罪和量刑的审判法院）必须在客观充分的事实基础上做出最终判决，而不依赖于其他诉讼参与人的积极参与或者是消极抵抗……也就是说法院不需要也不能依赖当事人主动提供证据。结果是，所有的证据都是法院的证据，不'属于'任何一方当事人。"[1] 正是因为职权探知原则的存在，德国的刑事法官便具有主动发现案件事实真相的权利和义务。也就是说如果事实真相得以被探知，法院则作出正确判决；若无法被探知，则要根据法律给出的规则进行真相无法被探知的情况下的处理。那么这种探知便消弭了类似民事诉讼中当事人承担败诉风险的主观证明责任。易言之，对于量刑事实的证明责任来说，在德国刑事诉讼中，并不特意强调控辩双方必须由谁来对某一量刑证明对象进行举证，因为这些

---

① ［德］托马斯·魏根特：《德国刑事诉讼程序》，岳礼玲、温小洁译，中国政法大学出版社 2004 年版，第 2—3 页。

举证的义务是职权探知原则交付予法官的重大职责。

　　然而，刑事案件中发生真伪不明的情况必然存在，因此客观证明责任（风险不明时法律意义上的解决方式）在量刑的证明中是存在的，《德国刑事诉讼法》以第 261 条推导出的"存疑有利于被告"（in dubio pro reo）的原则实际意义上分配了客观证明责任。诚如汉斯·普维庭法官所指出的："如果刑事诉讼的主要辩论结束时出现真伪不明状态，除个别例外情况外，法官这时是借助于客观证明责任规范来使用法律的……这种客观证明责任的分配，是在检察官和刑事被告人之间进行分配的，按照'遇疑义时有利于被告'的原则来分配。"[①] 这也是法官在完成职权探知的任务后，真伪不明的情况下法律给出的解决方案。因此，基于客观证明责任的存在，当出现某一量刑事实呈现真伪不明的状态时，法官要做出有利于被告的决定。

　　此外，虽然职权探知原则单方面否定掉了主观证明责任的存在，但是基于《德国刑事诉讼法》第 160 条 B，检察官不仅应当侦查对被指控人不利的情况，还应当侦查对其有利的情况，即检察官的客观义务。普维庭法官亦指出："因为检察官独揽公诉权，因此他尤其要对真实性和合法性肩负更多责任……由此可以看出现代刑事诉讼严格把检察官排斥在当事人之外，被视为法律护理机构。"[②] 因此，基于客观义务，并非所有的量刑事实的主张责任都被职权探知原则所消弭，检察官亦要在审判中向法院提出不利于或有利于的客观存在的量刑事实并加以证明，这是为了达成客观义务目标的需要。

　　（三）自由心证原则与量刑事实的证明标准

　　《德国刑事诉讼法》第 261 条规定："法院根据其在整个审理中建立起来的、自由的内心确信，判断证据调查结果。" 该条设置了德

[①]　［德］汉斯·普维庭：《现代证明责任问题》，吴越译，法律出版社 2006 年版，第 53—56 页。

[②]　［德］托马斯·魏根特：《德国刑事诉讼程序》，岳礼玲、温小洁译，中国政法大学出版社 2004 年版，第 52 页。

国刑事案件的证明标准——"自由证据评断"原则（Freie Be-weiswurdigung）。根据德国学者的阐释，自由心证是法官个人对被追诉人罪与责的确信，也就是在不受证据规则的拘束下，法官基于客观基础是否得到对一定案情的主观确定。根据《德国刑事诉讼法》第263条B，刑罚特别规定的免除、减轻或加重可罚性等量刑情节。由此得出，刑事案件的量刑事实的证明标准亦要适用自由证据评断原则。就程度而言，法官基于客观基础必须对案情得到主观的确信。虽然人类认识对行为实践的发生过程难以达到绝对确定的认知，裁判也不能排除偏离事实发生过程的单纯理论上的可能性。如果其他人也能够理解并相信判决的话，那也就达到了内心确信的要求。①

至于定罪的确信程度是否与量刑的确信程度等同要求，德国的证明理论中的证明（Beweisen）与释明（Glaubhaftmachung）理论要求在证明中，对于所有事实的存在法官必须产生确信；而在释明中，就某些程序性问题只要产生相信其可能存在即可。在审判程序中，所有与罪行和刑罚相关的问题都必须要由充足的证据来支持，并且使法官产生内心确信。基于此，无论是定罪事实还是量刑事实，自由评断原则必须统一适用在法官的评议环节，确信的程度也是相同的。证明标准并没有因为两种事实的区别而有所分野。

（四）量刑事实的证明程序

前文已经指出，德国的刑事诉讼并无独立的量刑程序，因此对量刑事实的证明过程自然体现在定罪和量刑问题统一处理的刑事诉讼程序中。在德国，有一些学者认为将两个独立的法律问题混合一起不妥，因此应当主张借鉴英美法，将程序一分为二，如德国学者罗科信认为："被告的罪责未被证明前，对为揭露被告人个别身份所做的调查场属于多余，此对其结果亦为不利，并且会造成法官在罪责问题中受到约束。此外，对于希望以变革为由持续坚定性的再社会化的刑罚之执行及社会治疗的措施，实有必要为了能依照详尽的

_____

① 宗玉琨：《德国刑事诉讼法典》，知识产权出版社2013年版，第207页。

人格性向研究做出适当的裁判，而需要特别另设一诉讼段落"①，但大多数的观点仍认为应当保持现状，认为两个独立的诉讼阶段既麻烦又费时。②

在量刑证据的收集方面，德国刑事诉讼分为审前阶段和审判阶段。在审前阶段中，则由检察官及受其指挥的司法警察进行证据的收集。根据《德国刑事诉讼法》第 160 条 B 的规定，"检察院不仅要查明有罪的事实，还要查明可以证明无罪的事实，并且负责保全可能会灭失的证据"。本条规定确定了检察官的客观义务，即全面、公正地收集所有证据。根据客观义务，检察官必须在审前阶段收集从重和从轻两方面的量刑证据，而检察官在提起公诉时，也必须总结指控所依据的所有证据，包括这些量刑证据。此外，第 220 条亦赋予了被告人及其辩护律师收集证据的权利；在审判阶段中，根据职权探知原则，法官对量刑事实的证明要承担证明职责，因此法官拥有收集与量刑相关证据资料的权力以及义务，并根据这些证据材料作出量刑决定。

在审判的举证环节，由于定罪和量刑问题在审判程序中并没有作明显的区分，因此只要与量刑有关的证据，在定罪前都是可以出示的。如就前科而言："除非被告人明显无罪，一般来说许多法官都倾向于在审判行将结束时讨论前科记录。"③ "证据调查完毕后，法官结束举证程序，随后双方当事人进行总结性陈述，首先检察官要对举证结果进行总结，并提出具体的量刑建议。实践中检察官的量刑建议经常被视为是适当量刑的上限；法庭倾向于或者采纳建议的

---

① 〔德〕克劳斯·罗科信：《刑事诉讼法》，吴丽琪译，法律出版社 2003 年版，第 29—30 页。

② 〔德〕托马斯·魏根特：《德国刑事诉讼程序》，岳礼玲、温小洁译，中国政法大学出版社 2004 年版，第 134 页。

③ 同上。

刑期或者在其之下判刑。法官并不受量刑建议的制约。"① 此时，辩护律师经常陷入两难境地：如果采取罪轻辩护的策略，那么一定会削弱作出无罪答辩的可信度，这也是定罪量刑合一程序带来的必然难题。

控辩双方的总结陈述之后，则休庭由法庭进行秘密评议。经过所有参与法庭的法官评议后，方能作出最终判决。在量刑问题上，对被告人不利的裁决需要三分之二多数通过方才可以作出判决。在判决后，法庭必须进行充分的量刑说理，包括对所有量刑证据的总体评价。② 根据《德国刑事诉讼法》第 267 条 C 的规定，量刑说理包括免除、减轻、加重可罚性的情节主张的认定情况；对较不严重减轻处罚情形的认定情况；短期自由行情节主张的认定情况；特别严重情节主张的认定情况。如果存在缓刑申请或辩诉合意申请的情况时，相关的情节认定也必须予以充分说明。

三　日本量刑事实证明机制

在中国的刑事诉讼理论界中，日本的刑事诉讼模式被定义为兼容了职权主义与当事人进行主义两种模式的新的"混合模式"，而实际上，日本在第二次世界大战之前，无论是效仿法国的《明治刑事诉讼法》还是借鉴德国的《大正刑事诉讼法》，日本的刑事诉讼机制都带有强烈的大陆法系的色彩。第二次世界大战日本战败后，在美国人的操纵下，1949 年的《昭和刑事诉讼法》吸收了一些当事人进行主义的因素，成为所谓的"混合制"，然而在司法实践中，日本的大陆法系特征仍旧十分突出，因此应当将日本的刑事诉讼机制纳入大陆法系之内。

与法国、德国等大陆法系国家一样，日本的定罪和量刑是在一

---

① ［德］托马斯·魏根特：《德国刑事诉讼程序》，岳礼玲、温小洁译，中国政法大学出版社 2004 年版，第 144 页。

② 同上书，第 147—148 页。

次刑事审判中同时解决的，并没有将量刑程序独立化。因此，日本刑事司法中的量刑事实的证明活动与法德等大陆法系国家类似，在程序中体现得并不明显。但是日本刑事诉讼学术界却对量刑事实证明活动的独立问题早有论述，这在日本学术界被称为"程序二分论"问题，但是实践中却对这一问题并没有过多重视。不过，在2009年日本实行了裁判员制度后，刑事司法实践产生了诸多变化，一元化的刑事公审制度开始对既决定定罪又决定量刑的裁判员制度产生了深刻的影响，结果出现了"严罚化"等实践问题。因此，学界开始重新探讨"程序二分论"的理念，可见日本的量刑事实的证明活动的问题已经从一元化的刑事公审活动中凸显出来，日本的量刑事实的证明问题在实践中也因受到裁判员制度的影响而逐渐受到重视。

（一）量刑的证明对象

1. 量刑情状

在日本的量刑实践中，法官享有较大的自由裁量权，但是该自由裁量权必须依据一定的规则和根据来行使。对比中国，这种具有法定性并且限制量刑自由裁量权行使的依据就是量刑情节，然而日本的刑事诉讼中量刑情节对应的概念为"量刑情状"或"量刑事情"，即决定量刑作出的要素。在日本的刑事司法传统中，除了法定要求必须由检察官进行举证的量刑情状外，种种个案中的情状要由法官依据自由裁量权予以判断。通过各种证据对这些量刑情状按照一定的规则进行证明，是日本量刑事实证明机制的主要内容。

在日本法定的量刑情状几乎都是由《刑法》确定的，但实践中量刑情状却多种多样，而且都有可能对量刑产生重大的影响。因此，某一事实可否成为量刑情状，并要求提供证据予以证明则必须要以一定的标准来衡量。日本学者松本时夫指出："关于量刑情状的标准，最基本的问题似乎是必须考虑国民的一般价值基准。"[1] 因此在

---

① 谷冈一郎：「犯罪・非行の質と量を測定する基準づくりに向けて：裁判員制度下でのSentencing Guidelineの必要性」犯罪社会学研究32巻（2007年）。

罪刑均衡原则的指导下，在犯罪的危害性方面，必须达到"重者恒重，轻者恒轻"之效果。但是由于国民的一般价值基准过于宽泛，结果导致了量刑失衡情况的发生。谷冈一郎指出："在量刑中，前科累犯、嫌疑人责任能力以及过失的有无等量刑情状并不存在问题，因为有客观证据对其予以证明。而法官在决定这些问题时也并不存在多少的裁判空间。然而，在有一些事例中，却存在着无法科学地担保量刑的客观性的情况，例如配合搜查的态度，对于犯罪的悔过性，与嫌疑人成长背景、家庭相关的因素等，这些情形的判断必然依赖于法官的心证。考量了这些情状对于裁判来说是必然的，但是法官却并不可能将其点数化，自然导致了量刑结果之间的差异。而新近实施的裁判员制度可能会导致失衡的危险更加严重。"① 正如谷冈所言，日本《刑法》中的确对量刑的证明对象作出原则性的规定，例如《刑法典》第 42 条规定："犯罪人在司法机关发觉其犯罪行为之前自首的，他的刑罚可以被减轻。"但是无论是自首抑或前科累犯，都是法定必然查实内容，实际上日本的法官并无自由裁量的空间。然而对于悔过等主观量刑因素，法律没有作出特别的规定，因此法官必须依托自由裁量权予以判断，这必然导致量刑出现失衡问题。为了解决这些问题，量刑情状的设置标准必须同时关注犯罪行为的社会危害性以及被告人的人身危险性，并且尝试构建类似美国量刑指南的规则将这些具体的情状固定化。

日本的量刑理论承袭了德国的量刑理论体系，将量刑情状按照量刑的基本步骤分为影响责任刑的量刑情状与出于刑事政策而需要考虑的量刑情状。并在发生量刑环节责任刑与预防刑的二律背反时，采用"幅的理论"来进行量刑。但是在实践中，一般将量刑情状分为两类："犯情"与"一般情状"。"犯情"是指与犯罪行为本身紧密相关的各种量刑情状；而"一般情状"则是与犯罪人人身危险性，

---

① 谷冈一郎：「犯罪・非行の質と量を測定する基準づくりに向けて：裁判員制度下でのSentencing Guidelineの必要性」犯罪社会学研究 32 巻（2007 年）。

或者处于考虑一般预防以及刑事政策需要的各种量刑情状。

根据日本学者的解读，典型的"犯情"情状包含以下几个方面①：

- 被害人相关情状（主要包括两大类：被害回复相关情状，即赔偿损失以及恢复原状等；被害人影响性陈述，即被害人的感情以及被害人的科刑意见。）

- 犯罪的常习性（常习性是指有反复进行特定行为之习性的人，由这一行为而导致犯罪的特性。在日本的司法实践中，一般通过同种犯罪的次数、犯罪行为的样态、同一种类的前科以及同种余罪等要素来考虑常习性。一般来说，吸毒、违反道路交通法、盗窃、性侵等犯罪一般包括犯罪的常习性。具有常习性是加重刑罚的情状。）

- 余罪（余罪是指没有进入诉讼程序，成为审理对象以外的犯罪。一般来说，余罪会对量刑产生影响。但是诉讼法上的"不告不理"原则在理论上排斥余罪。根据昭和41年以及昭和42年日本最高法院关于余罪案件的两份判决，如果余罪作为实质加重处罚的依据，此时称为"实质处罚类型余罪"，此类余罪不允许作为刑罚加重的根据；② 如果余罪作为犯罪行为性质或者犯罪人人格的推定依据，此时称为"情状推知型余罪"，此类余罪允许作为证明情状的辅助根据。③）

- 酗酒、药物中毒的精神状态（在交通类犯罪案件中，如果存在犯罪人酗酒、药物中毒的情况，应当成为加重刑罚的情状。除此之外，要根据案件的性质以及其他的情状综合判断。）

- 构成要件结果之外的实质被害（在个别犯罪中，若犯罪行为造成了犯罪构成要件之外的实质被害情况，应当成为加重刑

---

① 大阪刑事実務研究会：『量刑実務大系 第2巻 犯情等に関する諸問題』（判例タイムズ社，2011年）第2—127，138—159，166—225，228—238，244—259，263—285，297—348頁。

② 最大判昭41.7.13刑集20巻6号第609頁。

③ 最大判昭42.7.5刑集21巻6号第748頁。

罚的情状。包括：犯罪的结果作为更大实质性被害的原因情况，典型的是性犯罪、监禁犯罪造成被害人严重精神创伤，例如 PTSD 的情况；犯罪行为的危险性现实化进而造成实质性被害的情况，例如被害人违反武器弹药取缔法非法买卖弹药结果造成弹药引爆，危害了公共安全，此时的牵连犯情况下前者成为后者的加重刑罚依据。）

- 社会的影响（由于日本采取法益侵害说界定犯罪，并认同结果无价值理论。因此，犯罪所造成的社会影响是应当要考虑的犯罪情状。）

- 被害人、关系人、第三人的过错（实务上，当存在被害人、关系人、第三人的过错而导致犯罪的发生，相对意味着责任程度的较少，因此过错是刑罚减轻的情状。）

典型的一般情状则包含以下几个方面[1]：

- 前科（包括累犯、前历中的劣迹、再犯、行刑时的违法犯罪行为等情状。）

- 被告人的属性（被告人相关的各种情况，包括被告人的年龄、性别、职业和社会地位、是否属于暴力团组织、国籍、劳动的习惯和意欲、家庭环境、经济状态、健康状态和嗜好癖好、生育情况、身体状况、性格等情状。）

- 被告人的悔罪态度（包括被告人主观上赔偿被害人的意愿、谅解和刑事和解、坦白、当庭认罪态度、行使沉默权、自首、隐蔽罪证行为以及犯罪后的善行等情状。）

- 被告人因犯罪而承担的不利益（犯罪可罚性的一种产生原因是因犯罪而"获益"，那么在没有获益甚至因犯罪承担了不利益的情况。这种不利益有两种形式：由与犯罪事实紧密关联

---

① 大阪刑事实务研究会：『量刑実務大系 第 3 巻 一般情状等に関する諸問題』（判例タイムズ社，2011 年）第 1—72，79—165，172—209，216—240，248—271，275—316，321—347，356—378，389—407 頁。

的事实导致的不利益，典型的如因犯罪行为而受伤、或者因被害人的防卫过当而受伤等；因犯罪事实而导致的不利益，如犯罪后造成了经济上的困难，家庭破碎等。根据具体的情况，可能构成减轻处罚的情状。)

- 社会制裁和行政处分（在量刑前，如果被告人受到了社会性的制裁或者行政处分的场合，视情况可能要减轻处罚。)

- 非法收集证据（当侦查行为存在违法时，可能根据证据规则要排除非法收集的证据。但是根据地方法院的判决，[①] 当取证行为的违法程度不足以排除非法证据时，为了实现对被告人的实体公正，应当在量刑时减轻其处罚程度。)

- 诉讼负担（刑事诉讼之中，对于被告人最大的诉讼负担莫过于剥夺人身自由的未决拘押。但是只要是合法的刑事程序，则并未违反程序正义的原则。不过从保障人权的角度出发，为了平衡对被告人施加的诉讼负担，要在量刑上作出一定的考虑。这种考虑不同于法律规定的未决羁押期限于刑罚期限中的计入。)

- 被告人为解明真相的积极协作（根据修改后的《刑事诉讼法》，共同犯罪的场合，当被告人与检察官就他人的犯罪行为达成合意，被告人要全面供述他人的犯罪行为，检察官可以向法院请求较轻的量刑。)

- 犯罪后经过的时间（为了全面推进迅速审理原则，追诉启动后，如果经过较长的办案时间，那么基于社会影响的弱化、诉讼负担，以及再犯可能性的减少，量刑相应的应当减轻。)

对于量刑事实的证明而言，"犯情"和"一般情状"统称为"广义的量刑事实"，

在这之中，犯情事实属于"应当认定有罪的事实"（罪となるべき事実），因此，证明责任、证明标准以及证明方法等与其相关的

---

① 浦和地判平 1. 12. 21。

证明理论，应当适用认定有罪事实的证明理论，并无探讨的余地，但是对于一般情状，其概念和内容均与定罪完全不同，因此一般情状被称为"狭义的量刑事实"。日本的量刑事实证明理论，即围绕狭义的量刑事实而展开。①

2. 量刑行情制度（量刑相場）

在日本的量刑实务中，存在所谓的量刑行情制度（量刑相場）。"相場"一词在日语中专指那些在市场中进行交易时商品、股票、债券、外汇的时价与行情，以指导商家进行投机交易。而"量刑行情"这一概念专指对于同种类、同性质、同程度的犯罪行为，妥当的适用同刑罚量的刑罚的考虑根据。量刑行情是职业法官经过长年的裁判实务形成的基本的量刑判断基准。由于量刑行情是法官量刑实务的产物，因此它并不具备法律规范上的拘束力。而且，之所以叫作"行情"是因为行情本身就不是绝对的。随着时代的变化、社会情势以及犯罪情势的变化，量刑行情也随之产生变化，绝对不具有固定的性质。因此如果刑法典确立了新的犯罪类型，并且划定新的法定刑范围，那么就要通过实践形成新的量刑行情。不过，因为量刑行情是重要的量刑判断标准，因此，实践中的量刑判断都会以量刑行情为起点进行考量。

日本的量刑行情制度与美国的量刑指南二者的相同之处在于二者都是量刑判断的依据。但是不同点在于：日本的量刑行情是法官的实务经验总结，因此除了法官之外并不对外公开。而量刑指南是以条文方式明文化的规定，且其制定者是法院外的联邦量刑委员会。相比较起来，量刑行情的不透明性与不明确性明显要更强。

量刑行情制度与量刑事实的证明直接相关。日本法官在量刑时，考虑量刑行情的前提是行情中的刑罚所包含的量刑情状基本要与实际办理的案件量刑情状大致相同。如果不相同，那么量刑情状就会

---

①　大阪刑事実務研究会：『量刑実務大系 第 4 巻 刑の選択・量刑手続』（判例タイムズ社，2011 年）第 159 頁。

对办理的案件的量刑产生影响，此时行情便不能过分考虑。所以，量刑行情可以说是量刑判断的起点和根基，而具体的量刑必须代入量刑情状的证明来进行补充。

（二）量刑事实的证明责任

日本的刑事诉讼法奉行无罪推定原则，在该原则下，公诉方承担证明责任。而日本采一元化的刑事庭审机制，因此无论是定罪还是量刑，其证明责任均由公诉方承担。在日本，关于量刑事实的证明责任被称作"量刑情状立证"，即提出某一量刑情状的存在后必须提供量刑证据对该情状予以证明。

量刑事实的证明责任决定了量刑事实的证明方法和证明标准。如果认为量刑事实证明责任由控方承担，那么自然证明方法要采取严格证明方法，证明标准要达到排除合理怀疑的程度；如果认为不利于被告人的量刑事实证明责任由控方承担，而有利于被告人的量刑事实证明责任由辩方承担，那么证明方法是自由证明，证明标准达到优势证据标准即可。因此，量刑事实的证明责任问题引起了学术界的争议。大体上来说，关于证明责任的分配存在三种理论观点："控方承担说""片面构成说"以及"不存在说"。

"控方承担说"，顾名思义，即量刑事实的证明责任一律由控方承担。这一学说得到相当多的支持。享有盛名的刑事诉讼法学者如田宫裕、松尾浩也、川出敏裕等均在其《刑事诉讼法》教材中支持了这一观点。该说认为，量刑事实是作为法律要件而存在的与事实存在与否紧密相关的问题，法律上的犯罪阻却事由与量刑的事由没有必要进行区别对待，故证明责任理应由检察官承担。① 小池信太郎亦指出："达到确信程度地认定量刑事实是十分必要的，不然的话难

---

① 大阪刑事実務研究会：『量刑実務大系 第 4 卷 刑の選択・量刑手続』（判例タイムズ社，2011 年）第 162 頁。

免不会产生对部分嫌疑刑事实的争议。"①

　　"片面构成说"，即指不利于被告人的量刑事实证明责任由控方承担；有利于被告人的量刑事实证明责任由辩方承担。明确地从理论上认为量刑事实证明责任适用"片面构成说"的观点并不存在，但是从证明方法的角度出发认为"量刑事实采取自由证明，但是不利于被告的量刑事实应当采取严格证明"的观点（如下文田口守一的观点）等默示的"片面构成说"却在学术界获得相当多的支持。久冈康成认为："量刑事实可以分为对被告人不利的和有利的事实，对于后者的证明要比前者更加的缓和。"这一论证亦从侧面支持了"片面构成说"。② 此外，日本的实务界更加倾向于"片面构成说"。

　　"不存在说"是除"控方承担说"与"片面构成说"之外的第三种较为"特立独行"的观点。这种观点认为对于量刑事实的证明，不存在证明责任的观念。持这种观点的原田国男论述道："对于量刑要素来说，其特性之间的差异较大，作为法院赋予其独自的裁量权必须决定量刑的幅度。最终即便存在当事人没有主张的量刑情状，在证据上使得情状明晰化的量刑资料也是存在的。为专门回应当事人主张的审理构造并不存在；法院有判定特定的量刑要素存在与否的职责，如果欠缺了这样的判断，就无法得出结论；而在量刑要素中不问对被告人有利还是不利，法院都必须依据职权对各种形式的量刑事实进行调查，这是十分必要的。"③ 衫田宗久法官则论述道："对于某些量刑事实，例如被告人对犯罪行为真挚地反省，认定、评价此类事实的方法相对的柔软，而且在现有证据无法认定的情况下，也不会产生不利于被告人的后果……片面构成说的前提是划分不利于被告人和有利于被告人的量刑事实，而对于控方承担说也是如此，

────────────

① 　小池信太郎：「裁判員裁判における量刑評議について：法律専門家としての裁判官の役割」法学研究：法律・政治・社会 82 巻 1 号（2009 年）。

② 　大阪刑事実務研究会：『量刑実務大系 第 4 巻 刑の選択・量刑手続』（判例タイムズ社，2011 年）第 163 頁。

③ 　原田國男：「量刑事実の証明責任」慶應法学 31 号（2015 年）。

因为控方承担的是不利于被告人的事实以及有利于被告人的事实不存在的证明责任，那么这一前提自然也要分清某一事实是有利于被告人还是不利于被告人。问题在于，一些情况下无法明确有利和不利的标准，例如在杀人案件中，被告人有三次违反道路交通法的罚金刑前科，那么有前科和没有前科对于杀人行为的量刑评价几乎是没有区别的。但是在交通肇事案件中，这一前科无疑是不利于被告人的事实。因此，有利和不利只能根据具体案件进行评价……即使某一量刑事实并不存在，大多数情况下法官都是会取均值进行量刑，也就是说其对量刑判断最后并不会产生实际效果，所以量刑事实的证明不存在证明责任的观念。"①

与证明责任相关的还有"疑义有利于被告"原则的适用。如果当事人主张的量刑事实存在真伪不明的状态或者择一认定的状态，那么就要贯彻"疑义有利于被告"原则。实务中，日本法院亦有判决认为在对犯罪动机这一情状的证明问题上，如果事实真伪不明，则根据有利于被告人的原则必须认定对被告人最有利的动机。② 不过，持"不存在说"的学者为"疑义有利于被告"原则附加了适用条件：其一，量刑事实要对量刑的判断有关键意义。因为如果某一量刑事实尽管存疑，但是最终不会对量刑的判断造成关键性的影响，那么此时适用"有利于被告"并不会产生多大的意义；其二，如果缺失了这一量刑事实，余下的量刑事实无法决定量刑的基本方向，即量刑事实干扰了量刑方向性的判断。这两者的共同之处是量刑事实必须具有"关键性"，方得适用"疑义有利于被告"原则。③

（三）量刑事实的证明标准与"永山基准"

根据日本《刑事诉讼法》第 318 条的规定，法官对案件的证据

---

① 大阪刑事実務研究会：『量刑実務大系 第 4 卷 刑の選択・量刑手続』（判例タイムズ社，2011 年）第 167—168 頁。

② 東京地判昭和 60 年 3 月 13 日，判時 1154 号第 3 頁。

③ 大阪刑事実務研究会：『量刑実務大系 第 4 卷 刑の選択・量刑手続』（判例タイムズ社，2011 年）第 170 頁。

的评断不受法律的限制，即自由心证原则。而对事实认定则要达到内心确定的程度，也有不少日本的法官认为内心确定等同于英美法系国家的排除合理怀疑标准。《刑事诉讼法》没有分离定罪事实的证明标准与量刑事实的证明标准，因此可以认为对量刑事实的认证也完全取决于法官的自由心证。

在理论上，证明责任的三种学说争论导致了证明方法和证明标准上的争议：根据"控方承担责任"说，量刑事实的证明方法应当采用严格证明，而证明标准自然是排除合理怀疑（内心确信）；而根据"片面构成说"，量刑事实的证明标准应当低于定罪事实的证明标准，方法也应当更加自由，但是对于不利于被告人的量刑事实，应当与定罪事实的证明实行同样的证明方法和证明标准，例如田口守一认为："量刑情节只通过自由证明即可，但是倾向于加重被告人刑罚的情节事实需要进行严格证明。"[1] 基于这一原则，日本法官在实行自由心证时，对量刑因素的认定的标准要低于定罪因素，但对加重情节的认定，标准要更高，即达到排除合理怀疑的程度。同时，在对加重情节进行严格证明时，法定的传闻证据规则、自白规则以及证据排除规则都要适用。而对于有利于被告人的减轻性量刑情节，由于适用自由证明原则，其证明标准自然要降低。从判例的角度来看，日本实务界认为对于量刑事实的证明方法和证明标准，亦没有必要向定罪事实的证明看齐。[2]

"不存在说"的支持者没有否定证明标准的存在价值，如衫田宗久认为："量刑事实分为犯情事实，以及现在进行的事实和将来展望的事实。与犯情相关的事实自然要利用排除合理怀疑的证明标准。对于现在进行和将来展望的事实，它们自身具有流动性的特征，因此只能根据周边的事实进行综合的判断，那么在判断之时应当至少

---

① ［日］田口守一：《刑事诉讼法（第5版）》，张凌、于秀峰译，中国政法大学出版社2010年版，第267页。

② 参见最二小判昭24.2.22刑集3卷2号221页，最二小决昭27.12.27刑集6卷12号第1481頁。

'确信'事实的存在，所以无论如何，量刑事实的证明标准应当是'确信'。"[①]

必须要指出的是，日本是为数不多的保留死刑的发达国家，而关于死刑案件的量刑事实证明标准，日本最高法院通过判例则确立了统一适用的标准，被称为"永山基准"。该证明标准因永山则夫连续杀人案件这一案例而命名。在该案中，被告人永山则夫于1968年，19岁时出于金钱目的与对社会的仇视，前往美军基地盗窃了一支手枪并在大街上枪杀了四个人。而在被逮捕入狱后，永山则夫发奋学习并且出版了不少文学作品。1997年，时隔29年永山被执行死刑，因1994年日本作家佐木隆三发表小说《死刑犯永山则夫》而引起社会关注。在1983年，最高法院关于永山一案第一次上告审（日本刑事诉讼第三审）的判决中指出："在保留死刑的现行法制下，必须同时考量犯罪行为的性质、动机、状态，以及杀害行为的执拗性、残虐性、结果的严重性，以及被杀害的被害者的人数、被害人遗族的被害感情、社会的影响、犯人的年龄、前科、犯罪后的情节等各种情状。经过考量后认为被告人的罪责确实极其重大，无论从罪刑均衡的角度出发还是从一般预防的角度出发，可以认为对被告人判处极刑无可避免的情况下，必须说判处死刑是可以被允许的。"[②] 可见，日本最高法院通过"永山基准"确定了法院在决定是否判处被告人死刑时所考量的量刑事实的性质与范围，以及必须达到"出于罪刑均衡与一般预防，认为对被告人判处极刑无可避免的情况下"之证明标准。虽然最高法院通过"永山基准"明确了死刑案件的证明标准，但是却并没有说明这些据以判断适用死刑的情状之间的关系。现今的日本，"永山基准"与非法实物证据排除规则相同，始终

---

① 大阪刑事实务研究会：『量刑实务大系 第4卷 刑の选择・量刑手续』（判例タイムズ社，2011年）第197—198页。此处论者所述"确信"应当理解为排除合理怀疑。但是值得注意的是，在否定证明责任的前提下提出量刑事实的证明标准依旧存在，两种观点不能不说是互相矛盾的。

② 最判昭58年7月8日刑集37卷6号第609页。

没有被法定化，一直以判例法的状态存续，但凡是判处死刑的案件，日本的法院几乎都会引用该证明标准。原田国男认为基于"永山基准"，法院在决定是否判处被告人死刑时必须优先考虑对被害人的人数、被害人遗族的感情、被告人的反省程度的要素，并强调必须是达到"综合所有情节不得不判处死刑"的心证标准。①

另有学者在通过实证研究后，认为日本的法院实践中在适用"永山基准"决定是否判处死刑时的考量存在四个阶层：第一阶层取决于检察官对死刑的求刑与犯罪人故意杀人的因素，如果检察官没有提出死刑求刑或者不存在杀人故意的前提下，那么没必要进行进一步的讨论；第二阶层是考量被杀者的人数。该学者指出，在被杀者 3 人以上的情况下，法院原则上要判处死刑；第三阶层重点考量与犯罪行为及其结果相关的情状，具体而言，包括犯罪的性质和目的、伴随杀人的前科、非一次实施杀害行为、共同犯罪中是否起主要作用、杀害行为的计划性、杀害行为中是否包含性侵犯行为等。在量刑实务中，比较重要的是实施杀人行为的计划性，因为这一情状决定了被告人责任的量；第四阶层则重点考量被告人相关的情状，例如动机、杀害方法的残虐性、遗族的被害感情、社会影响、被告人的年龄、履历、过去社会生活状况、反省悔悟程度、改造可能性等。四个阶层存在递进关系，如果在任何一阶层的任何情状中认为不应当适用死刑就不能对被告人判处死刑。②

（四）量刑事实的证明程序

1. 量刑资料的收集

由于日本的刑事诉讼并不区分定罪和量刑程序，二者均在统一的公审程序中处理，所以原则上，由控方负责收集与量刑相关的各

---

① 原田国男：「わが国の死刑適用基準について」法学研究：法律・政治・社会 86 巻 6 号（2013 年）。

② 永田憲史：「死刑選択基準——最高裁は死刑の正統性を亡きものにしたのか」龍谷大学法学研究 15 号（2014 年）。

种资料和信息。而除了作为控方的警察取证之外，在日本的量刑事实证明机制中，与被告人人身情况等量刑情状相关的各种信息的收集与识别被称为"情状鉴定"。《日本刑事诉讼法》第 223 条与第 165 条分别对鉴定行为作出了规定。与中国的刑事诉讼规则不同的是，日本的鉴定作为一种取证调查行为，不仅包含一般意义上的人身伤害、嫌疑人精神状况的鉴定，亦包括对量刑情状的鉴定。具体而言，就是调查犯罪的动机、目的、手段方法、犯罪计划的有无、被告人的家庭环境、生活经历、性格与行动倾向等。情状鉴定的鉴定人不限于医生，亦包括社会心理学家等鉴定人。情状鉴定需要各种经验性的科学来支持。有学者直接主张："在缺乏判决前调查制度的日本，情状鉴定制度就是代替措施。"[1] 情状鉴定在刑事司法中作用很大。因为日本的刑事司法制度并未将定罪程序与量刑程序分开，因此庭审基本上都集中于定罪问题。而情状鉴定给量刑问题考虑不足的法官提供了充足的情报与参考依据，从而作出适当的量刑判断。

情状鉴定是作为充分理解判断被告人人身背景相关信息的重要资料，在裁判员制度实施后也能为其解决量刑问题理解和判断上的困难。但是情状鉴定对量刑的结果影响并非是绝对的。例如具有轻度精神问题的被告人，根据以适应新的社会生活而目标的福祉性的援助为基础，而非以防止再犯为基础的鉴定结果，刑期可能要比预想的更短。在实践中，多数的做法是由辩方向法院提出情状鉴定的申请，而法院指令进行情状鉴定。关注点多集中于被告人的背景以及对被告人的犯罪归责程度。而具体案件可能情状的关注点不尽相同。而鉴定人的鉴定方式非常灵活以及非正式化。

需要注意的是，英美法系判决前调查制度曾受到了日本法学界的关注。1950 年 12 月，日本最高法院设置了"成年人缓刑制度调查委员会"。这一机构是为了研讨确立执行犹豫制度的配套措施而成

---

① 須藤明：「刑事事件における情状鑑定の現状と展望」駒沢女子大学：研究紀要 21 号（2014 年）。

立。1951 年 5 月，法制审议会在对成年人的执行犹豫附随保护观察制度的采用答疑时，要求与判决前调查制度相关的刑事诉讼法小委员会进行充分的研究。1958 年，最高法院在就《禁止卖春法》规定的辅导处分制度提出相关意见的同时，主张要确立判决前调查制度。但是这一主张最终没有实现。但是在参众两院的法务委员会上，最高法院仍提出关于采用判决前调查制度的附带决议。1959 年 3 月，最高法院设置的判决前调查制度协议会制定了"判决前调查制度要纲"。1970 年，在多方妥协的情况下，于《少年法改正要纲》文件中，明确提出在未成年人刑事程序中导入判决前调查制度。此后的日本刑事诉讼，仅在未成年人刑事案件中适用判决前调查制度，而该制度始终并未导入成年人刑事案件之中。①

对于确立判决前调查制度的利弊，日本学者曾展开激烈的探讨。赞成论认为："第一，考虑特别预防并不是搜查机关主要关心的事项，同时，搜查机关是否随随便便地收集这一类的资料也是存在疑问的。并且，这种资料能否适应反对询问也存在着疑问。此外，从人情角度来考虑，检察官也很难向法庭提出这种资料。加之，一直以来，法官入手与被告人人权、环境相关的资料就是非常困难的；第二，从公平的角度出发，应当实施判决前调查制度。在与家事或者性方面相关的问题上，与能够委托有能力的辩护人相比，法律援助的国选辩护人辩护的会比较敷衍，因此在提出对被告人有利的情节问题上，某种程度来说会有不公平的可能。能够期待调查制度的实行会修正这种不公平性。在处以罚金刑的场合，对被告人资产状况的调查是必不可少的，调查制度能够充分发挥作用。"② 反对论认为："以检察官为主导方向的对被告人人格的调查，可能会造成对犯罪客观情状的轻视，而把主观情状置于更为重要地位而进行量刑。

---

① 森下忠：『刑事政策大綱（I）』（成文堂，1985 年）第 190 頁。

② 森下忠、須々木主一：『刑事政策（重要問題と解説）』（法学書院，1972 年）第 65 頁。

而以科学为名的调查实际上是职权主义的量刑审查，这种调查很有可能会封锁被告人方对自己有利的情状的立证……同时，科学性如何评价、利害关系人的隐私如何保障、调查结果对量刑到底有多大的影响、是否有必要构建事实认定程序与量刑程序的二分审理模式、以及会否导致审判的迟延等诸多疑问难以解决。"① 结果，反对论的声音占了上风，因此最终成年人刑事案件中并未确立判决前调查制度。

2. 量刑事实的调查与认证

在日本刑事庭审中（公审），在检察官宣读起诉状并且被告人和辩护人对此提出简要答辩意见后，法庭调查程序即开始。首先，要由检察官进行开头陈述（冒頭陳述），宣读公诉事实即与定罪相关的事实，然后宣读与量刑相关的各种情状，而辩护律师亦对公诉方提出的与定罪相关的事实和量刑相关的事实作出答辩。日本的司法实践中，在证据调查阶段，刑事证据被分为"甲号证据"与"乙号证据"，所谓"甲号证据"是指警察及检察官提供的有关被害人方面的调查书，警察的实地调查书等各种证据。"乙号证据"是指被告人对于犯罪案件所作的口供笔录，被告人有无犯罪前科的调查以及被告人的身份调查书等。根据日本《刑事诉讼规则》（可视为日本式的《刑事诉讼法》司法解释）第198条第3项规定："与犯罪事实无关但是明显与量刑情状有关的证据的调查，尽可能地，必须努力与犯罪事实相关的证据的调查区别开。"因此在日本的刑事司法实践中，"对于检察官关于调查'甲号证据'的请求，审判长先询问被告人律师及辩护人的意见，然后进行调查。'甲号证据'调查完毕以后，检察官可继续申请审判长调查被告人的口供笔录，有无犯罪前科的调查书以及被告人的身份调查书等。同样审判长先询问辩护人及其律师的意见，然后决定是否调查。如果被告人的辩护人对于检察

---

① 大阪刑事実務研究会：『量刑実務大系 第3巻 一般情状等に関する諸問題』（判例タイムズ社，2011年）第150—151頁。

官所提出的证据有反证，可以提出请求，并向法庭出示"①。通过这种形式，日本的法庭调查程序意图将定罪证据与量刑证据区分开来。

原则上，检察官承担量刑情状的举证责任，但是辩方亦享有对被告人有利的量刑情状的证明权利，并提出量刑证据。必要时，辩方还有权申请法院调取对被告人有利的量刑证据。

法庭调查程序后，被害人可以参加刑事庭审作出影响性陈述。传统的日本刑事诉讼中，被害人除了出庭作为证人作出证言之外，是不允许对犯罪给予其的影响作陈述的，这是出于防止裁判者对被告人产生不利的偏见而作出的规定。但是随着被害人利益保障运动在全球范围的兴起，2000 年日本进行了《刑事诉讼法》的修改，导入了被害人意见陈述制度。当时的《刑事诉讼法》第 292 条对意见陈述制度进行了规定。由于被害人意见陈述可能会对定罪和量刑均产生重要的影响，所以第 292 条第 9 项明确规定被害人的意见陈述不得作为犯罪事实认定之证据。现行的《刑事诉讼法》第 316 条第 38 第 4 项也明确否定了意见陈述的证据能力。不过，被害人的意见陈述中包含的受到犯罪行为的影响、被害赔偿的有无却是极为重要的量刑信息，在判决书中的"量刑之理由"一栏，法官也会明确引用意见陈述的内容。

法庭调查完结后则进入最终辩论阶段。在最终辩论环节，检察官要进行所谓的"论告"与"求刑"。前者是指检察官要对公诉事实的认定以及量刑情状进行综合评价，后者是指检察官在被告人有罪的前提下，发表关于刑罚种类的选择、刑罚幅度的意见。检察官的求刑对法官的量刑就有实质的影响作用，据统计，日本 90% 以上的刑事案件判决，与检察官的论告及求刑意见一致。② 被告人及其辩护律师亦可针对检察官的论告与求刑发表辩护意见，亦可以在这一

① 冷罗生：《日本现代审判制度》，中国政法大学出版社 2003 年版，第 153 页。

② 殷俊、郑承华：《西方国家量刑建议制度的实践研究》，《法学论丛》2006 年第 1 期。

环节就量刑证据再次展开争辩。

最终辩论结束后，法官休庭进行评议并作出判决。关于量刑的评议过程，日本刑事司法实践通常的做法是首先由书记官向法官呈交量刑行情统计图，判断同类案件量刑的概况；接下来，法官要分析具体的量刑情状，主要是具体案件的情状与量刑行情中包含的情状之间的差别；再次，法官要参考检察官提出的求刑意见；最后，通过对量刑行情、具体情状、求刑意见的综合判断作出宣告刑。评议后，法官必须作出判决。《刑事诉讼法》第44条明确规定："判决必须附带理由"，亦即日本在法律上规定了法官心证公开的义务。日本的判决书中包括"主文"和"理由"两个部分。"主文"包括有罪无罪的结果以及最终的刑罚之内容，"理由"则是作出该判决结果的论证和说理。判决时，日本的法官必须先公布"主文"再公布"理由"。通常情况下，"理由"中包含"量刑的理由"专门的板块，其中包括对各种量刑情状的评论，量刑作出的过程的论证之内容。《刑事诉讼法》并不强制要求法官必须载明"量刑的理由"。但是，在司法实践中一般法官都会载明"量刑的理由"，特别是对重大犯罪案件、宣告重刑的案件以及宣告缓刑的案件进行量刑说理。

（五）裁判员制度与"程序二分论"

进入21世纪，日本对刑事司法机制开展了一系列大刀阔斧式的改革，其中最重要的改革成果莫过于日本式的陪审制—裁判员制度。2004年5月，日本颁布了《裁判员法》，作为《刑事诉讼法》下的特别法，对裁判员制度的构建与使用作出详细的规定。《裁判员法》出台后，日本刑事司法开始了裁判员制度的试点工作，而根据《裁判员法》附则第1条，裁判员制度于2009年5月后正式实施。

虽然与英美法系的陪审制与大陆法系的参审制类似，均强调刑事诉讼的国民参与，但是在制度设计上裁判员制度与以上两种制度存在较大的差别。首先，裁判员的选择范围适用于有选举权的日本国民，在选择程序上与英美法系的陪审团遴选程序类似，在法官的主持与控辩双方的参与下，敲定裁判员成员，控辩双方享有有因回避与无因回避权。其次，裁判员与职业的法官共同构成审判合议庭，不仅对定罪问题有决定权，还决定量刑。合议庭的构成原则是3名法官与6名裁判员，而评议的规则包含两项：一是必须以少数服从多数为裁判原则，二是多数意见中必须包括至少1名法官的意见。最后，裁判员制度仅适用于第一审（公审）。

裁判员制度对传统的以职权诉讼模式为根基的日本刑事诉讼机制产生深刻的影响。在刑事司法实践中，最具代表性的是"严选证据"问题与"严罚化"现象。前者是指在业已确立的公审前整理程序（即日本的庭前程序）中，为了使得法律外行的裁判员不受可采性存疑的证据的影响，在审前程序中在法官的主持下控辩双方同时进行证据开示活动以及决定证据的可采性活动。一般来说，日本的刑事庭审大致在一个月之内即可审结，公审前整理程序持续时间也不长。然而实施了裁判员制度后，由于必须在公审前整理程序中彻底解决证据的可采性问题，则必须延长这一程序的期限。对于一些疑难复杂的案件，该程序甚至可以进行一年以上，这一问题被日本学界和实务界称为"严选证据"问题。后者是裁判员制度实施产生的第二个影响，被称为"严罚化"现象，"严罚化"现象不仅凸显了之前日本刑事诉讼并不明显的量刑事实的证明问题，还导致学界对已不关注的"程序二分论"刑事诉讼理论重新展开研究和探讨。

1. 裁判员制度与"严罚化"现象

"严罚化"现象是指在裁判员制度构建之后，死刑与无期徒刑案件的判决急剧增加，改变传统的量刑行情的判决亦增多，并且裁判员合议庭经常作出超过传统检察官求刑范围的量刑结果。[①] 2006年，法务省公布的《犯罪白皮书》中指出：第一审中的杀人罪，"严罚化"现象出现后，3年以下的实刑判决减少，有期徒刑15年以上的

---

① 倉橋基：「裁判員制度導入後の量刑判断についての一考察——量刑判断の再構築」龍谷大学法学研究9号（2007年）。

判决急剧增加。而判处无期徒刑的案件亦有所增加。[①] 有学者对"严罚化"现象进行了实证研究，观察了在 2009 年裁判员制度正式实施后经过 5 年量刑的变化，并与裁判员制度实施前职业法官的量刑进行比较，得出"在裁判员制度中，与法官量刑比较起来，存在着'重刑化倾向'与'宽刑化倾向'两方变化"[②]。具体而言，对于杀人既遂案件、杀人未遂案件、抢劫致伤案件的裁判员量刑中，出现了"重者更重、轻者更轻"的现象，而在强奸致伤、强制猥亵致伤等性侵犯案件中，裁判员量刑则是"严罚化"，以下图表较为直观地说明了这些案件中的"严罚化"倾向：

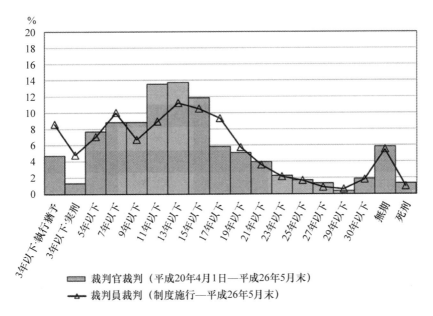

图 1　日本杀人既遂案件法官裁判与裁判员裁判量刑倾向比较[③]

---

① 法務省法務総合研究所：『犯罪白書 2006』（2006 年）第 222 頁。

② 小島透：「裁判員裁判による量刑の変化—統計データから見た裁判員裁判の量刑傾向」中京法学 49 巻 3・4 号（2015 年）。

③ 小島透：「裁判員裁判による量刑の変化—統計データから見た裁判員裁判の量刑傾向」中京法学 49 巻 3・4 号（2015 年）。平成 20 年是指 2008 年，平成 26 年是 2014 年，而裁判员裁判制度正式实施的时间是 2009 年，也就是平成 21 年。

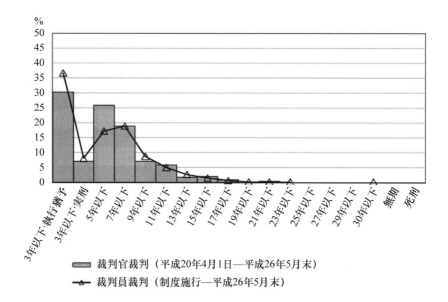

图2 日本杀人未遂案件法官裁判与裁判员裁判量刑倾向比较①

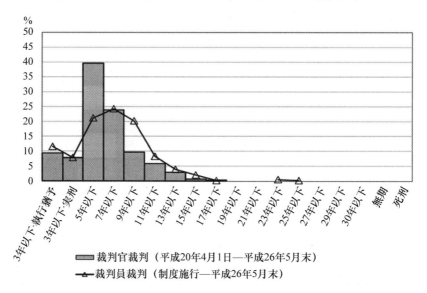

图3 日本伤害致人死亡案件法官裁判与裁判员裁判量刑倾向比较②

---

① 小島透：「裁判員裁判による量刑の変化—統計データから見た裁判員裁判の量刑傾向」中京法学 49 巻 3・4 号（2015 年）。

② 同上。

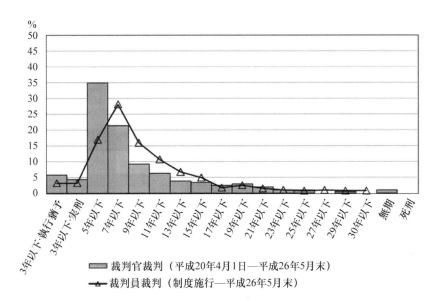

图4　日本强奸致伤案件法官裁判与裁判员裁判量刑倾向比较①

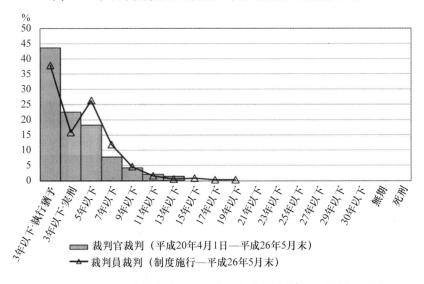

图5　日本强制猥亵致伤案件法官裁判与裁判员裁判量刑倾向比较②

① 小島透：「裁判員裁判による量刑の変化—統計データから見た裁判員裁判の量刑傾向」中京法学 49 巻 3・4 号（2015 年）。

② 小島透：「裁判員裁判による量刑の変化—統計データから見た裁判員裁判の量刑傾向」中京法学 49 巻 3・4 号（2015 年）。わいせつ在日语中是"猥亵"的意思。

　　总之，"严罚化"的现象带来的最大的问题并不是重刑化倾向本身，而是"严罚化"反映出的裁判员量刑与传统法官量刑的差别。由于裁判员制度是一种新制度，在没有详细的规则约束下的裁判员量刑导致的实践中的差别可能是会导致量刑不公的，因此应当形成"准则"（目安）来对裁判员量刑进行约束，这种约束也需要进一步探讨日本现有的量刑事实证明机制。

　　2. 裁判员制度与"程序二分论"理论的重提

　　"程序二分论"（手続二分論）是日本刑事诉讼理论界的经典学术论题之一，它是指："对于检察院起诉状中记载的犯罪事实是否存在而进行立证的阶段（罪责认定程序）与对于认定有罪的被告人的刑之量定的情状立证的阶段（量刑程序）相分离的考量方法。"① 在昭和33年（1958年）日本颁布《禁止卖春法》之际，伴随着对判决前调查制度的探讨，是否在实际的司法实践中构建"程序二分"机制引发了广泛的讨论，但是最终，日本国会以"日本的刑事犯罪的推移比较安定，没有积极地设置新制度的必要，而且如果将程序二分，那么将会花费大量的诉讼成本与时间"等理由否定了引入程序二分机制的建议。之后，此问题的争论便在日本的学界与实务界消弭，直到裁判员制度实施前的刑事研讨会上，该问题被重新提出。在第七回裁判员制度审议会中，日本辩护联合会司法改革本部副部长山田幸彦提出："为了防止法官以及裁判员对被告人产生有罪偏见，排除对量刑情状事实认证判断的影响，庭审自身的形式化防止等目的，同时也为帮助发现无罪，在对公诉事实有争议的案件中有罪无罪的认定程序必须与量刑程序分离，要在关于事实认定的程序终结后，设计一种中间判决制度，决定被告人是否有罪。"然而，这一主张并没有获得通过，而且《裁判员法》与《刑事诉讼法》都没

---

　　① 垣花豊順：「手続二分論」，『刑事訴訟法の争点〈新版〉』（ジュリスト増刊，1991年）第180頁。

有回应程序二分机制的设计问题。① 不过，在《刑事诉讼规则》第
198 条第 3 项却涉及了程序二分的问题，因此有观点认为，此条规定
虽然只限"调查证据"的部分，但是该条的设置是站在"程序二分
论"的角度上进行考量的，因此该规定可视为"程序二分论"于法
律之中的体现。②

　　最终导致这"程序二分论"成为重点议题的原因还是裁判员制
度实施后，"严罚化"现象的产生。有人指出："为防止'严罚化'，
在法律层面上的改革中，实体法上是将量刑的内容完全法典化，而
在程序上则是导入'程序二分'机制……如果完全导入'程序二
分'机制、使得裁判员在量刑判断程序中不再干涉量刑问题，那么
'因裁判员制度导致的严罚化'就不会产生了，因此'程序二分论'
是防止'严罚化'最有用的策略。"③

　　3. "程序二分论"功能的理论分析

　　持"程序二分论"肯定论观点的学者们一致认为，"程序二分
论"的首要功能在于排除预断、纯化事实认定。日本刑事诉讼似乎
特别重视防止裁判者对庭审中的事实形成主观预断，进而产生对被
告人不利的偏见。起诉状一本主义很好地佐证了这一论断。日本著
名的刑事法律学家佐伯千仞指出："法官为了决定证据是否具有可采
性而指令当事人提出物证或书证，这一事实是必须进一步研讨的事
实。或者说，不能作为用以定罪的证据，却可以作为情状立证的证
据而很容易得以采用……（现今日本刑事诉讼）决定证据能力有无
的工作，与判断有证据能力的证据证明力进而认定事实的工作，委
任同一法官进行处理。不过对于同样的事情，审判程序关于定罪证
明的阶段与审理量刑事由的情状立证的阶段也由同一法官进行处理，

---

　　①　畑桜:「裁判員制度下における手続二分制の有効性」立命館法政論集 9 号
（2011 年）。

　　②　倉橋基:「裁判員制度導入後の量刑判断についての一考察——量刑判断の再
構築」龍谷大学法学研究 9 号（2007 年）。

　　③　同上。

没有本质上的区别。"① 渕野贵生亦提出："前科或者被告人的恶劣性格，根据情况会成为量刑判断的相关证据。这种证据与被告人是否实施了现在被起诉的犯罪的判断虽说并没有什么关联性，但是对于被告人的犯罪行为，虽然缺乏实证根据，却很容易与被告人的人格评价相关联。一旦听取了前科或被告人恶劣性格的相关证据，事实认定这无论如何都会持有强烈的有罪预断，不能否定会产生误判与冤罪的危险……检察官在开头陈述中必须进行与量刑相关的主张陈述，为了能够提出主张无法避免其接触前科等类似证据，而检察官要求调取这种证据时事实认定者会导致事实认定者接触到这些证据，从而产生预断的危险……另外，如果罪责问题与量刑问题在评议中一起解决，无法否定量刑相关的证据会影响事实认定者关于罪责认定的判断，程序二分机制能够阻止事实认定者的头脑接触到与量刑相关的预断信息。"②

"程序二分论"的第二功能在于实现刑罚个别化的理念。刑罚的科学化与个别化的理念要求对单独的被告人的量刑，在正确地量定被告人的行为责任的量之后，必须以人类科学的视角考量被告人的个人情况以及环境因素，并进行客观地调查。以此为基础，作出为实现被告人改善或更生、复归社会的最合适的量刑。为了实现刑罚的个别化，"为了准确量刑，就必须实施关于被告人的人格与环境调查。然而，为了实施这样的调查，不可避免地就必须对涉及被告人隐私的事项进行深入的调查，强制实施这样的调查不能彻底的正当化，因此判决前调查的实施必须以被告人有罪认定为前提。因此为了实现判决前调查制度，就必须将罪责认定程序与量刑程序相分

---

① 佐伯千仭：「起訴状一本主義」，団藤重光『刑事訴訟法講座第 2 巻』（有斐閣，1964 年）第 27 頁。

② 渕野貴生：「手続二分論——予断排除と量刑の科学化」法と心理 15 巻 1 号（2015 年）第 16—22 頁。

离"①。亦有观点从预断排除与刑罚个别化的关系角度出发，论证道："以程序二分论的理由而展开的刑罚个别化理论与罪责认定程序纯化之理论绝对不是彼此孤立的关系，作为追求二者之间调和点的一种制度能够设定两者的位置。也就是说在日本，程序二分论由于刑罚思想的变化而导致现行法中内在的问题明显化，为了消解这一问题各种关于二分论的探讨开始出现，今后这种探讨也会持续下去。"②

第三项功能在于"程序二分论"可以消解因一元化定罪量刑庭审程序造成量刑辩护"左右为难"（シレンマ）的问题。对于否认参与实施了犯罪行为，作无罪辩护的辩方来说，同时进行与量刑情状相关的举证活动在现实上是十分困难的。因为，进行量刑情状相关的举证要以被告人有罪为了论理性的前提，一遍争辩无罪一遍进行量刑情状的举证是矛盾的诉讼活动，这样不仅会削弱无罪争辩的力度，还会对罪责认定产生不利的影响。对于事实认定者而言，这种情况下也不会有判处被告人无罪的自信。此外，对辩护律师来说，与有罪前提的主张并行的无罪辩护，当然会产生破坏与坚持主张自己无罪的被告人的信赖关系。因此，为了贯彻对被告人辩护防御权的保障，消解"左右为难"的问题，实现程序二分，假设事实认定者作出了有罪裁断，在量刑程序中辩护人也能集中对量刑情状进行举证。

此外，亦有观点认为"程序二分论"能够符合诉讼规律，妥当的处理定罪程序中当事人主义模式与量刑程序中职权主义模式之间的关系问题；还能够厘清定罪事实的证明标准以及量刑事实的证明标准的关系问题，解决实践中证明标准的冲突。

然而，日本刑事诉讼学界亦有一些观点认为"程序二分论"存

---

① 渕野贵生：「手続二分論——予断排除と量刑の科学化」法と心理 15 卷 1 号（2015 年）第 16—22 頁。

② 今井朋子：「手続二分論の再考」広島法学 36 卷 3 号（2013 年）。

在着一些弊端：第一，罪责问题与刑罚问题之间存在流动性。在罪刑法定主意的刑事诉讼法之中将犯罪的罪责问题与刑罚问题彻底类型化是很难把握的，从而决定犯罪成立与否的举证与刑罚加减的情状举证无法准确地分辨开，亦即无法彻底区别定罪事实与量刑事实，这显然是很难将程序二分的；第二，若将程序二分，就不得不引入判决前调查制度，这样做一定会增加诉讼负担与实践负担，消耗司法资源；第三，与其构建真正的程序二分机制，不如贯彻意识上的罪责问题与量刑问题的分化，即无论是职业法官还是裁判员，若要做到意识上的罪责问题与量刑问题的二分，那么程序二分就不再重要了。第四，量刑情状的证明具有灵活性，在刑事诉讼中对于量刑情状的证据调查可以在一体化的证据调查程序中随时进行，无必要进行程序二分，程序二分亦缺乏法律上的依据。①

4. "程序二分论"的实践尝试——"衫田宗久"式的庭审模式

裁判员制度带来的不仅仅唤起日本刑事诉讼学界对"程序二分论"理论的关注，在实践中，亦有实务工作者尝试运用"程序二分论"的庭审模式解决刑事案件。比较有代表性的是日本衫田宗久法官构筑的"衫田宗久"式程序二分审判模式。

为了发现裁判员制度的实施前后给量刑事实证明带来的影响，衫田宗久法官先后在两起不同的刑事案件中均运用了程序二分的审判模式。两起刑事案件均是被告人全面否认实施了犯罪行为的案件。第一个是一起故意杀人案件。此次案件的审判发生于裁判员制度实施之前，被告人与被害人系熟人关系，被告人在杀害了被害人后，被害人的遗族具有强烈的惩罚被告人的意愿。在该起案件的刑事审判中，合议庭全部由职业的法官构成，且由这同一合议庭同时审理定罪问题与量刑问题。在公审前整理程序中，衫田宗久法官向他的同事法官提出这起案件的审理采用定罪问题的审理与量刑问题的审理相分离的模式，即程序二分审判模式，并

---

① 今井朋子：「手続二分論の再考」広島法学 36 巻 3 号（2013 年）。

拟定了详细的审理计划：

表 2　　　　　日本法官构成的同一合议庭程序二分审理计划表①

6 月 1 日	6 月 2 日	6 月 7 日	6 月 8 日	6 月 9 日	6 月 14 日	6 月 16 日	6 月 23 日
1. 检察官开头陈述 2. 提出公审前整理程序的结果 3. 定罪相关的书证调查 4. 证人询问	1. 证人询问	1. 证人询问	1. 证人询问	1. 自白任意性相关书证的调查 2. 自白任意性相关的被告人讯问 3. 证人询问 4. 定罪相关的被告人讯问	1. 准备日	1. 定罪相关的被告人讯问 2. 被害人参与	1. 作出有罪判断的情况：与量刑情状相关的检察官开头陈述、与量刑情状相关的书证可采性决定、调查被害人遗族的心情等意见陈述 2. 作出无罪判断的情况：最终论告与辩论结审

在此次的程序二分审理计划中，6 月 16 日的第 6 回公判审理结束后，于此时间点进行了关于定罪问题的"中间论告"与"中间辩论"程序，此后由职业法官组成的合议庭进行了关于被告人是否有罪的评议。而关于量刑情状的举证，则在合议庭作出有罪心证的前提下进行。在实际的审理过程，"中间论告"与"中间辩论"结束后一周时间内，合议庭作出了被告人有罪的心证。此后，于 6 月 23 日，合议庭指示控辩双方进行关于量刑情节的举证。然而，本案中的辩护人却没有提出任何关于量刑情状的量刑证据。因为辩护人在作激烈的无罪辩护后，就算接受了合议庭关于被告人有罪的心证，亦陷入了如何进行量刑情状的举证、能做到何种地步的左右为难的境地。

第二次审判是关于被告人杀人弃尸的案件，在这一起案件中，被

---

①　高見秀一：「手続二分的運用の試み（話題提供として）——故杉田宗久判事の法廷を経験した弁護人として」法と心理 15 卷 1 号（2015 年）第 3—9 頁。

告人主张没有实施杀人行为，而辩护人亦作无罪辩护。本案发生于裁判员制度实施之后，因此合议庭是由法官与裁判员构成的。衫田法官在此案中本打算再次采用程序二分的审理模式。但是检察官认为，与本案直接相关的被害人是关键证人，如果采用程序二分制就意味着要让其连续出庭两次作证，对其过于残酷，结果关于被害人的证人询问只进行了一次。但是，在这一次作证中，关于证人的询问被分成与定罪相关的询问和与量刑相关的询问，以图实现定罪量刑二分化。不过，由于采用的是外行人参与庭审的裁判员制度，不得不说证人关于定罪问题的证言对于裁判员的处罚感情产生了极大的影响。

经过两次程序二分庭审模式的实验，作为直接观察者的高见秀一律师对程序二分论的实际运用作出了批判性的评价。他指出："就程序二分论的优点来说，至少在关于定罪审理的过程中，被害人的处罚感情并不会参与进来……因为《刑事诉讼法》法定的被害人意见陈述制度是在分离的量刑阶段提出的，因此一旦被害人要在定罪阶段陈述被害感情，法官就可以以'现在是关于定罪事实的审理，你说的话是要在之后的量刑阶段才能说的'这样的理由制止其陈述，以防对定罪事实的审理产生偏见……然而，在实施程序二分论之时，作为辩护人却很容易陷入左右为难的境地。因为在作无罪辩护的情形下，辩护人在定罪阶段激烈的争辩被告人无罪，反而不为随后的量刑情状立证中留有余地，而且在争辩无罪的前提下，也不太可能提出诸如被告人的反省悔过态度等量刑情状……另外，如果对于定罪和量刑问题由同一合议庭来审理，也会产生无罪有罪与罪轻罪重之间的冲突，要求其完全把定罪问题与量刑问题分开考量，心理上也是不可能的。因此，如果不把定罪审理的裁判者与量刑审理的裁判者完全分开，那么即便适用程序二分模式进行情状举证也是十分困难的。"[①] 而渕野贵生亦针对衫田宗久程序二分模式指出："虽然

① 高見秀一：「手続二分的運用の試み（話題提供として）——故杉田宗久判事の法廷を経験した弁護人として」法と心理 15 巻 1 号（2015 年）第 3—9 頁。

在衫田的实践中，在对于定罪相关的证据进行调查后进行中间评议，决定被告人是否有罪在进行量刑。然而，在调查和认定量刑证据后，在最后的最终评议阶段罪责认定问题会不会受到量刑证据的影响，站在现有的制度上考虑是很难说的……如果在中间评议中决定判处无罪，事后又进行量刑证据的评议，那么很难保证裁判员不会不将判处无罪的态度转变为判处有罪的态度……若要彻底解决该问题，最好的方式是一旦在中间评议形成了无罪的心证，那么必须宣告被告人无罪。"[1]

由此可见，在定罪和量刑一元化的刑事庭审中，即便是实现定罪证据调查和量刑证据调查的相对分离，仍会产生一些棘手的问题。比较突出的是选择作无罪辩护的律师很难在无罪辩护失败后进一步进行量刑情状的立证，以及定罪量刑问题同一合议庭的审理模式。在心理上这两个问题是不可能不受到相互作用的。

第三节　两大法系量刑事实证明机制的异同

从以上关于英美法系的量刑事实证明机制与大陆法系量刑事实证明机制的表现与规则来看，两大法系的机制既有相同之处亦有不同之处，而其相同之处与不同之处背后所潜藏的理念，方是量刑事实证明理论所要借鉴之处。

一　两大法系量刑事实证明机制的相同之处
（一）均主张罪刑均衡与刑罚个别化相结合的理念

两大法系量刑事实证明机制的第一个相同之处是肯定现代化的报应刑与预防刑相结合的刑罚根据，并主张罪刑均衡原则与刑罚个

---

[1]　渕野貴生：「手続二分論——予断排除と量刑の科学化」法と心理 15 卷 1 号（2015 年）第 16—22 頁。

别化相结合的理念贯穿于量刑事实证明实践。例如，报应刑的理论根据起源于德国，来源于黑格尔以及康德对报应刑哲学的经典论述，德国刑事法律传承了报应刑理论根据，于是在量刑中坚持"责任主义"，即以被告人的责任的量为判断刑罚的量的基本依据。但是，近年在德国兴起的社会防卫论以及刑罚政策理论深深地影响了传统的报应刑依据，因此德国逐渐走出了一条由原有的责任主义刑罚论转向责任主义与刑罚个别化相结合的道路。日本刑事法律传承德国，以责任主义为量刑的根基，但是近年来兴起的刑罚个别论也促使日本刑法开始转型，走向责任与个别化结合的道路。

反观英美法系国家，一开始就强调罪刑均衡原则要与刑罚个别化相结合。在美国，基于"Just Desert"原则，判例法从《宪法》第八修正案中延伸出了罪刑均衡原则，并深刻地影响量刑实践，但是在实际的量刑事实证明中，司法又强调必须将被告人的刑罚具体分析，并给予其"量身定做"的个别化刑罚，为实现个别化，不惜较低证据标准。由此可见，报应刑与预防刑相结合，即实践中的罪刑均衡、责任主义与刑罚个别化相结合的刑罚原则已经成为世界主流。

（二）均主张量刑证明对象固定化

两大法系量刑事实证明机制的第二个相同点在于均主张固化量刑的证明对象，以突出实践中的量刑事实证明的问题并减少量刑事实证明的难度。对于英国和美国来说，为了限缩法官在量刑上的恣意，相关部门出台了《量刑指南》，以期对法官的量刑作出指导。《量刑指南》带来的一个重要的影响是通过将司法实践中存在的各种量刑证明对象通过明文列举的方式从而使其固定化，这样一来，在独立化的量刑事实证明程序中，证明主体便有了明确的证明方向，从而使量刑事实的证明规范化。加拿大虽然没有《量刑指南》，但实践中根据判例法，亦从加重被告人刑罚与减轻被告人刑罚的角度对各种情节作出规定，而且基于加拿大的《刑法典》的立法，很多量刑证明对象也得以在《刑法典》中固化。

在大陆法系国家中，由于实行一元化的定罪量刑庭审模式，量刑证明对象并不突出，但是，近年大陆法系国家的法律修改以及理论探索也出现了量刑证明对象固化的倾向。法国德国的《刑法典》均要求法官在量刑时同时考量犯罪的社会危害性以及被告人的人身危险性等事实，为量刑指明方向，同时在总则部分明确了种族歧视和性犯罪等加重情节。日本在量刑实践中存在量刑行情的制度，适用量刑行情的前提是必须对同案同质的量刑情状进行整理和分析，通过这种方式，也将量刑证明对象固定化了。同时，"永山基准"更是明确的以判例法的形式规定法官在判处死刑时应当考量哪些量刑情状，这些情状自然要被承担证明责任的控方依据证据所证明，这是日本量刑证明对象固化在死刑适用问题上的重要表现。

（三）均承认量刑事实证明严格程度低于定罪事实证明

在证明的严格程度上，两大法系均承认对于量刑事实证明的严格程度要低于对于定罪事实的证明。在一点在英美法系国家表现得尤为明显。基于独立的量刑事实证明程序，这一程序所有的证明规则也要独立于定罪事实的证明程序。从这些量刑证明规则的表现来看，其规定更为宽松和灵活，为的是让更多的量刑证据进入法官的视野，让更多的量刑事实得以认定，从而实现刑罚个别化。例如，英国、美国、加拿大三国均规定有利于被告人的量刑事实的证明标准应当适用优势证据、品格证据与前科证据等证据规则不适用于量刑程序等。

对于大陆法系国家来说，一元化的庭审导致定罪事实的证明与量刑事实的证明在程度上的区分并不明显。但是从严格证明与自由证明的学术概念分野的角度来看，对量刑事实证明的严格程度是更低的。一些德国学者主张对于被告人有利的量刑事实适用自由证明即可，而一些日本学者也主张从有利于被告的角度出发，减轻的量刑事实可以运用自由证明。由此可见，虽然没有在程序上彻底区分定罪事实的证明与量刑事实的证明，但是学界承认了对量刑事实证明的自由度。而正是因为如此，实践中量刑事实的证明活动体现得并不明显，因为适用自由证明的量刑事实的认定多数已被法官通过职权原则解决了。

（四）均肯定了法官在量刑事实证明活动中的职权性和主动性

在当代，奉行当事人主义的英美法系国家将司法的消极性演绎得相当彻底。法官在定罪事实审理的庭审中保持着超然中立的姿态，除非法律允许，否则绝不干涉平等武装下的控辩双方唇枪舌剑的态势。而大陆法系国家则对职业法官发现事实真相的能力更加信任，在恪守直接言词原则等法律原则的基础上，庭审的指挥棒由职业法官所掌握，一切旨在为发现事实真相所服务。然而，在量刑事实证明的活动中，两大法系中法官的消极性上的区别似乎被消泯了。在英国，作出有罪答辩后的量刑程序中，法官必须主动审查有罪答辩的事实基础；据以定罪的事实在量刑程序中存疑且争议，法官可以主动开启牛顿听审程序予以解决。在加拿大，量刑职权被视为法官的专有职权，法官甚至可以为实现量刑之目的展开任何他认为有必要的证据信息调查，成为量刑事实的证明主体。以上英美法系国家的法官在量刑阶段的职权作为明显与定罪庭审中消极超然的形象大相径庭。在量刑事实证明的问题上，两大法系的法官所扮演的角色是一致的——为实现刑罚目的和准确量刑，需要充分发挥其职权能动性，展开与量刑相关的任何有必要的量刑证据调查。

二 两大法系量刑事实证明机制的差异

（一）罪刑均衡与刑罚个别化的偏向不同

虽然两大法系的量刑事实的证明活动中均奉行罪刑均衡与刑罚个别化的并合主义原则，但是它们的侧重点，或者对这一对原则的偏向则是不同的。英美法系国家在量刑时明显偏向刑罚个别化主义。比较典型的例子是美国的"三振出局"制度，即"Three-Strike Law"，根据这一规则，州法院要对犯有三次以上（含三次）重罪的累犯采取强制量刑措施（Mandatory Sentencing），大幅延长其监禁刑的时间。最短的监禁刑是 25 年有期徒刑，最高是无期徒刑，对于后者，法院会同时强制其很长时间内不得获得保释机会。在美国，对于个别一些重罪来说，即便是进行了三次犯罪，可能每次刑罚并不会突破 25 年甚至达到无期徒刑的界限，但是"三振出局"制度彻底打破了这一界限，将监禁刑幅度大幅度提升。这意味着"三振出局"彻底突破了传统的罪刑均衡设置的界限，而这样做的根本原因就是出于刑罚个别化主义，必须隔离人身危险性极强的累犯，实现刑罚的保安功能。目前，美国有 27 个州，加之联邦政府均承认"三振出局"的法律效力，可见美国的量刑制度相当偏重于刑罚个别化，不过正因为如此，美国法学界均承认在适用"三振出局"法时，控方必须对累犯事实承担证明至排除合理怀疑的证明责任。

观之大陆法系国家，在法国刑事司法实践中的"罪分三等"原则虽然也曾饱受质疑，但其仍是实践的黄金准则，根据这一原则法国不仅在证明对象的设置上，且在证明程序上均奉行不同的机制。"罪分三等"的标准就是根据责任主义划分被告人行为的严重程度以及应当被非难的量，因此即便承认刑罚个别化，法国也没有突破"罪分三等"原则。在德国，作为责任主义理论的摇篮，此原则的重要性更是不言而喻，虽说近年来在德国兴起的社会防卫论与刑事政策论对责任主义产生了一定的影响，但是责任主义的根基并没有被改变，正如德国的韦赛尔斯指出的："犯罪行为之所有的法律后果，必须与法治国家原则和比例性原则相一致……'刑'以负有法律意义上的责任为前提条件……责任原则禁止对不承担责任行为科处刑罚和刑罚超过责任程度。"① 因此，对于大陆法系国家来说，虽然各国追求并合主义给刑事司法带来的利好，但是罪刑均衡原则与责任主义仍居于不可动摇的地位。

（二）无罪推定的效力范围不同

无论是英美法系国家，还是大陆法系国家，均承认刑事诉讼必

---

① 张明楷：《责任刑与预防刑》，北京大学出版社 2015 年版，第 48 页。

须奉行无罪推定原则，被告人必须获得法律上被视为无罪的地位，同时强调控方的证明责任。但是对于量刑事实证明活动中无罪推定原则的适用性问题，两大法系则有所区别。在英美法系国家，由于陪审团是负责审理被告人罪行有无的问题，因此在陪审团庭审中，被告人当然是被推定为无罪的，他也同时享有一系列无罪推定原则带来的庭审权利。但是一旦被告人被定罪。他就在法律上被识别为罪犯，因此在随后的量刑程序中他便不再被视为法律上无罪的人。比较明显的例子是在英美法系的量刑程序中，证明责任的分配原则是"谁主张、谁举证"，而控辩双方对证明要达到不同的证明标准。这种证明责任分配原则彻底推翻了无罪推定所要求控方承担证明责任的铁则，而变成了民事诉讼那样的"竞赛"举证模式。在大陆法系国家，定罪与量刑程序并不分开，而是结合在统一的庭审程序中，因此直到庭审程序的完结，被告始终处于无罪推定原则的保护之下，因此控方无论是定罪事实还是量刑事实均要承担全面的证明责任，日本的检察官论告求刑制度就是明证。因此，如果认为无罪推定原则存在效力的范围的话，英美法系国家中该原则会延伸到陪审团判定被告人有罪为止，而大陆法系国家则会将该原则贯穿刑事审判的始终。

（三）获取量刑证据广泛程度不同

两大法系国家虽然同样重视量刑证据的收集，重视反映犯罪社会危害性与被告人人身危险性资料的审查判断，但是由于证明机制的不同，导致两大法系司法机关能够获得的量刑证据的量是不相同的。在英美法系国家中，存在着量刑前调查制度，即指定缓刑官或者其他司法人员专门就被告人的人身背景等信息进行详细的调查，以便给法官量刑时提供依据。因此，英美法系国家的量刑程序中，除了"谁主张、谁举证"的控辩双方，量刑法官还可以从专门人员那里获得大量的量刑证据，无疑广泛的量刑证据会给量刑的准确性带来重要的影响。而在大陆法系国家中，并不存在量刑前调查制度，而量刑事实的证明责任亦一边倒地分配给控方，因此在这种情况下，控方所能获得的量刑证据资源自然是有限的。尽管存在着社会调查人员这种为了收集量刑信息的职位设置，但是仍旧没有英美法系国家量刑证据收集的那样充分。所以近年来，日本实施了裁判员制度后，刑事诉讼学界开始着重探讨判决前调查制度在日本刑事诉讼机制中的构建问题。

决定量刑证据的收集广度的重要原因是对刑罚个别化的态度与证明程序的模式。英美法系国家极为重视刑罚个别化，因此他们就需要对被告人的人身背景、历史、社会影响等多重因素进行详尽的调查，以使得量刑个别化的实现。而独立的量刑程序亦为个别化提供了保障，在这一程序中，控辩双方以及调查官可以在法官的主导下对量刑证据进行充分的展示，法官也可以对存疑的量刑证据进行充分调查。而对于大陆法系国家来说，由于对责任主义的偏向，控方自然将精力集中于同时反映被告人责任量的定罪证据上，法庭调查和质证也是以这种证据为核心来展开，同时一元化的庭审程序无法将定罪证据与量刑证据彻底分离，因此量刑证据的收集广泛程度也就被打了折扣。

第 三 章

量刑的证明对象

　　本章将要讨论的是"量刑的证明对象",事实上"量刑的证明对象"乍看起来略有语病之嫌。第一章已经将量刑的本质界定为具象化刑罚根据的媒介,而围绕着这一目的所进行的诉讼活动就是量刑。由此可见,量刑作为一种具体的活动具备动态的特征。而相对的,"证明对象则是指证明主体运用一定的证明方法所欲证明的法律要件事实"①。是由法律界定的需要运用动态的证明活动去实现的静态客体。动态活动的量刑大概念中包含了具有静态特征的事物,显然会导致文意上的不通。

　　但是,若从实质层面分析,这样的表述并无问题。其原因在于尽管量刑是动态的活动,但是活动的前提却必须存在活动的手段、或言活动的依据,类似赌博游戏中必须存在着推动赌博进行下去的"筹码",对于量刑来说,活动的筹码即是与量刑相关的证据。不可否认的是,从量刑者的角度来说,证据具有静态的特征(包括言词型证据),而以证据对应证明对象便顺理成章了。因此,运用"量刑的证明对象"这一概念本身并不存在问题。

　　在英语的语境中,"量刑的证明对象"应当表示为"*Factum*

---

① 卞建林、陈桂明:《刑事证明理论》,中国人民公安大学出版社 2004 年版,第 129—130 页。

Probandum of Sentencing"。"*Factum Probandum*"是拉丁语词汇，根据威格摩尔的解释，其是指据以提出主张的事实（proposition to be established）。与其相对应的概念的是"*Factum Probans*"，即能够实质证明主张的事实（material evidencing the proposition）[①]。两者的区别一如中文语境中的证明对象与证据，两者均是通过证明活动来实现：证明对象必须由证明主体主张；证据必须由证明主体收集并提出，还需经过质证；证据是证明主体使事实认定者认可主张存在或不存在的唯一手段。

综上所述，量刑的证明对象这一概念便可以表述为在具体的量刑活动中，需要量刑活动中的证明主体主张的，并且具有可证明性且原则上必须运用证据来进行证明的法律事实。

第一节　量刑证明对象的基本特征

一　必须反映刑罚根据

在第一章中，本书已经于理论层面阐明量刑活动必须反映刑罚的根据，也就是同时实现刑罚的报应以及预防的双重功能。而对于量刑的证明对象来说，理论上由于量刑事实的证明活动必须服从于实现刑罚报应与预防的双重目的，因此作为证明活动的一环——据以提出主张的事实也必须反映刑罚的根据，易言之，在立法上确定量刑的证明对象时必须以报应或者刑罚的目的为依据。若将其具象化，也就是说，所有的量刑的证明对象都必须与犯罪行为的严重程度、被告人的责任大小、被告人自身的人身危险性、再犯可能性与矫正可能性相关。反过来说，无法反映刑罚根据的一些可能影响量刑的情况和信息，不能作为量刑的证明对象。例如社会影响较大等

[①]　John Henry Wigmore: *Evidence in Trials at Common Law*, Volume 1, Litte Browand Company Press, 1983, p. 14.

客观情况，尽管可能会影响法官的量刑，但其既不能反映罪行的严重程度，也不能反映被告人的责任大小以及人身危险性，就不能作为量刑的证明对象。因此实践中有个别法官在量刑时考量社会影响的做法是错误的。

值得一提的是，就法律层面而言，《刑法》第 61 条规定在决定量刑时，"应当根据犯罪的事实、犯罪的性质、情节和对于社会的危害程度进行判处"。该项规定反映了中国量刑活动的依据，即刑罚的报应依据。显然中国《刑法》不承认刑罚的预防功能，具体而言即"人身危险性"。然而，在《量刑指导意见》中却强调"量刑既要考虑被告人所犯罪行的轻重，又要考虑被告人应负刑事责任的大小，做到罪责刑相适应，以实现惩罚和预防犯罪的目的"。[1] 虽然文字的前半段并未提及"人身危险性"的问题，但是在最后却明确了实现惩罚和预防的双重目的。文字上的矛盾并不能否认中国的量刑法律是承认刑罚的预防根据的，也就等于其承认量刑的证明对象具有反映刑罚根据的特征。

二　法定性

前文引用的卞建林提出的关于证明对象的概念中提到了"法律要件"这一概念，言下之意是证明对象当然要具备合法性。从实体刑法的角度来看，与定罪相关的事实，诸如犯罪意图、犯罪的时间地点、犯罪工具或手段、排除犯罪性事由等种种要件必然是法律规定的，而《刑事诉讼法》的司法解释亦明确了这一点。[2] 问题在于

---

① 《最高人民法院关于常见犯罪的量刑指导意见》第 1 项第 2 条。
② "最高法关于适用《中华人民共和国刑事诉讼法》若干问题的解释"第 64 条："第六十四条　应当运用证据证明的案件事实包括：（一）被告人、被害人的身份；（二）被指控的犯罪是否存在；（三）被指控的犯罪是否为被告人所实施；（四）被告人有无刑事责任能力，有无罪过，实施犯罪的动机、目的；（五）实施犯罪的时间、地点、手段、后果以及案件起因等；（六）被告人在共同犯罪中的地位、作用；（七）被告人有无从重、从轻、减轻、免除处罚情节；（八）有关附带民事诉讼、涉案财物处理的事实；（九）有关管辖、回避、延期审理等的程序事实；（十）与定罪量刑有关的其他事实。认定被告人有罪和对被告人从重处罚，应当适用证据确实、充分的证明标准。"

第 64 条的第 7 项与第 10 项的："有无法定或者酌定从重、从轻、减轻处罚以及免除处罚的情节"以及"其他与定罪量刑有关的事实"。前者强调了酌定量刑情节也必须是量刑的证明对象，反过来说证明对象包含了不具有法定性，但是在实践中量刑法官会依据自由裁量权酌情予以认定的情节。这种定义其实某种程度上混淆了量刑证明对象与量刑情节的关系：量刑证明对象实质上是证据法学语境中的证明对象，其必须具备合法性，即必须是法律明文规定的。而酌定量刑情节是量刑法官运用自由裁量权酌情认定的产物，认定的对象可能与法律毫无关系：比如在中国刑事诉讼中律师可能会提出关于被告人过去表现优异以寻求从轻量刑，表现优异明显是与量刑相关的。然而，由于司法解释的存在，这种酌定情节却被提升到了法律的层面，这就导致了"所有的酌定情节都是量刑证明对象，均具有证明对象的法定特征"的现象。酌定情节本身不具有法定刑，但它因为被司法解释抬到了量刑证明对象的高度因此又具有法定性，这显然在文义逻辑上存在更大的问题。而后者强调的"其他与量刑有关的事实"，"有关"将这种矛盾无限的扩大化，使得可能只要可能影响法官量刑，无论看起来有多么不合理，也可以成为量刑证明对象，这明显是不合适的，导致这种问题的出现明显是制定司法解释时没有对量刑证明对象与量刑情节的概念进行充分理解。相比之下，卞建林、陈桂明的《刑事证明理论》对第 64 条内容关于量刑证明对象的语言上的更改就显得很"干净"："需要运用证据证明的案件事实应当是：……（5）有无依法不追究刑事责任的情况，有无从重、加重、从轻、减轻以及免除处罚的情节；（6）法律规定的其他事实。"[①] 这段文字中没有一句提到"酌定"二字，亦即严格的将量刑证明对象的法定刑与酌定量刑情节分开，体现了法律用语的严谨性，也某种程度上厘清量刑证明对象与量刑情节的关系。

---

① 卞建林、陈桂明：《刑事证明理论》，中国人民公安大学出版社 2004 年版，第 143—144 页。

三 可主张性

证明对象是作为证明的第一环节而产生的，但是证明活动又以法官最终认定证明对象中的事实存在或不存在的结果为终点，也就是说证明对象既是证明活动的起点，又是证明活动的归宿。基于这样的特点，证明对象本身必须明确化以使得证明活动的目标始终明晰。对于量刑的证明对象而言，其特征必然是以实现作出量刑为目标而进行量刑证明活动的起点与目的。因此，量刑的证明对象必须能被量刑活动的参与人所操作，也就是具有可主张性。但是，这一特征使得一些具备反映刑罚根据且具有法定化特征的量刑事实是否归属于证明对象这一问题陷入争议：例如当庭认罪态度好这一《量刑指导意见》中确定的一项事实。认罪态度好无疑反映了被告人可能人身危险性较低，因此反映了特殊预防的刑罚根据，而且又是司法解释规定的法定量刑证明对象。但是"当庭认罪态度好"强调的是法官作为量刑者直接在法庭上感受被告人的主观态度，与控辩双方的主张并无直接关系。（不同于坦白，必须由控辩双方通过主张的方式强调审前程序中被告人如实供述自己的罪行）而根据这种感受决定被告人的认罪态度是否良好。由于缺乏可主张性，因此认罪态度虽然归属于《量刑指导意见》，但其是否属于量刑的证明对象其实值得商榷。本书的态度是原则上应当排除认罪态度这一量刑情节，因为不具备主张性就意味着同时缺失证明的取证、举证以及质证的特征，仅余法官的直观感受也就是印证，这种不圆满的特征不足以将其设置于证明的子分类证明对象之中。但是，根据法官的证明职责理论，法官完全可以凭借职权获得心证，因此诸如认罪态度等欠缺主张性的量刑情节可以列为法官证明职责的范畴之内。而这则涉及量刑事实的证明责任问题。

四 可证明性

根据待证事实与证据事实的两种英文表达（Factum probandum

and Factum probans），可以得知任何得以主张的证明对象，必须经过证据事实的证明才能得出主张成立或不成立的结论，因此，作为主张的证明对象必须能被证据实际证明，且是"完全证明"。然而，对定罪事实的证明和对量刑事实的证明存在很大的区别，在对前者的证明活动中，由于犯罪构成理论，相关的证明对象根据罪刑法定原则是确定下来的，因此在具体的诉讼过程中这些构成要件几乎都可以被完全证明；而后者却不尽相同，关于量刑的证明对象纷繁复杂，只要能够突出刑罚根据的一些事实经常作为证明对象存在于证明活动中。然而，在这些事实中有一部分欠缺了这种实际证明性，例如，在实践中，经常会见到辩方或者被害人提供一些"联合签名"等文件寻求被告人从重加重或者从轻减轻的量刑。尽管这些文件作为一种"证据事实"的确以寻求证明一种主张为目的，但实质上，这些文件并不具有诉讼法或者证明理论意义上的"可证明性"，因为"联合签名"作为不完善不完整的样本调查不仅欠缺科学性，而且正是由于缺乏科学性，也使得质证和认证活动都变得困难，导致目的虽然明确但主张的具体内容却并不明确，也就不能被实际证明。因此"联合签名"因为欠缺证明对象的可证明性而不属于量刑的证明对象。根据可证明性这一标准，中国的司法机关在出台量刑相关的司法解释时，也会考虑到这一要素，因此概览《量刑指导意见》中存在的量刑情节，它们几乎都是有可证明性的。反过来说，很多实际上欠缺可证明性的量刑相关事实也并不具有法定性的特征。不过，一些量刑证据看似并不具备科学的证明性，证明力可能也并不高，但是只要这些证据具有可证明主张的功能，能够质证和认证，就应当认定这些量刑证据所证明的主张是量刑证明对象。例如在一起案件中："被告人被检察院以强奸罪提起公诉，他是刚满14周岁的初中学生，因上网接触淫秽网站而受到诱惑，对同单元某6岁女孩实施强奸，因及时发现而犯罪未遂。审查起诉阶段，辩护人提出被告人所在学校校长老师同学出具的证明，证明其是个品学兼优的学生，各科成绩在全班级名列前茅，并提供他数学竞赛全省第一名，作文在国家级刊物获奖的证书。"① 这一案件中关于被告人品学兼优的事实是反映其人身危害性的一种量刑证明对象，而辩护人提出的各种被告人的各种证书也是能够进行质证，而通过这些证据也可以证明被告人是人身危险性较小，改造可能性较高的被告人，因此有对其判处较轻刑罚的空间。所以不同于前文提出的"联合签名"，这些证据使得品学兼优的量刑主张能够成为反映人身危害性的量刑证明对象。

五 量刑证明对象与量刑情节的关系

探讨量刑情节与量刑证明对象的关系问题，着眼点无非是比对二者的外延特征是否相同。陈兴良指出："量刑情节具有法定性的特征，是罪刑相适应原则的必然要求……规定量刑情节既使刑罚确定适应各种复杂的犯罪情况，又使量刑有章可循，不超出法律的范围，避免恣意膛断。"② 亦有学者指出："量刑情节制度人性化所表现的人性是合法基础上的人性，它并不是'法外开恩'的代名词。"③ 这些观点似乎均指向了量刑情节必须以合法性为基础的结论。实际上，作为刑事法律的一部分，量刑这一问题在实体上以及程序上均体现了法定性，其目的是要让刑事程序的参与人在参与量刑时"有章可循"，不能恣意膛断，因此量刑情节必然要带有法定性的特征，这也可以说是刑法罪刑法定原则的延伸内容。而证明对象作为证明活动的一部分，具有构架实体问题之"法律要件"的功能，因此就法定性特征而言，量刑证明对象与量刑情节是完全重合的。

其次，量刑情节作为刑罚根据论的具象化，毫无疑问要反映犯罪行为的社会危害性与被告人的人身危险性，无论是对于制定量刑

① 樊崇义、张中：《刑事证据规则研究》，中国人民公安大学出版社 2014 年版，第 934 页。

② 陈兴良、莫开勤：《论量刑情节》，《法律科学》1995 年第 2 期。

③ 李希慧、刘期湘：《论量刑情节的法理基础》，《甘肃政法学院学报》2006 年第 6 期。

情节抑或对于识别操作量刑情节来说，这两种具体化的刑罚根据都是必不可少的。实际上，这两点也框定了法官量刑自由裁量权的界限。而作为量刑的证明对象，前文已经论证了其反映刑罚根据的特征，因此在这一问题上两者的概念是重合的。只不过量刑情节本身是在实体法上作为一种抽象的法律规定而存在，而量刑的证明对象则既作为法律规定而抽象化存在，又作为证明活动的一部分而具体化存在——量刑证明活动正是以实现抽象的量刑证明对象为目的。

量刑情节与量刑证明对象的区别点出现在可主张性与可证明性两个证明理论的特征之中：首先，并不是所有的量刑情节都能成为可主张的量刑证明对象。如前文所述的当庭认罪态度，它已经被包括最高法院在内的各法院的《量刑指导意见》所吸收，作为一项固定化的量刑情节而存在。而被告人认罪悔过的态度又可以作为衡量被告人人身危险性（再犯可能性）的客观依据，反映了预防刑的刑罚根据，而实际上在大多数的刑事案例中该量刑情节是应用最多的。但是根据证明的基本理论，证明对象必须具有实际的可主张性，必须通过控方或辩方的主张与证明而说服法官得出结论，而"当庭"则更偏重于法官直接从主张中得出结论，因此该量刑情节因为欠缺主张性不能视作量刑的证明对象；另外，一些量刑情节如以证明被告人品行一贯良好，或要求其从轻判处的事实，无可否认它亦反映了预防刑的刑罚根据，但要求"法外开恩"的主张并不完全具备可证明性。几个人的样本以及评价无法科学地反映被告人是否品行良好从而获得减轻刑罚的优惠。尤其重要的是，在没有专职人员进行被告人人身背景调查的中国（未成年社会调查不在此考虑范围，因为特殊的样本不能代表刑事诉讼总体），这一类量刑情节因为不具备可证明性而间接导致其不具备证明程序意义上的法定性，因此也就丧失了成为量刑证明对象的地位。

综上所述，量刑情节在法定性的要求以及反映刑罚根据的要求层面上与量刑的证明对象是等同的，但是在可主张性上以及可证明性上有一些实践常用的量刑情节欠缺证明层面上的理论特征而不能作为量刑的证明对象。因此，绝大多数情况下量刑情节等同于量刑的证明对象，量刑情节是实体法层面的表述，而量刑的证明对象则是程序法（证据法）上的表述。但是特定的前提下，二者并不完全相同，量刑证明对象的外延要小于量刑情节。

第二节　量刑证明对象的识别标准

当量刑程序完成了诉讼化的改造之后，量刑证明对象的识别问题的重要性便浮现出来。因为诉讼化的刑事案件的证明程序必须包含明确的主张以及证明、争辩、认定的对象，没有这样的对象庭审便失去了应有之义。因此，量刑证明对象理论的实践意义建立在准确识别这些对象、框定证明对象的范围之上。毫无疑问，定罪的证明对象即是犯罪构成，而无论是"四要件"犯罪构成主义还是"三阶层"犯罪构成主义，定罪的证明对象之范围是确定的。并且，根据罪名的差别，证明对象也体现出一定的类别性质。然而，与定罪的证明对象不同，量刑的证明对象是开放式的，没有明确的范围。每一起个案情况的不同，量刑证明对象也是不同的。正所谓"法有尽而情无穷"，刑事政策于量刑的介入使得量刑除考虑与非难犯罪行为相适应的刑罚外，还要关注对犯罪人的改造、教育等预防的必要，这样一来刑事诉讼中的量刑证明对象就体现出不确定、难以类型化的特征。对于无法穷尽的量刑证明对象，在个案中依据什么样的标准来识别它们变得至关重要。

前文已经说明，量刑证明对象在实体法上的体现即量刑情节。刑法理论中对于量刑情节的识别标准是非常明确的。比如张明楷就从各种不同的角度论述了量刑情节的分类：按照以是否为刑法明文规定的标准，可将量刑情节分为法定情节和酌定情节；按对被告人产生的影响为标准，可将量刑情节分为从宽情节和从重情节；按刑罚根据的标准，可将量刑情节分为责任刑的情节与预防刑的情节；

按犯罪情况的标准，可将量刑情节分为案中情节与案外情节；按量刑情节的功能性的标准，可将量刑情节分为单功能情节与多功能情节。[①] 而程序法的学者亦提出量刑证明对象的识别标准之观点。例如，宋志军将量刑事实分为非犯罪构成的犯罪事实与非犯罪事实，他指出："量刑程序中，需要证明的事实是非犯罪构成的犯罪事实和非犯罪事实。前者是犯罪过程中发生的事实，体现了犯罪人的社会危害性和人身危险性；后者与已经发生的犯罪行为并不存在直接的联系，而是从刑罚个别化角度出发，这些事实能够反映被告人未来的矫正可能性。"[②] 简乐伟则将量刑事实分为犯罪构成事实与非犯罪构成事实，认为："其分别对应的量刑情节成为量刑证明的主要对象。是犯罪构成的量刑情节与犯罪行为社会危害性相关的各种量刑情节，一般情况下不包括基础犯罪构成的量刑情节……非犯罪构成的量刑情节一般指向的是被告人人身危险性大小。"[③] 很明显，刑事诉讼法学者对量刑证明对象的分类方法是从定罪和量刑区别的角度而出发的，这样论证的理由可能是为凸显量刑程序存在的必要性，就必须区分开定罪和量刑，而区分定罪和量刑的首要工作是区分定罪的证明对象和量刑的证明对象。因此，才有围绕"犯罪构成事实"展开论述的量刑证明对象分类方法。

从比较法的经验来看，在英美法系国家不特意为量刑证明对象设定识别标准。立法规定采用列举式的方法罗列常见的量刑证明对象。但是像加拿大《刑法典》那样，近年英美法系均承认刑罚报应主义与预防主义均为量刑作出根据，因此量刑证明对象必须反映二者。而在日本，《改正刑法草案》第48条也明确了报应主义和预防主义的量刑根据，但是实践中，在触及"量刑情状"这一问题时，

[①]　张明楷：《刑法原理》（第二版），商务印书馆2017年版，第519—520页。

[②]　宋志军：《量刑事实证明问题研究》，《河南财经政法大学学报》2012年第6期。

[③]　简乐伟：《量刑的证明对象及证明标准——美国量刑实践的启示》，《证据科学》2015年第4期。

理论上的识别方法是将其区分为"犯情"与"一般情状"。"犯情"近似中国的犯罪构成事实，"一般情状"近似非犯罪构成的其他事实。

由此可见，在量刑证明对象的识别问题上，有两种概括性的识别标准：一种是理论上的识别标准，而另一种是实践中的识别标准。对应中国的量刑理论，前者主要是刑罚理论中，尤其是量刑根据论的识别标准；而后者主要是已经适用于司法实践中，根据规范化的量刑方法设定的识别标准。二者均对量刑事实的证明问题有着深刻影响，需要重点分析。

一　量刑根据论的识别标准：责任刑与预防刑

所谓量刑根据论的识别标准，就是按照刑罚理论中量刑的根据来识别量刑的证明对象。那么探讨的前提就是量刑的根据应当是什么。

在理论上，融合刑罚报应主义与刑罚预防主义的并合主义的刑罚观是现代中国刑罚理论的通说，其优势已被刑法学者表述的相当完善："采取并合主义，使报应刑与预防刑相互牵制，从而克服两派理论在量刑基准上的缺陷：并合主义可以通过正确处理报应刑与预防刑的关系，使对预防刑的追求不超过报应刑的程度，从而使罪刑均衡与刑罚个别化得到一定的协调。"[1] 因此适当的量刑自然要同时体现刑罚的报应性质和预防性质。但是，《刑法》之中对于量刑根据的规定却引起了理论上的争议。《刑法》第61条规定："对于犯罪分子决定刑罚的时候，应当根据犯罪的事实、犯罪的性质、情节和对于社会的危害程度，依照本法的有关规定判处。"多数刑法学者将此作为量刑的根据，或量刑的一般原则。刑法学权威论著将其解释为："以犯罪事实为依据，以刑事法律为准绳"的"依法量刑"原则。[2]

---

① 张明楷：《责任刑与预防刑》，北京大学出版社2015年版，第86页。

② 高铭暄、马克昌：《刑法学》（上编），中国法制出版社1999年版，第464页。

但问题在于，无论是"以事实为依据，以法律为准绳"还是"依法"，均是中国的法律"放之海内皆准"的一般性原则，根本没有突出量刑活动的专门性。量刑根据应当具有专门指导法官决定对特定犯罪行为及犯罪人的适当刑罚，而不是笼统地表达量刑这一司法活动的一般标准。更何况，第61条的规定仅将犯罪的社会危害程度作为量刑考虑因素，而忽视人身危险性的因素，即抛弃了预防主义，这显然不符合现代的并合主义刑罚理念。同样的问题亦出现在"罪责刑相适应"量刑根据论之中。《刑法》第5条规定："刑罚的轻重，应当与犯罪分子所犯罪行和承担的刑事责任相适应。"有观点认为本条所规定的罪责刑相适应应当成为量刑的根据。但是这种观点亦受到了质疑：首先，从罪责刑相适应原则于《刑法》中的位置来看，它不仅仅是量刑指导的原则，且是刑事立法、刑事司法活动的总体性的原则。将其作为量刑的根据，没有突出量刑问题的特殊性和专门性。正如刑法学者所指出的："罪刑相适应原则为具体犯罪提供了相应的法定刑，为罪与刑的对应确立了宏观的标准，而是否判处刑罚和处以何种刑罚的问题，仍需通过量刑活动予以解决。因此，将罪刑相适应原则作为量刑原则之一，不仅降低了它的宏观指导意义，而且也缺乏可操作性。"① 其次，第5条规定刑罚轻重与罪行和刑事责任相适应，如果将"罪行"解读为"罪行的严重性"，将"责任"解读为"责任大小"，那么实际上罪责刑相适应原则意味着量刑应当根据犯罪客观状况的罪行严重性与主观状况的责任大小决定，即罪责刑相适应原则仅反映刑罚的报应主义理念。但这样一来，现代刑罚理念中的刑罚目的论和预防主义就被罪责刑相适应原则所抛弃了。正如张明楷指出的："刑罚的轻重应当与犯罪分子所造成的客观不法和主观责任相适应……这种解释只是反映了报应刑的要求，

---

① 高铭暄、赵秉志：《刑罚总论比较研究》，北京大学出版社 2008 年版，第 138 页。

不能适应目的刑的需要。"① 因此，《刑法》中关于量刑根据的规定受到了刑法理论的质疑，易言之，没有合理的回应并合主义刑罚观的期待。

刑法学者们对于量刑的认识基本上是一致的：在坚持并合主义刑罚观的立场之上，认为责任主义和预防主义（包括一般预防和特殊预防）应当成为量刑的根据，二者不可偏废。而责任主义反映在量刑结论上是罪刑均衡，预防主义反映在量刑结论上是刑罚的个别化。实践中，责任主义被解释为社会危害性，而预防主义被解释为人身危险性（再犯可能性）。诸多观点分析了责任主义与预防主义相结合量刑根据论的正当性："刑责相适应，就是指审判机关对犯罪分子判处的刑罚要与其所应承担的刑事责任相均衡……刑罚个别化的含义是指对犯罪人适用刑罚时，不应以犯罪行为本身的标准来科以统一的刑罚，而应按照犯罪人的个人情况科以不同的刑罚……刑责相适应仍应是刑罚适用的基础，起着决定作用，刑罚个别化只能是在此基础上对行为人刑事责任的大小进行调节，起辅助作用，决不能脱离刑责相适应而仅以行为人的人身危险性和其他个人情况决定刑罚。"② "报应刑是指责任报应，报应刑就是责任刑。根据并合主义的基本观点，一方面，必须坚持责任主义原则，另一方面，又必须以预防犯罪为目的……量刑时不能出于一般预防的考虑而使刑罚超出报应刑或者责任刑的程度。即只能在责任刑的范围内考虑一般预防的需要。并且，只能在报应刑的限度内考虑特殊预防的目的。"③ 由此可见，在并合主义的立场之下，量刑时首先必须要遵守责任主义，根据责任主义的要求，量刑的根据应当是行为人对于其违反刑法的行为所应受到的非难或谴责，而谴责的程度则由责任的大小决定。为此，必须识别出与责任相关的事实；同时，量刑必须

---

① 张明楷：《刑法原理（第 2 版）》，商务印书馆 2017 年版，第 512 页。

② 高铭暄、赵秉志：《刑罚总论比较研究》，北京大学出版社 2008 年版，第 143—145 页。

③ 张明楷：《责任刑与预防刑》，北京大学出版社 2015 年版，第 126、134 页。

要实现刑事政策，即符合一般预防和特殊预防的需要。而预防必要性的大小决定了刑罚的轻重，为此，必须要识别出能够判断预防必要性的事实。

虽然责任刑与预防刑的量刑根据没有获得《刑法》的承认，但是司法解释已经对这种并合主义立场下的量刑根据作出了规定：在最高人民法院的《量刑指导意见》中，第一章"量刑的指导原则"明确了四种原则，分别是以事实为根据，以法律为准绳原则、罪责刑相适应原则、宽严相济原则以及量刑均衡原则。其中，对于罪责刑相适应原则，条文规定："量刑既要考虑被告人所犯罪行的轻重，又要考虑被告人应负刑事责任的大小，做到罪责刑相适应，实现惩罚和预防犯罪的目的。"根据量刑规范化改项目组对该条文的解读，法定刑与犯罪分子所犯罪行具有必然的联系，罪行的大小决定法定刑的轻重；罪行的轻重与刑事责任的大小未必成正比，但刑罚的轻重要与刑事责任程度成正比，这是刑罚个别化原则的体现，也是罪责刑相适应原则的必然要求，其核心在于实事求是地落实犯罪分子的刑事责任，更好地实现惩罚和预防犯罪的目的；刑罚要与犯罪性质、犯罪事实、犯罪人的人身危险性相适应。① 由此可见，尽管司法解释的立足点是将刑事责任解释为结果意义上的责任，等同于刑罚，而非理论中责任主义中的责任，这种解释的正确与否暂且不表，仅从司法解释将惩罚和预防作为量刑的原则，并且同时提出刑罚不仅要与犯罪行为相适应，亦与犯罪人相适应，充分体现了并合主义的刑罚价值观。根据《量刑指导意见》的要求，量刑必须同时考虑责任刑与预防刑，即罪责刑相适应的原则："量刑既要考虑被告人所犯罪行的轻重，又要考虑被告人应负刑事责任的大小，做到罪责刑相适应，实现惩罚和预防犯罪的目的。"需要注意的是，《量刑指导意见》对《刑法》第5条的罪责刑相适应原则作出了解释，即罪责刑

---

① 最高人民法院量刑规范化改革项目组：《量刑规范化办案指南》，法律出版社2011年版，第29—30页。

相适应原则在量刑上的体现是同时兼顾责任刑和预防刑。

由此，责任刑与预防刑兼顾的量刑根据是识别量刑事实的理论标准，刑事庭审中所有的量刑事实，按照这种理论标准均可归属于责任刑与预防刑。实践中，与责任刑相关的事实与定罪事实紧密相关，但是其范围要比定罪事实更大一些：按照刑法上的犯罪构成要件理论，犯罪动机、犯罪手段的残酷性与执拗性，对被害人造成的主观影响，与是否入罪并不相关，但却是重要的责任刑事实——它们决定了非难犯罪人的程度；预防刑的事实与防患未然之罪的目的紧密相关，因此预防刑事实更多地体现出与犯罪人自身相关的情况，因此犯罪前与犯罪后的诸多因素，如前科、累犯、劣迹、罪后表现、犯罪人的成长环境与人际关系等均要纳入量刑事实的范围——它们决定了对犯罪人人身危险性的判断。因此，按照责任刑与预防刑的量刑根据识别量刑事实，必须做到兼顾罪前、罪中（大于定罪事实范围）、罪后的所有情况。

二 规范化量刑方法的识别标准：犯罪构成事实与量刑情节

理论上的量刑根据是责任刑与预防刑，这种两分根据得到了多数刑法学者们的支持，但问题在于，责任刑与预防刑的裁量属于一种价值判断，而非具体的标准。责任刑所参考的刑罚非难程度本就是一个模糊的概念，法官要完成将责任的质转化为量，并没有固定的思考标准。而预防必要的判断，不似责任刑一样要紧紧围绕犯罪行为来判断，亦要考量犯罪人人身背景、成长环境、罪后态度等因素，这些因素是开放性的，因此难以制定为裁量刑罚的法官必须有考量预防必要的依据的细则，因此也不存在固定标准框定预防刑考量依据的范围。因此，理论上的量刑根据，实际上在实践中操作起来，困难重重，它需要依托法官的审判经验值实现，因此很难想象在法官素质参差有别的情况下，能够在绝大多数案件中实现量刑的公正。所以，实体法量刑规范化改革放弃了理论上责任刑与预防刑的量刑根据理论，而采用了以基准刑为核心的规范化量刑方法来作为量刑的根据，即《量刑指导意见》所规定的：根据基本犯罪构成事实在相应的法定刑幅度内确定量刑起点；根据其他影响犯罪构成的犯罪数额、犯罪次数、犯罪后果等犯罪事实，在量刑起点的基础上增加刑罚量确定基准刑；根据量刑情节调节基准刑，并综合考虑全案情况，依法确定宣告刑。而利用规范化量刑方法来识别量刑事实，就要区分犯罪构成事实与量刑情节两个要素。

所谓犯罪构成事实，是指包括犯罪基本构成事实与其他影响犯罪构成的犯罪数额、犯罪次数、犯罪后果等犯罪事实，它在规范化量刑方法之中体现为基准刑这一概念。在犯罪构成事实之中，犯罪基本构成事实指的是"符合特定犯罪构成特征并达到在相应的法定刑幅度内量刑的最起码的构成要件，就具体犯罪而言，就是基本犯罪构成事实"[1]。基本犯罪构成事实是指刑法上的犯罪构成要件在个罪中的具体化，而在量刑环节，就要把犯罪构成要件的事实转化为刑罚量，即完成从"质"到"量"的转变。因此，在规范化量刑方法中，基本犯罪构成事实体现在量刑上是量刑起点的确定。对于如何提取犯罪基本构成事实，最高人民法院量刑规范化改革项目组给出了方法，即必须是刑法明确规定的犯罪构成要件才能作为确定基本犯罪构成的根据。同时，必须按照刑法分则之规定区分同类犯罪不同罪名的、同一罪名的不同法定刑幅度的、同时具有两项以上基本犯罪构成选择要素的、选择性罪名的基本犯罪构成事实，以及区分犯罪时间、地点、犯罪对象等因素可否作为犯罪基本构成事实。[2]除了犯罪基本构成事实，犯罪构成事实还包括其他影响犯罪构成的事实。《量刑指导意见》将其他影响犯罪构成的事实描述为犯罪手段、犯罪数额、犯罪次数、犯罪后果等犯罪事实。量刑规范化改革项目组将其他影响犯罪构成的事实解读为"是否与刑法分则规定的

个罪的犯罪构成有关，必须是刑法分则明文规定的符合具体犯罪构成要件的事实才能作为影响犯罪构成的犯罪事实。"① 由此可见，其他影响犯罪构成的事实也必须与定罪事实紧密相关，诸如反映犯罪动机、目的事实不是其他影响犯罪构成的事实。其他影响犯罪构成的事实反映在量刑方法上是增加刑罚量的事实，量刑起点与增加刑罚量共同确定了基准刑，而基准刑对应的事实就是犯罪构成事实。

　　根据规范化的量刑方法，确定了基准刑之后，要根据量刑情节调节基准刑并最终作出宣告刑。此处的量刑情节，与刑法理论层面的量刑情节的概念是不同的：后者的概念专指量刑中所反映的报应程度与预防必要的所有事实情况。但是前者则指"在确定基准刑之后用来调节基准刑的情节"。显而易见，规范化量刑方法中的量刑情节概念的外延小于刑法理论中的量刑情节。基准刑是由犯罪构成事实所确定的，而在犯罪构成事实以外的所有事实均是用于调节基准刑的量刑情节。它在量刑活动的范畴中更明确地指向"调节基准刑"的作用。这样一来，规范化的量刑方法就可以采用枚举法对这些调节基准刑的事实进行具体的列举，回避了传统刑法理论所认为的量刑情节无法穷尽的难题。与此同时，规范化量刑方法亦对理论上量刑情节的广泛分类法进行了裁剪——仅将量刑情节分为从重情节与从宽情节、一般量刑情节与特殊（修正性）量刑情节。对于前者而言，由于基准刑"点"的特性，必须存在对基准刑作出数值上的加减方法才有所谓调节基准刑的可能性，由此将量刑情节分为从重和从宽两个彼端是十分必要的。对于后者而言，量刑情节涵盖了诸如未成年人、从犯、防卫避险过当、犯罪未遂与犯罪中止等直接影响犯罪行为人刑事责任大小的"修正性犯罪构成"，因此这些事实要进行特殊化处理，在规范性量刑方法之中要先利用特殊量刑情节调节基准刑，再按照"同向相加、逆向相减"的量刑情节进一步调整修

---

① 最高人民法院量刑规范化改革项目组：《量刑规范化办案指南》，法律出版社2011年版，第49页。

正后的基准刑。最后，由于量刑情节调整的基准刑对应一定的数值，因此各个量刑情节要通过《量刑指导意见》将其比例化，如此一来，准确识别这些带有比例的量刑事实变得至关重要。各级人民法院不仅要组织量刑情节的识别、整理等培训工作，对于调整的比例法院系统亦要通过研讨、监督、培训的方式尽量统一标准。

在司法实践中，个案所表现出来的量刑情节呈现一定的规律性，这就有利于加强量刑事实的识别能力，进而提高规范化量刑方法的应用能力。在量刑规范化改革的前后，一些试点司法机关对刑事司法实践工作中出现的量刑事实进行了总结。如根据 2012 年中国政法大学课题组于河南省的法院对量刑证明对象进行的调研结果，在司法实践中，各种量刑证明对象占的比重不一样："认罪态度好，有悔罪表现占 71%，坦白占 26%，退赃、发还、赔偿、和解占 23%，自首占 18%，累犯占 9%，前科占 6%，立功占 1%，初犯占 0.5%，限制刑事责任能力占 0.8% 等。"而 B 市 X 区人民检察院在《量刑规范化工作总结》梳理了一年期间内盗窃罪、两年期间内的故意伤害罪以及两年期间内的抢劫罪中出现的各种量刑证明对象。其中盗窃罪总计 498 起，含犯罪未遂中止的案件共 1 起，占 0.2%；含自首的案件共 17 起，占 3.4%；含坦白的案件共 34 起，占 6.8%；含立功的案件共 4 起，占 0.8%；累犯共 36 起，占 7.2%；前科共 60 起，占 12%；限制刑事责任能力共 3 起，占 0.6%。故意伤害罪共计 888 起，其中被害人具有过错共 43 起，占 4.8%；被害人系弱势群体共 8 起，占 0.9%；伤害行为造成财产损失的共 11 起，占 2.2%；共同犯罪中从犯共 4 起，占 0.4%；被告人防卫过当的共 1 起，占 0.1%；自首共 218 起，占 24.5%；坦白共 418 起，占 47%；立功共 1 起，占 0.1%；累犯共 12 起，占 1.3%；前科（犯罪前科与劳教前科）共 35 起，占 3.9%；劣迹（行政处罚与酌定不起诉）共 30 起，占 3.3%；限制刑事责任能力共 27 起，占 3%；被告人对被害人进行经济赔偿的共 258 起，占 29%；刑事和解的共 206 起，占 23.1%；认罪态度好，悔过表现共 141 起，占 15.9%。抢劫罪共 110 起，其中被害人两人以上的情况共 3 起，占 2.7%；持凶器抢劫的共 17 起，占 15.4%；造成被害人伤情的共 11 起，占 10%；构成轻伤以上伤情的共 1 起，占 0.9%；抢劫的财产超过 5000 元的共 11 起，占 10%；共同犯罪中均为主犯，没有适用从犯的情况，有自首情节的共 6 起，占 5.4%；坦白的共 34 起，占 30.9%；立功的共 2 起，占 1.8%；累犯的共 8 起，占 7.2%；再犯的 2 起，占 1.8%；前科的 7 起，占 6.4%；劣迹的 2 起，占 1.8%；限制刑事责任能力的 4 起，占 3.6%；给予被害人经济赔偿的 6 起，占 5.5%；刑事和解的 2 起，占 1.8%；当庭认罪态度好，悔罪的 18 起，占 16.3%。

以上数据表明，自规范化量刑方法适用于司法实践后，量刑情节集中于《量刑指导意见》所规定的情节，这说明法院系统在量刑时对于量刑事实的识别出现统一化、标准化的趋势。从量刑事实证明的角度来看，规范化改革后量刑证明对象基本上呈现如同定罪证明对象的固定化、限缩化的态势，这样识别起来十分利于司法实践中的操作，且由于证明对象的相对固定，量刑结果也更趋于统一。

三　两种识别标准对量刑事实证明的影响

量刑的证明对象是量刑事实证明活动的开端，因此证明对象范围的划定决定了量刑事实证明活动的特性。前文提出了理论上和实践上两种不同的对量刑证明对象的识别方法，这两种方法均以不同的方式影响量刑事实的证明，并且互有优劣。应当在充分分析的基础上作出理性的抉择。

理论上的识别方法是责任刑与预防刑，体现在证明活动中即责任刑证明对象与预防刑证明对象。虽然责任刑证明对象一定程度上与定罪证明对象产生了重合，但是对这两种不同的目标，"责任"在定罪事实证明活动与量刑事实证明活动中的性质存在着区别：基于古典主义和实证主义不同的刑法立场，责任的性质存在行为责任论和性格责任论的争议。"行为责任论认为责任评价的基础是个别行为，而性格责任论认为责任评价的基础是行为人的危险性格。行为责任论是以行为为本位的刑法，而性格责任论是以行为人为本位的行为。"① 正是因为出发点的不同，因此行为责任论与性格责任论存在着冲突。为了解决这种冲突，刑法学者提出了人格责任理论。对人格责任论展开较为完善论述的是日本的大塚仁，他指出："可以说，在人格形成受到素质和环境的制约时，对行为人人格的非难就减轻，相反，在素质和环境对人格形成影响很小的领域，对人格的非难就重。但是，在刑法的责任论中，这一点不是在应该决定责任的存否方面发生的问题，而是在认为存在责任之后，在判断责任程度的阶段应该考虑的问题。"② 陈兴良对于大塚仁关于人格责任论的阐述，解读为人格只对责任程度有影响，在判断有无责任的时候，还是应当坚持行为责任论，并提出："责任评价的客体还是具体行为，当然，在判断责任程度的时候，适当考虑人格因素也是合理的。其实，人格责任论也是以行为责任论为逻辑前提的，它是在行为责任为第一次责任判断的基础上的第二次责任判断，只具有补充作用。"③ 因此，量刑上的责任刑具有人格责任的性质，那么量刑事实证明活动自然要围绕犯罪行为人而非犯罪人的责任展开，由此，责任刑事实证明活动的范围就要相较定罪事实证明更宽。不过，由于责任刑在理论上的量刑方法之中或确定了法定刑中的幅度，或决定了量刑的上限，因此责任刑事实的查明的重要性是与定罪事实的查明相当的，因此其证明方法上要与定罪事实等同。

对于预防刑事实来说，量刑必须起到一般预防和特殊预防的作用，因此威慑、隔离、矫正、教育、改造均是量刑的目标，而不是像定罪那样有着解决罪责有无的单一、切实的目的。所以预防刑事实要尽可能的扩张范围，证明活动的领域涵盖了犯罪人的所有情况，

---

① 陈兴良：《刑法教义学（第3版）》，中国人民大学出版社2017年版，第437页。

② ［日］大塚仁：《刑法概说·总论（第3版）》（第三版），冯军译，中国人民大学出版社2003年版，第377—378页。

③ 陈兴良：《刑法教义学》，中国人民大学出版社2017年版，第446页。

包括犯罪前、犯罪中以及犯罪后所有相关事实。同时，吸纳与定罪无关的人和资料进入量刑事实证明活动范畴。基于量刑目的的多元性、事实范围的扩张性、参与内容的复杂性，如果要为预防刑事实证明活动添加严格的规则限制，很显然不利于实践操作，也不利于多元目标的实现。因此，相较定罪事实证明活动的规则和标准，预防刑事实证明活动的规则必须是放松的、有弹性的，如此才能尽可能多的使量刑者接触更多地判断预防必要的事实证据。同时，合理地判断预防必要性也要依赖科学、系统地收集与预防刑事实相关的资料，因此必须花费司法成本创设能够实施科学地收集预防刑资料的组织和制度。

实践上的识别方法是区分犯罪构成事实与量刑情节。犯罪构成事实的查明要通过犯罪构成要件的证明来实现，此时定罪的证明对象与量刑的证明对象是重合的。对于量刑情节，证明活动体现出两方面的特征：第一，是与犯罪行为相关，但是并不属于犯罪构成事实范畴的事实，例如犯罪动机、犯罪目的、犯罪行为的残酷性和执拗性等事实，它们在规范化量刑方法之中属于量刑情节，但是其属于定罪证明所要查明的事实。将与犯罪行为相关的事实独立于定罪证明，无法在实践中操作，因为与之相关的证据与定罪证据几乎是重合的，没有必要以独立的证明机制来查明，因此与犯罪行为相关的部分量刑情节在定罪证明中实现。第二，除去与犯罪行为相关的量刑情节，剩余的量刑情节体现出两方面的特征：一是独立于定罪事实。定罪事实包括了犯罪构成事实以及与犯罪行为相关的量刑事实，未成年人、从犯、累犯、前科、认罪认罚等事实与定罪事实无关，但却是影响量刑的重要事实。这些量刑事实的证明就可以独立于定罪事实的证明，可以在现有证明模式基础上实现相对分离，使庭审兼顾定罪事实和量刑事实的查明，由此，量刑事实证明的独立化就有了正当性的根据。二是《量刑指导意见》通过枚举的方式限定了量刑情节的范围，完成了刑法理论上探讨的"酌定情节法定化"的问题。量刑规范化改革后，在《量刑指导意见》中，容纳了14种常见的量刑情节，其中与 1997 年《刑法》相比，增加了 8 种酌定量刑情节。① 酌定情节的法定化直接影响了量刑事实的证明活动。它意味着在刑事庭审中，作为公诉方必须承担证明法定化酌定情节存在与否的责任，而不能再"酌定"是否进行此类情节的举证，而是应当举证。而辩方关于酌定情节的辩护则有了明确的法律上的依据，彰显"依法辩护"，回避了在庭审中"说情理""三段论"等量刑辩护层面上的尴尬。由此可见，枚举式的量刑情节使得量刑事实的证明能够如同定罪事实证明的模式展开，同时又可以实现与定罪事实证明的分离，使量刑情节的证明自成体系存在于刑事诉讼之中。

量刑事实证明的目的无非是以科学、系统、合理的形式查明量刑事实，为法官的量刑作铺垫——只有在查明事实的基础上，量刑方能有据可依，判决书中的量刑理由才能得以展开。对于这一目标的实现，量刑事实的理论识别方法与实践识别方法各有千秋：理论上的责任刑与预防刑的识别方法最契合现代刑罚学并合主义的刑罚根据，因此根据责任刑与预防刑识别出的量刑事实而作出的量刑能够切实的实现刑罚的目的。责任刑的大小意味着对犯罪行为人非难程度的大小，利于报应主义在个案中的实现。因此准确地查明责任刑的事实是量刑的基础，同时人格责任理论意味着责任刑事实的查明不能限于犯罪构成事实，亦要延及与犯罪人有关，能够影响责任大小的事实，对这些事实的证明要与对犯罪构成事实的证明采用同样的标准。同时，预防必要的裁量取决于对犯罪人人身情况的认识与评估，因此需要在刑事诉讼中专设预防刑事实的收集的社会调查制度。这有利于实现刑事诉讼的专业化与科学化，同时也在查明犯罪事实，有效惩治犯罪之外，赋予现代刑事诉讼新的意义。然而，责任刑与预防刑识别方法亦存在着弊端。责任刑来源于责任主义，

---

① 这 8 种酌定量刑情节是：坦白、当庭自愿认罪、退赃退赔、积极赔偿被害人并取得谅解、刑事和解、前科、犯罪对象为弱势群体的、在灾害期间犯罪的。其中"坦白"《刑法修正案（八）》已将其载入了《刑法》，而刑事和解是《刑事诉讼法》规定的特别程序，能否作为法定的量刑情节存在争议。

责任主义延伸了行为责任、性格责任、心理责任、人格责任种种概念，不同概念的内涵与外延不同。预防刑则来源于实证学派的人类学和社会学分析，同时贯穿刑事政策。因此，透彻的理解责任刑与预防刑的概念和理论，并将其付诸量刑实践，就要求量刑法官具备深厚的刑法理论功底。很明显，在司法水平差异较大的中国，这一点是很难实现的，刑法理论的硕士阶段课程对以上刑罚学理论也是浅尝辄止，所以在司法实践中采用此种识别方法，并不利于操作，反而会出现量刑争议与错误。其次，责任刑与预防刑本身在理论上也不无争议。责任主义在犯罪构成上体现了有责性，但是规范的有责理论是三阶层的犯罪构成主义，这与中国实践通行的四要件犯罪构成主义背道而驰。同时，责任刑与预防刑在量刑上存在二律背反，解决二律背反的方式——"幅的理论"和"点的理论"至今存在理论争议，德国采用"幅的理论"实践，而日本采用"点的理论"实践，在比较法上亦存在着难以借鉴的困境。中国刑事司法一以贯之的"社会危害性与人身危险性"相结合的理论也无法解决二律背反的难题，所以实践中遭遇责任刑与预防刑二律背反的冲突，不同的法官作出的量刑结果必定截然不同，这不利于罪刑均衡目标的实现。

同时，规范化量刑方法下的犯罪构成事实与量刑情节的证明对象识别方法亦是有优有劣。犯罪构成事实与量刑情节彻底跳出了责任刑与预防刑的刑罚目的的桎梏，以提高可操作性为目的的方法无疑更加符合实践需求。同时，这种对量刑证明对象的区分方式不涉及二律背反，犯罪构成事实与量刑情节在量刑方法之中属于递进的关系，而不像责任刑与预防刑的并重关系，所以在实践中犯罪构成事实与量刑情节这两个概念不会产生冲突，不会给量刑者带来困扰。犯罪构成事实本身等同于定罪事实，因此犯罪构成事实的查明就等于定罪事实的查明。同时，多数量刑情节独立于定罪事实，这就可以提高独立于定罪事实查明机制的量刑事实证明机制在刑事诉讼系统中的地位。采用枚举法罗列量刑情节使得量刑证明对象更加的明确化，使得诉讼参与人在进行量刑事实证明时目的更加明确，利于证明活动的实质化与科学化。但是，实践的量刑证明对象识别方法亦存在着缺陷。犯罪构成事实是主要评价责任刑的依据，但并非全部。犯罪目的、动机、手段亦是影响责任刑评价的重要根据，然而规范化量刑方法却将其作为量刑情节，地位相较犯罪构成事实更低，导致其证明严格程度要相应地降低，在一定层面削弱了这些事实在评价责任刑时的重要性。运用枚举式的方法设置量刑情节虽然可以使量刑的证明对象范围相对确定，但是其无法覆盖所有可能影响预防必要的情况，正如陈瑞华认为的，对于确保量刑信息的完整性、避免量刑信息的虚假性而言，量刑规范化改革显得无能为力。① 同时也不利于刑罚根据论在量刑层面上的实现。而枚举式的罗列就需要相关司法解释时刻跟进更新，刑事政策产生变动时枚举的量刑情节也要随之变动，添加了一定的工作量。独立化的量刑情节使得证明活动相对的机械化，有的个案不存在独立化的量刑情节，导致围绕其搭建的证明系统丧失其存在的必要。

理论上的责任刑和预防刑的识别方法代表了并合主义的刑法根据论立场，在德国、日本等国家，量刑方法都是由责任决定法定内的量刑幅度，再由预防刑调整该幅度最终作出宣告刑。所以，长期来看，采用责任刑和预防刑的量刑证明对象识别方法是合理的。但是，在实践中刑罚理论不够深化，审判经验还没有达到理论标准的情况下，仍要采取规范化量刑方法的识别量刑证明对象的方针。不过，要不断弥补这种识别方法的缺陷，应当根据刑事政策不断明确化量刑情节，且要探索构建社会调查制度来辅助量刑。

第三节　量刑证据

理论上的证据，是为证明待证事实存在或不存在的手段。诉讼

① 陈瑞华：《论量刑信息的调查》，《法学家》2010 年第 2 期。

证明中，基于证据裁判原则，欲认定案件事实，必须凭借证据。待证事实分为定罪事实、量刑事实以及程序法事实。那么，能够证明量刑事实的手段应当被称为量刑证据。然而，由于《刑事诉讼法》第50条限定了证据的法定形式，而司法实践中一些能够证明量刑事实的证据，由于欠缺了这些形式而被学者们认为它们不具备证据的属性，而代之以"量刑信息""量刑资料""量刑材料"等概念称呼。因此，研究量刑证据，本节欲先界定量刑证据的性质。其次，从社会调查报告以及被害人影响性陈述这两种典型的量刑证据出发，论证量刑证据在诉讼中的运用方式。最后，分析传统的证据规则于量刑证据的适用问题。

一 量刑证据的性质之辩

根据《刑事诉讼法》第50条第1款的规定，可以证明案件事实的材料，是证据。并在第2款罗列了证据的8种法定形式。由此可见，某一材料之所以能成为证据，需要具备形式和实质两种属性。实质属性是指证据能够成为证明待证事实手段的特征；形式属性是指证据的承载形式必须满足法律上的要求。理论上，量刑相关的材料自然有能够证明量刑事实的作用，因此具有证据的实质属性。但是，由于第50条第1款规定了形式属性的法定要件，不少观点基于此否定了那些不具备8种法定形式，但是能够证明量刑事实的信息和材料作为证据的形式属性，进而不将这些信息和材料称为量刑证据。

仅从这一点理由来看，类似于"到案经过"等实践中常用的作为证明量刑事实的材料确实不具备证据的形式属性。但实际上，第50条第2款对于证据种类的罗列是借鉴苏联刑事诉讼法的立法模式，是一种旧时代的冗余。在证据法发达的英美法系国家，没有关于限定证据种类的规则。在讲求自由心证的大陆法系国家，更不会以形式内容限定证据的种类。从比较法的角度来看，由于第50条第2款的规定将具有重要价值的量刑材料排除在量刑根据的大门之外，明显是不合适的：量刑活动追求的是实现刑罚的正当化根据，即正确评价犯罪行为所应负的责任程度，同时考虑刑事政策的需要。实践中，能够评价责任刑的证据一般均与定罪证据的范围相重合，但是考虑刑事政策、双面预防需要的材料大多数不具备法定的证据形式。如果通过证据形式的规则来筛选量刑证据，必将导致很多能够体现预防刑的材料难以进入量刑事实证明活动的范围，进而影响量刑的科学性、公正性。更不利于量刑程序的独立化改造，使量刑附随于定罪的庭审格局难以发生变化。因此，第50条第2款应当解读为具有弹性的举例式规则，而非死板的限定式规则。从1979年《刑事诉讼法》，关于证据种类的规定经过了两次修改，增加了新的证据形式。这可以说明对第50条第2款理论更加倾向于对其进行开放式而非封闭式的解读。本书将会在社会调查报告证据属性的相关论证中再次强调这一点。但是，将能够证明量刑事实的材料都视为量刑证据也会以偏概全，其在特定的情况下应当遵守证据规则。这将在量刑证据与证据规则部分得到说明。

二 社会调查报告

在刑法实证学派诞生之后，刑罚的目的论开始出现报应主义向预防主义的过渡，刑事政策开始介入刑事司法。在量刑问题上，以对犯罪人性格、成长环境等因素作出详尽调查的基础上，科处适当的刑罚，实现教育、矫正、隔离、改造、威慑等预防目的成为正当性刑罚的根据。由此，催生出了对犯罪人的社会调查制度，由社会调查所形成能够成为量刑依据的信息材料被称作社会调查报告。

社会调查制度在西方国家被称为"量刑前（判决前）调查制度"，其创设理念最早可以追溯到19世纪欧陆刑法实证学派中的以塔尔德、萨莱耶为代表的行刑学派，行刑学派主张犯罪人基于社会成长环境的影响，因此其人格与社会公众相比有很大的差异，对应犯罪人人格就要有个别化的刑罚，为了达成这一点，专门化的刑事法院就很有必要。专门化的重点内容即将定罪和量刑程序分离、在量刑程序中导入人格调查机制、重罪案件以职业法官审判取代陪审团制度等。① 量刑前调查制度在实践中的确立则起源于美国，它与美国的缓刑（Probation）制度相伴产生。在法院设置缓刑官，对犯罪人的再犯可能性、矫正、更生的各种条件的有无运用科学的调查方法进行调查。第二次世界大战以后，西方法治国家均在本国刑事诉讼之中一定程度上吸纳了这一制度。量刑前调查制度亦引起了国际刑法学界的关注，在 1950 年第 12 次国际刑法及监狱会议中，就判决前调查制度展开了积极地研讨。1954 年第 3 次国际社会防卫会议以"判决以及执行的个别化（鉴别及再社会化）"作为议题展开。讨论的重点即诉讼程序的二分化。1969 年第 10 次国际刑法会议第 2 议题为"刑事程序的二区分"，指出至少在重大的犯罪中将程序相分离，并采用判决前调查制度。1971 年第 8 次国际社会防卫会议。在"司法的个别化的技术"议题中，就判决前调查的问题，从法律面和科学面以及制度面展开了详细的研讨。②

　　中国刑事诉讼亦导入了社会调查制度。这一制度主要应用在未成年人刑事诉讼程序以及社区矫正制度之中，社会调查报告即分为未成年人社会调查报告以及社区矫正调查报告两种。在未成年人刑事案件中，为落实"教育、感化、挽救"的司法方针，2012 年第二次修改的《刑事诉讼法》构造了未成年人特别刑事程序，其中第 268 条规定："公安机关、人民检察院、人民法院办理未成年人刑事案件，根据情况可以对未成年人犯罪嫌疑人、被告人的成长经历、犯罪原因、监护教育等情况进行调查。"由此，未成年人刑事案件社会调查制度得以立法化；在社区矫正制度中，根据 2019 年 12 月最新公布的《社区矫正法》第 18 条："社区矫正决定机关根据需要，可以委托社区矫正机构或者有关社会组织对被告人或者罪犯的社会

---

① 守山正、安部哲夫：『ビギナーズ刑事政策（第二版）』（成文堂，2012）第 32 頁。

② 森下忠：『刑事政策大綱（I）』（成文堂，1985）第 189 頁。

危险性和对所居住社区的影响，进行调查评估，提出意见，供决定社区矫正时参考。"所以在作出管制、缓刑、单处剥夺政治权利非监禁刑的三种刑罚裁量的同时，决定社区矫正的，要进行社会调查。社会调查报告的内容覆盖了被调查人的成长经历、一贯表现、犯罪原因、生活环境、家庭社会关系、对被害人影响以及对社区的影响等内容。域外的量刑前调查报告主要是被作为法官量刑的依据，但是在中国，没有明确的法律以及司法解释将社会调查报告作为一般性的量刑证据，所以社会调查报告在理论界存在着诸多争议。其中最重要的是社会调查报告的性质、社会调查的实施以及社会调查报告的实质化议题。

首先，刑事诉讼理论界对社会调查报告属不属于刑事证据存在争议。

《刑事诉讼法》第50条的规定不仅枚举了证据种类，亦意味着创设了证据准入门槛的规则。根据程序法定主义，证据种类的符合性是依法展开证明活动的前端，理论上归属于严格证明范畴——认定案件事实的证据必然要符合证据的法定种类，认定案件事实的过程必然要符合程序规则。因此，社会调查报告并不属于法定证据的范畴。然而，如果要从自由证明的视角来看，脱离严格程序法律限制的自由证明是刑事诉讼中固有的一种证明案件事实的方式。对于一些程序性的事实，可以采用自由证明的方式予以认定。社会调查一般用电话通知、走访、面谈的形式来收集信息和资料，这是典型的自由证明的方式。证据的意义是用来证明案件事实，反过来说能够用来证明的必然是证据。这是毋庸置疑的法学公理。那么既然社会调查是运用自由证明的方式来实现，那么作为调查结果的社会调查报告也应当属于证据的一种。此外，司法实践中的能够证明自首的"到案经过"材料，能够补正瑕疵证据的"取证情况说明"材料，没有人否认其作为证据的价值，既然这些能够证明量刑事实以及证明程序法事实的材料均可以作为证据使用，那么排斥社会调查报告的证据属性显然就难以成立了。所以，应当肯定社会调查报告的证据属性。说到底，之所以出现对社会调查报告属性层面的理论争议，原因在于中国刑事诉讼将社会调查报告作为未成年人刑事案件处理以及社区矫正适用的根据，而非量刑的依据，因此其对量刑事实的指向不甚明确。今后的立法若能将社会调查报告明确作为法官量刑的依据，那么其证据属性层面的争议自然迎刃而解。

其次，对于社会调查的实施，实践中存在不同的方案。在 2012 年《刑事诉讼法》生效实施之前，社会调查的实施主体主要有三种。其一是在少年法庭设置相对固定的社会调查员专职进行社会调查工作，即专职调查模式；二是由少年法庭委托承担社会调查责任的中立第三方进行调查，即委托调查模式；三是由少年庭法官自行社会调查，即自行调查模式。① 在 2012 年《刑事诉讼法》修改实施后，其第 268 条规定公安机关、人民检察院、人民法院均可成为社会调查的主体，但是对采取专职调查、委托调查、自行调查哪一种模式则语焉不详。2013 年"高院刑事诉讼法解释"第 476 条作出了相对细化的规定，法院可以委托未成年被告人居住地的县级司法行政机关、共青团组织以及其他社会团体组织进行社会调查，或者自行调查。对于社区矫正的社会调查报告，2019 年发布的《社区矫正法》第 18 条规定社区矫正决定机关可以委托社区矫正机构或者有关社会组织进行调查，居民委员会、村民委员会等基层组织应当提供必要的协助。另外，根据 2019 年最高人民法院、最高人民检察院、公安部、国安部、司法部联合发布的《关于适用认罪认罚从宽制度的指导意见》将认罪认罚且可能判处管制或宣告的犯罪嫌疑人的社会调查，在侦查阶段委任于社区矫正机构进行社会调查。审查起诉阶段和审判阶段的社会调查，也可以委任于社区矫正机构实施，但与此同时，人民检察院和人民法院保留了自行调查的权力。同时，该司法解释第 37 条明确，若未对犯罪嫌疑人、被告人实施社会调查的，

---

① 汪贻飞：《论社会调查报告对我国量刑程序改革的借鉴》，《当代法学》2010年第 1 期。

法院经审理认为可以判处管制或宣告缓刑的，可以径行为之，即社会调查并非判处管制、宣告缓刑的必经程序。由此可见，即便在新法实施后，两种社会调查制度的实施主体仍未形成如同域外量刑前调查制度那种由专职人员进行专门社会调查的模式，而采用委托调查或者自行调查的模式来实施社会调查。委托的主体具有多样性，但是社区矫正的社会调查主要由社区矫正机构来实施，而自行调查是由法官本人进行调查还是由法院内部专职人员进行调查，法律和司法解释并没有作出相应的规定。由于法律上的不统一，至今社会调查的实施主体仍是较为混乱的。

　　未成年人刑事案件与社区矫正在法律上属于两种不同性质的问题，因此将社会调查实施主体多元化，有针对性地开展社会调查工作其实无可厚非。问题在于，如果将社会调查报告作为量刑的证据，社会调查制度视为量刑信息的收集和调查，那么实施主体的不明确将会带来一系列的问题：对于委托调查模式来说，受委托的主体如果是基层组织、社会团体等部门，这些机构不具备法律专业属性，调查人员也并不具备法律资质，那么实施社会调查时对于哪些资料和内容能够影响量刑是知之甚少的，因此，由这些组织调查后所形成的社会调查报告对法官量刑的帮助作用是极为有限的；对于自行调查模式来说，司法机关由于具有法律上的专业性，对那些能够对量刑产生影响的信息和资料能够合理地判断，能够做到科学、系统地收集量刑信息。但是，对于控诉一方来说，"考虑到侦查机关更多地关注案件的侦破，重视嫌疑人的抓获归案以及犯罪证据的搜集，对于量刑信息的调查肯定不是侦查机关工作的重点"[1]。对于审判机关来说，由法官来主动进行社会调查，不仅有违司法的中立性、被动性原则，加强法官对被告人的治罪倾向，亦要让法官在审理案件之外分出更多的精力进行社会调查，容易造成诉讼效率的拖沓。所以，若社会调查报告作为量刑证据存在，为量刑服务，那么社会调

---

① 陈瑞华：《论量刑信息的调查》，《法学家》2010 年第 2 期。

查的实施就要由具备法律专业性，同时无涉定罪审理的人员进行实施。其应当具有相应的诉讼地位、权利以及义务。在域外法治国家是由缓刑官、调查员来担任这种工作。日后中国刑事诉讼应当在法院之中专门设置从事社会调查的人员来实施调查工作，调查官应当参照检察官、法官、律师等法律从业人员的准入条件安排考试、培训，其在诉讼中应当受承办案件法官的指挥进行社会调查工作，对法官负责。同时，对于可能判处管制、宣告缓刑的案件，还应当做好与社区矫正机构的配合工作。

　　所谓社会调查报告内容的实质化，是指社会调查报告的内容存在帮助法官准确量刑的价值。这就意味着对社会调查报告的内容有价值上的要求。同时，社会调查的实施过程应当更加科学、合理，方能导入有价值的结果。就中国社会调查报告的内容而言，在未成年人刑事案件中，社会调查报告一般包括了未成年人家庭结构、与家庭成员的关系、在校情况、师生同窗关系、在社区的工作情况、犯罪后表现、犯罪原因分析、量刑和帮教措施的建议。[①] 这样的一份报告看似内容全面，但实际上就为量刑服务的角度而言，存在着问题：其一，社会调查报告虽然包括了未成年人成长环境、生活环境的因素，但是对于犯罪原因（动机）的分析而言，环境因素不太可能与犯罪原因具有直接的联系。环境因素可能会诱发犯罪，但是犯罪的直接起因与环境因素是两种不同的量刑要素。通过社会调查分析犯罪起因。这样的做法并不适当。其二，在一些个别的情况下，一些未成年人的犯罪可能单纯与家庭环境、学校环境、社会环境无关，有可能未成年人存在精神上的问题而成为"天生的犯罪人"，这种情况会对预防必要性产生重要的影响。此时，可能对未成年人的精神状态进行鉴定更为重要。而在排除精神状态影响定罪的前提下，不安定的精神状态对量刑的影响。能否仅通过社会调查来实现？其

---

　　① 汪贻飞：《论社会调查报告对我国量刑程序改革的借鉴》，《当代法学》2010年第1期。

三，量刑明显是专业活动，而多数社会调查员并不具备法律从业资格。他们可能对刑罚理论以及规范化量刑方法不甚了解。让他们有权建议法官量刑这种做法是否具有适当性有待商榷。

因此，为了促进社会调查报告的实质化，应当适当扩张社会调查的内容，尽量使社会调查报告囊括所有能够影响人身危险性判断的内容。另外，社会调查报告的内容应当限定在事实，而不能像鉴定意见那样允许社会调查员在报告中进行分析和建议。根据报告判断预防必要的只能是承担量刑职能的司法机关人员。

三　被害人影响性陈述

在域外法治国家中，对被害人的重视程度是反映刑事诉讼制度，甚至是刑事司法系统的科学性以及正当性的重要依据。因此，各法治国家，尤其是英美法系国家确立了被害人影响性陈述制度（Victim Impact Statement）。该制度旨在使被害人就犯罪行为对其身体、经济和精神上的影响向法院作出陈述。由于当事人主义的诉讼模式要最大限度地保证控辩双方的平等性，因此在英美法系刑事审判的定罪环节，被害人与其他证人并无区别，即排斥了被害人作为诉讼主体的特殊性。所以，在量刑阶段，要充分保障被害人的权利，实现恢复性司法的目的，才确立了被害人影响性陈述制度。在中国刑事诉讼中，被害人的地位较为特殊。他们可以作为证人参与刑事庭审，其证词—被害人陈述是法定证据种类的一种。并且，可以作为附带民事诉讼的原告人参与刑事诉讼，可以委托诉讼代理人就定罪量刑、事实认定和法律适用发表观点。最后，还可以作为自诉人提起刑事自诉。此外，三次修改《刑事诉讼法》之后，在刑事和解制度以及认罪认罚从宽制度中，被害人的意见举足轻重。然而，尽管地位特殊，中国刑事诉讼却始终没有导入域外的被害人影响性陈述制度。而不少观点均认为"有了被害人影响陈述制度，被害人才能够在被害人影响陈述制度的引导下，立足于犯罪对其自身产生的影响提出量刑意见"。① 因此，有必要对被害人影响性陈述的性质及其于中国刑事诉讼的引入进行分析和讨论。

首先，被害人影响性陈述是不是证据？有学者认为被害人影响性陈述本身就属于一种证据，未来应通过对《刑事诉讼法》中规定的被害人陈述证据进行解释，将被害人影响性陈述作为被害人陈述证据使用。② 然而，从美国1987年Booth案的判决来看，将被害人影响性陈述作为证据采纳，将会违反第8修正案，作为证据的被害人影响性陈述与被告人个人的责任和道德上的罪并无关系，且会过度刺激陪审团，因此应当否决被害人影响性陈述的可采性。在1991年的Payne案中，虽然美国联邦最高法院肯定了被害人影响性陈述具有一定的价值，但是并没有完全肯定它作为证据的价值。而在日本，被害人意见性陈述的地位也存在诸多理论层面的争议。因此，对于被害人影响性陈述的性质需要进一步研判。

域外的被害人影响性陈述通常由三方面内容构成：犯罪行为对被害人造成的物质和精神上的影响、被害人眼中的犯罪加害人的情况，以及被害人过去的优良品格和事迹。根据中国传统的证据法学理论，证据具有客观性、关联性、合法性三大属性。就客观性来说，由于被害人影响性陈述只能发生在犯罪之后，诉讼之中，且与犯罪嫌疑人、被告人的自身有罪与否并无关系，因此，其真实性自然是毋庸置疑的。被害人虽然可能会在犯罪行为对其造成的精神影响或犯罪人、犯罪行为的恶劣、严重性夸大其词，但不会触及"真"与"假"的界限。重点需要分析的是被害人影响性陈述的关联性和合法性。就关联性而言，被害人影响性陈述影响的是量刑，那么其必须与量刑本身相关，能够影响量刑，陈述方能具备证据属性。量刑的基础在于报应和预防，而被害人影响性陈述皆与二者相关。

在德日刑法理论中，被害人影响性陈述与量刑的关联性存在违

① 张吉喜：《论被害人影响陈述制度》，《法商研究》2015年第3期。
② 同上。

法性说、责任说、可罚性说、刑事政策说以及特别预防说。从报应的角度来说，违法性说所提出被害人的宽恕等于实质被害的未发生，且在被害人承诺的场合，法益的自我决定权与加害的关系阻却了违法性，因此要减轻量刑。不难看出，这样的观点源自定罪理论向量刑理论的转化。然而，量刑问题是程度问题，并非定罪的"质"的问题，因此被害人宽恕不意味着违法性以及实质被害就不存在。况且，在被害人要求严惩被告人的场合下，违法性和实质被害都是被承认的，这种情况下，违法性只对定罪有影响，而对量刑的影响，存在难以评价的问题。因此，责任说更能体现被害人影响性陈述与量刑的关联性。被害人的宽恕或要求严惩的感情能够体现对被告人非难的程度，对被告人的非难程度也体现了法益的修复程度。在被害人承诺的场合下，如果对被告可罚，那么量刑就要体现可罚的程度，这种程度亦与非难程度是等同的。所以报应层面上责任说更加合理；从预防的角度来说，刑事政策包括了犯罪的事前预防和事后预防，事后预防包括以威慑为目的的一般预防和以教育、矫正为目的的特殊预防。仅将特殊预防作为被害人影响性陈述与量刑的关联性依据有失偏颇。况且刑事政策直接体现了刑事司法的目的，它要求在刑事诉讼中重视受到犯罪侵害的法益关系的恢复。所以，本书的立场是被害人影响性陈述与量刑存在关联性，其理论依据是责任理论以及刑事政策。

合法性决定了证据的准入资格，而这种准入资格的设定标准，从英美证据法的角度来看，有两种：一是是否利于事实真相的发现，如传闻证据规则、品格证据规则等；二是是否与刑事诉讼的理念和原则，甚至是宪法原则相悖，如非法证据排除规则、证人特免权规则等。前者基于认识论，后者基于价值判断。以这两种标准判断被害人影响性陈述是否具备证据的准入资格，就前者而言，启动刑事诉讼要查明认定定罪事实和量刑事实，而程序法事实作为定罪和量刑的辅助判断而存在。被害人影响性陈述基于与量刑的关联性无疑是利于量刑事实的发现。不过，在定罪和量刑的一元化审判模式之中，被害人在庭审陈述其感情、犯罪对其造成影响的内容，不难想象其会直接干扰事实认定者对被告人罪责认定的判断。所以从认识论的角度来讲，被害人影响性陈述具有有利于量刑判断但可能不利于定罪判断的双重特性。同理，基于刑事诉讼的理念和原则角度。在一元化庭审模式中，被害人影响性陈述可能会削弱无罪推定对被告人的保护力度，产生对被告人恶劣品格的判断，这明显不利于实现刑事诉讼中对被告人的人权保障的价值。因此，被害人影响性陈述是否要具备合法性，完全取决于刑事庭审的模式。英美法系之所以被害人影响性陈述制度能够存在，其前提是实现了定罪程序和量刑程序的二分审理。在德日这样的一元化庭审模式中，虽然引入了被害人影响性陈述制度，但是陈述应当在什么时间点作出，始终在理论上有争议。

　　综上所述，被害人影响性陈述是否能作为量刑证据使用，取决于被害人影响性陈述的客观性、与量刑的关联性以及是否具有作为量刑依据的准入资格。就客观性和关联性，被害人影响性陈述无疑是具备的，但是其是否具备合法性，还需取决于刑事诉讼的模式。因此，在决定是否导入被害人影响性陈述制度时，首先必须要考虑本土的刑事诉讼环境。2018 年《刑事诉讼法》第三次修改之后，中国的刑事诉讼形成了被告人不认罪、被告人认罪、被告人认罪认罚三种不同的诉讼机制。在被告人认罪的诉讼机制中，庭审采用的是集中审理量刑问题的模式，此时不存在被害人影响性陈述干扰定罪的情况；被告人认罪认罚的诉讼机制中，量刑问题被前置化，而且司法解释明确要在量刑协商时明确听取被害人的意见。在这两种机制之中，均可以并合刑事和解制度，以上均为被害人作出影响性陈述提供了环境和机会，因此导入被害人影响性陈述并无问题。然而，在被告人不认罪、律师作无罪辩护的案件中，由于相对独立的量刑程序并未完全分离定罪和量刑审理，很难说被害人影响性陈述会不会对法官产生干扰。所以，在被告人认罪、认罪认罚的诉讼机制之下，被害人影响性陈述的导入能够与中国的刑事诉讼完美兼容，陈述亦可作为证据使用。但是能不能在相对独立的量刑程序之中导入被害人影响性陈述，取决于陈述是否会对被告人的罪责证明产生干扰。目前来说，没有证据能够证明不会产生这种干扰，因此导入被害人影响性陈述制度应当慎之又慎。

四　证据规则于量刑中的适用

（一）相关性证据规则

相关性证据规则（Rule of Relevancy）是证据法学中最基本的证据规则，通常情况下，一切具有相关性的证据原则上都是可采的。美国《联邦证据规则》第401条将相关性证据定义为："具有与在没有该证据的情况相比，使得出现的事实可能存在或者不可能存在的任何倾向。"麦考密克认为第401条关于相关性证据的定义可以解释为两个层面：第一个层面是相关性证据必须具有实质性（Materiality），所谓实质性即是指证据与案件之间的适应性，它关注依据证据提出的主张与案件争点问题之间的关系。如果任何基于证据所提出的主张并不是案件的争点问题，那么可以说证据是不具有实质性进而缺乏相关性。而案件的争点则与实体法上的规定相关，也就是说，实质性的相关性是指基于证据提出的主张必须与实体法上的事实争议直接相关。例如，在雇工工伤诉讼中，任何与雇工的主观上疏忽大意相关的证据都不具备实质性，因为雇主对雇工的工伤承担无过错责任。第二个层面是证明力或称证明价值（Probative Value），又称逻辑上的相关性，即证据所具备的能够建立其基于该证据的主张的倾向性。证明力的判断也取决于两个层面：一是获得了该证据会否或多或少直接判断争议事实之真实性或不真实性；二是相比某一事实为假时，某一证据会否更倾向于支持这一事实为真的论断。在这一点上则又延伸出直接证据与间接证据（情况证据）之区别：直接证据是指某一证据具有能够直接解决争议问题的能力，而无所谓该证据的真实性。间接证据则是指即便这一证据是真实的，但依托该证据后仍需额外的推理才能得出结论的情形。[1] 而莉莉亦肯定这一观点，她认为相关性意味着提出的证据与基于该证据所表达的事实主张之间的证明上的关系。相关性的一个方面是关于提出的证据与事实主张之间逻辑上的相关性，而另一个方面是基于实体法由证据提出的事实主张具有结果性，结果性是指某一事实能够帮助证明或证伪犯罪的构成要件、民事起诉的诉讼请求以及辩护的各个要素。因此，证据只有在能够证明或者证伪某一基于适用该案的实体法而具有结果性的事实主张之时，它才具备相关性。[2]

中国的法律并没有直接对英美法系证据规则中的相关性规则作出规定，但是却规定了证据的"三性"，即真实性、关联性以及合法性。其中的关联性学界多数观点均认为其是对证据相关性的直接肯定，与英美法系中的相关性规则内容大体相同。因此，刑事诉讼中的证据必须遵守相关性规则是理所当然的。对于量刑事实的证明来说，相关性规则作为基本的证据规则也应当予以适用。问题在于，量刑事实具有一些与定罪事实截然不同的特征，当适用相关性证据规则时，必须以准确把握这些特征为前提。首先，就相关性规则中的实质性特征而言，因为量刑事实的主张必须要对应实体法，这里的实体法是指量刑的基本根据，即报应刑与预防刑下对犯罪行为的社会危害性、被告人的人身危险性以及矫正可能性的判断。也就是说，某一量刑证据具有相关性的第一条件是，基于该证据提出的主张能够说明犯罪行为的社会危害性的大小、人身危险性的大小以及矫正可能性的有无。例如，对于常习犯与营业犯而言，多次犯罪的相关证据可能在确定是否有罪时对于某一次犯罪的主客观要件的证明就已经足够了，而其他几次犯罪的相关证据则充分反映了社会危害性和人身危险性的升高。因此其他几次犯罪的相关证据是具有实

---

① Kenneth S. Broun: *McCormick on Evidence* (*Sixth Edition*), Thomson/West press, 2006, pp. 729 – 734.

② Graham C. Lily: *Principles of Evidence* (*Fifth Edition*), Thomson/West press, 2006, pp. 34 – 35.

质性的。其次，相关性规则还要评价量刑证据的证明力。虽然说为了实现准确量刑的目的，因此证据的准入门槛应当予以降低，无论证明力的大小，存在证明力的量刑证据都应当被收集和展示。然而基于相关性规则，某一用作量刑的证据至少要具备与量刑事实主张逻辑上的最小的相关性，如果连最小程度都无法达到，那么根据相关性规则则要排除该用作量刑的证据。在"量刑的证明对象"一章中，本书从量刑证明对象的可证明性角度论证了实践中"联合署名"证据是缺乏这一特征而不能用来证明的。而从相关性的角度来说，或许"联合署名"从某种程度上反映了被告人的人身危险性，从而具备实质性。但是从证明力上来看，"联合署名"缺乏最基本的验证其真实性的可能，即一部分人的观点无法充分说明是否"所有人"均认为被告人品行良好，因此在逻辑上与被告人的品行没有关系，因此若适用相关性规则则不能采纳这种证据。

（二）证人出庭规则

在英美法系国家中，制定法（如澳大利亚的《证据法条例》）与判例法（如加拿大的"Gardiner"案）明确规定传闻证据规则不适用于量刑程序。这是因为排除传闻证据是基于保证证人到庭，并排除陪审团受到不正当的传闻信息的干扰从而形成对被告人偏见的可能。但是在量刑程序中，这种担心便成为多余的。因为主持量刑程序的是专业的法官，受到传闻信息的干扰形成偏见的可能性比较低。其次，量刑时需要的是最大程度实现刑罚的个别化从而准确公正地量刑，因此法官需要更多的信息才能作出判断，而传闻证据无疑在信息需求的问题上满足了法官的需求。然而，美国与加拿大的判例法并没有完全否认传闻证据规则在量刑程序中的适用。在一些情况下，证人仍要在量刑程序中出庭作证并接受交叉询问。划分的标准便是传闻证据的证明力，如果该传闻证据可能不真实，那么证人原则上则必须在量刑程序中出庭。此外，大陆法系国家没有独立的量刑程序，因此无论是证明定罪事实的证人，还是证明量刑事实的证人，他们都有义务出庭作证，这是直接言词原则下的一大要求。

《刑事诉讼法》第 117 条与第 118 条构建了证人出庭作证规则，确立了中国证人出庭作证规则的"三大条件"。《量刑程序指导意见》规定："在法庭审理过程中，当事人及其辩护人，诉讼代理人申请新的证人到庭，调取新的物证、书证、申请鉴定或重新鉴定，人民法院认为有必要的，应当同意。"法律和司法解释都规定了如果控辩双方争议的事实会对量刑产生重大影响的，在法院认为有必要的情况下，证人应当出庭。也就是说，与定罪事实的证明相同，当证人证言可能左右量刑事实的判断时，证人原则上必须出庭作证。

问题在于中国刑事诉讼中低下的证人出庭率，司法实践中的出庭率仅在 1% 左右。毫无疑问定罪事实的证明需要严格证明，亦即如果证人的证言与成立犯罪与否密切相关，那么证人必须出庭，即便如此证人的出庭率还是如此低下，那么对于严格程度低于定罪事实的量刑事实的证明来说，是否证人出庭更无必要？此外，学界诸多的论述均认为，第 117 条关于证人出庭的第三条件："法院认为有必要"是导致出庭率如此低下的"元凶"，正是在绝大多数的情况下法院认为"没有必要"，证人才不出庭作证。那么，如果取消或限制这一条件，在定罪事实的证明中或许能够使得证人出庭，不过对于量刑事实的证明来说，取消或限制"法院认为有必要"的条件，是否僭越了法官的量刑自由裁量权？本书持否定态度。虽然法官享有不受干涉的量刑自由裁量权，而且这种裁量权相较于定罪之心证相比，其权限范围更为宽广，基于适当证明原则对量刑事实的评价也更加自由。但是，这并不意味着在证人出庭问题上这种裁量权是不能受到任何干涉的。况且，量刑事实的证明相关规则本身就可以视为对量刑自由裁量权的限制，而对于证人出庭作证规则来说，就属于这种限制。

第 117 条第 1 款明确规定证人出庭的条件之一是对"定罪和量刑具有重大影响"，此处不仅包括定罪，也包括量刑，因此在这一条件下如果证人证言可能会对量刑事实的判断产生重大影响，那么该证人必须出庭作证并接受质证。最突出的例子是死刑案件，《刑法》

分则中绝大多数保留死刑的罪名基本上都包含结果加重犯与情节加重犯的情节。对于这些案件来说，如果只将证人出庭规则适用于定罪，那么在不成立这些加重情节的情况下也是可以定罪的，但是对于加重情节相关证人如果不出庭作证，那么自然就很有可能会在非严格的程序下判处被告人死刑，无论是从保障人权的角度还是程序正义的角度，这样做均是不合理的。因此，对于重大的或者控辩双方激烈争议的关键量刑事实，证人原则上必须出庭作证。其中，对于死刑案件、无期徒刑案件或者缓刑案件，本书认为应当取消"法官认为有必要"这一裁量权限，有证人的情况下证人必须出庭作证。

（三）非法证据排除规则

作为 2012 年第二次修改《刑事诉讼法》的标志性成果之一，非法证据排除规则在中国刑事司法中基本上已发挥出相当大的作用，尤其是对于非法言词证据排除规则来说，实践中出现不少或依申请或依职权排除证据的典型案例。而 2017 年出台的《严格排除非法证据规定》这一司法解释更是对该规则的适用进行了详细的补充与完善。但是，需要进一步分析的是，对于量刑事实的证明，这一"标准"的政策性证据排除规则能否予以适用？

在美国，判例法已经确认基于宪法修正案五延伸出的不得强迫自证其罪原则及非法证据排除规则也应当在量刑阶段予以适用，只是取消了"米兰达警告"的强制要求。这是因为宪法修正案五规定的是在"任何刑事案件"中被告人不得成为对他不利的证人，也就是说独立的量刑程序也归属于刑事案件处理的一环，因此即便被告人已经被定罪，这也不意味着他的宪法权利就一定要受到公权力的剥削。对于中国的刑事诉讼来说，由于定罪和量刑程序一体化，整个刑事庭审必须在所有程序全部进行后才能对被告人的罪与刑进行判断，那么在此过程中《刑事诉讼法》第 50 条规定不得强迫自证其罪规则当然也是生效的，因此，非法证据排除规则则不问定罪事实证明抑或量刑事实证明，只要符合条件，排除证据是必然的。正如有学者指出的："量刑证据应具备合法性，并确立最低限度的非法证据排除规则，即采用刑讯逼供或者威胁、引诱、欺骗等非法的方法取得的言词证据应绝对地排除。"①

但是，基于量刑事实证明的特殊性，在适用非法证据排除规则时不得不考虑两个问题。首先，适用非法证据排除规则与坦白情节存在什么样的联系？如果存在被告人自首的情节，由于他是主动投案或者主动阐述司法机关尚未掌握的事实，此时并不会存在非法取证的问题。但是坦白的情况则不同，成立坦白需要被告人"如实供述"，那么假如被告人是因为刑讯逼供等手段而不得不进行"如实供述"的情况，这一供述即使被排除，被告人仍被确定有罪，那么他还能否享受坦白从轻处理的优惠？本书认为，供述证据一旦被排除，那么就等同于负责事实认定的法官就不应该对该供述进行任何考虑，既然供述被排除，由此延伸的认罪态度或者坦白等量刑情节也就丧失了证据根基，因此在这种情况下，即便被告人最终依据其他客观证据被定罪，在量刑时也不应当再对坦白等量刑情节进行考虑。排除非法证据的效力在于彻底将供述证据隔离在认证范围之外，因此该供述证据包含的一切事实，无论是与定罪相关还是与量刑相关，无论是有利于被告人还是不利于被告人，均彻底归于消灭。

其次，适用非法证据排除规则对量刑事实的最终认定有什么样的影响？在定罪事实的证明中，如果适用了非法证据排除规则，则最终结论可能会因为缺乏供述证据而导致全案证据的证明力无法达到排除合理怀疑的程度，进而导致被告人无罪的结果。此时，在被告人无罪的前提下，量刑事实的证明或者量刑本身均丧失了意义。但是即便适用了非法证据排除规则，被告人仍被确定有罪，此时可能包含大量的量刑相关事实的证据已经被排除了，那么可能会导致量刑缺乏相关信息，甚至很多是有利于被告的量刑事实最终无法得到评价。这样一来，的确存在量刑不准确或者量刑不公正的风险。

---

① 宋志军：《量刑事实证明问题研究》，《河南财经政法大学学报》2012 年第 6 期。

然而，非法证据排除规则的意义除了纯化定案证据，使事实认定者尽量接触可靠的信息外，还有震慑非法取证行为与实现被告人人权之救济的价值。对于后者而言，量刑上因排除证据而导致的因信息资料缺乏而影响其准确性的价值必须让位于保障人权与震慑不法之价值。原本对于定罪来说，非法取得的证据就不一定是不准确的信息，相反还有可能对准确定罪发挥重大作用，但是基于与保障人权与震慑不法等价值的权衡，最终还是要排除非法证据而使程序正当化。对于量刑问题来说，自然也是如此。因此即便可能会产生量刑不准确或是不利于被告的结果，如果出现非法证据，那么也必须适用非法证据排除规则坚决予以排除。

第 四 章

量刑事实的证明责任

证明责任被称作"诉讼的脊梁",是证明理论中的关键问题。司法与诉讼均是由人类所建制,囿于人类的认识能力,在诉讼中在穷尽一切认识资料以及调查手段后,仍会存在争议事实无法认知的情况,此时预先分配的证明责任制度将会明确具有证明责任的、承担真伪不明情况之下风险的一方来承担因争议事实无法认知的不利后果。在未开化的时期的神示证据审判制度之下,事实决定权实际上分配给了不存在的"神明",由其通过神示明确了败诉一方为谁。不过现代的诉讼制度奉行证据裁判原则,因此法律就要提前决定由哪一方诉讼主体承担证明不能时产生不利后果的风险,所以如何分配证明责任是该理论的核心问题。

在刑事诉讼中,由于无罪推定原则这一"金线准则",代表国家追诉权的公诉一方毋庸置疑的承担证明责任,即如果控方无法将被告人是否有罪这一问题证明至法定要求的程度,那么他将承担败诉的不利后果,即法院宣告被告人无罪。不过,对于量刑事实的证明责任的分配问题,《刑事诉讼法》只将"罪重"这一事实的证明责任分配给了公诉一方,"罪重"这一标准是否合理,它是否是无罪推定原则对量刑事实证明问题的延伸,法律均没有给出明确的回答,因此关于量刑事实的证明责任的性质及其分配,有必要进行细化地探讨。

第一节 量刑事实证明责任的现状与问题

一 "审主、控辅、辩补"的证明责任分配现状

《刑事诉讼法》规定，检察机关承担对被告人有罪以及罪重的举证责任。不难看出，《刑事诉讼法》关于量刑事实证明责任分配的第一态度是以罪轻，或有利于与罪重，或不利于的标准划分量刑事实，其次将不利于被告的量刑事实分配给控方。但是在实际的刑事司法实践中，为了突出量刑问题是法官"专属"的裁量权这一观点，在中国主要承担量刑事实查明职责的是法官，而并非控辩双方。虽然中国的刑事诉讼奉行公检法三机关"分工负责，互相配合，互相制约"的大原则，然而就量刑事实的认定问题来说，由于控方认为这是法官专门负责的问题，是行使刑事裁量权予以决定的问题，因此公诉权既没有权力也没有必要去僭越量刑事实证明的裁量权，因此也就对定罪之外的量刑问题采取一种消极的态度。如果庭审中缺失量刑证据，尽管《刑事诉讼法》的司法解释赋予了法官通知控方补充量刑证据的权力，但是在审限的压力下，法官很少会采取通知控方补充证据的手段，而都是积极主动地去调查，"履行证明职责"。在实施了量刑规范化改革之后，这一法官主动承担量刑事实证明职责的做法有所缓解，而《量刑程序指导意见》又明确赋予了控方以量刑建议的方式以及辩方以量刑意见的方式进行证明的权利，但是正如实践中一位法官所言："不管检察院提没提量刑建议，不管律师给没给出量刑意见，法官都必须主动查明所有量刑情节。"最终，证明职责仍落到法官的头上。一言以蔽之，中国量刑实践中，承担主要证明责任的正是司法规律需要其超然、中立、消极的法官，而控方是以量刑建议为形式起到辅助承担证明责任的作用，辩方更是只能起到补充的作用。

造成这种问题产生的原因，除了法律规定的不完善，司法人员

对于"量刑裁量权"这一概念的认识不够之外,还有诉讼模式与证明责任的关系问题。作为大陆法系国家,中国的刑事诉讼奉行职权主义,即承认对诉讼资料的收集,法院享有主导权。就当事人不主张或无法主张的事实,依旧通过职权调查从而形成裁判的基础。正是因为职权主义的诉讼模式,导致控方可以"合理"地将所有的量刑事实以及量刑证据的认定视为法官独享的裁量权,从而放松对量刑事实的主张和证明,将精力集中于定罪问题的证明上。所以,即便量刑规范化改革,司法解释赋予控方量刑事实主张的权力后,控方仍趋向于怠于行使该权力。而对于辩方来说,由于在刑事诉讼中弱势的地位,且法律没有明文肯定其调查取证权,因此量刑辩护意见的提出也只是起到补充作用,甚至大多数情况下,必须在法院的帮助下进行证据的调取,这就加重了证明职责倾斜于法官,增加其量刑事实证明的压力。

二 分配量刑事实证明责任的对立观点

刑事诉讼学界对于量刑事实的证明责任态度极其鲜明地分为两个派别,即"控方需要对量刑事实承担证明责任"以及"谁主张、谁举证"两种对立的观点。赞同前者的观点认为:"辩方不承担量刑证明责任,法官不得因辩方未提供相应的量刑资料而科以较重的刑罚。辩方有权提供有利于被告人的量刑资料。"① 赞同后者的观点认为:"在量刑程序中,鉴于法院对被告人已经作出有罪的认定,'谁主张,谁举证'可以成为量刑中确定证明责任分配的基本原则。"② 其中,双方的分歧点在于无罪推定原则这一刑事诉讼金线准则是否适用于量刑事实的证明,如赞同"谁主张、谁举证"的陈瑞华指出:"在某一法庭审理过程中,法官对犯罪事实的认定或者对被告人有罪

---

① 李玉萍:《量刑事实证明初论》,《证据科学》2009 年第 1 期。
② 陈瑞华:《量刑程序中的证据规则》,《吉林大学社会科学学报》2011 年第 1 期。

的内心确信，则意味着无罪推定原则的暂时失效……在量刑程序中，鉴于法院对被告人已经作出有罪的认定，无罪推定不再发生法律约束力，因此，'谁主张，谁举证'可以成为这一程序中确定证明责任分配的基本原则。无论是公诉方、被害方还是被告方，既然都有权提出本方的量刑建议或量刑意见，当然要提出相应的量刑证据，以证明本方所提出的量刑情节。假如提出量刑建议的公诉方没有提供任何量刑证据，也无法证明任何新的量刑情节，那么，法院将无法采纳其量刑建议。同样的道理，假如被害方、被告方不能提出任何量刑证据，那么，他们所提供的量刑情节也无法为法庭所接纳，他们的量刑意见也会因此被法庭所放弃。"[1] 因此，出于法官对定罪问题会作出内心确信，那么有罪无罪的问题尘埃落定，所以无罪推定原则就不再适用于量刑事实的证明问题了。从观点的多寡来看，后者在学界论述中占优势，亦即绝大多数的学者认为量刑事实证明责任的分配原则应当是"谁主张、谁举证"。

此外，在学界关于量刑事实证明责任的论证中，亦有按量刑事实不同的类型进行证明责任之分配的观点。例如陈卫东等认为："控诉方应当就其所主张的量刑事实提供证据予以证明，对于从重、加重量刑的证据只能由控诉方负责提供。被告人有权提供有利于被告人的量刑资料，被告人应就其所主张的从轻、减轻、免除处罚等事实提供证据予以证明。"[2] 张吉喜认为："对于法定量刑情节无论是从轻还是从重，都应当交给控方举证；而对于酌定的量刑情节则要交给辩方承担证明责任。"[3]

---

① 陈瑞华：《量刑程序中的证据规则》，《吉林大学社会科学学报》2011 年第 1 期。

② 陈卫东、张佳华：《量刑程序改革语境下的量刑证据初探》，《证据科学》2009 年第 1 期。

③ 张吉喜：《量刑事实的证明与认定——以人民法院刑事裁判文书为样本》，《证据科学》2015 年第 3 期。

第二节　量刑事实证明责任分配的理论依据

　　虽然《刑事诉讼法》明确地将罪重事实的证明责任分配给了控方，但是此规定的不全面，以及司法实践中将量刑事实的证明职责"推"给法官的做法，都说明量刑事实证明责任的分配问题需要理论界予以进一步的探讨与分析，并形成结论用于指导实践。不过，学界对于"谁主张、谁举证"与"控方承担证明责任"的观点上的不统一却使得该问题并没有获得解决。因此再从量刑事实证明责任分配的基础理论入手进行分析，从而探索出合理的结论是十分必要的。本书认为，无罪推定原则的效力仍及于量刑程序，并且在检察官客观义务以及利益衡量原则的作用下，在对量刑事实证明的过程中，原则上证明责任仍应当由控方承担。

一　无罪推定原则的效力

　　首先必须要探讨的是量刑事实证明责任分配的分歧点，即无罪推定原则的效力问题。赞同"谁主张、谁举证"论的陈瑞华提出了一个特别独到的见解。即在某一法庭审理过程中，法官对犯罪事实的认定或者对被告人有罪的内心确信，则意味着无罪推定原则的暂时失效。所谓"暂时失效"，是指某一特定审级范围内，法院一旦认定被告人有罪，无罪推定对随后的审判活动失去法律约束力。也就是在相对独立的量刑程序中，要贯彻"谁主张、谁举证"的原则。[①]即法官的心证之形成使得无罪推定"暂时失效"，量刑程序中的证明就要谁主张谁举证，待被告人上诉提高审级后，无罪推定重新发挥效力。

　　本书对上述观点持否定态度，无罪推定在量刑程序中并不"暂

---

　　①　陈瑞华：《量刑程序中的证据规则》，《吉林大学社会科学学报》2011 年第 1 期。

时失效"。最早提出该原则的贝卡利亚在《论犯罪与刑罚》中阐释："在法官判决前，一个人不能被称为罪犯，只要还不能断定他已经侵犯了给予他公共保护的契约，社会就不能取消对他的公共保护。"其实贝卡利亚这段话不仅提出了无罪推定，还将其适用条件说得十分明白——"不能断定他已经侵犯了给予他公共保护的契约"，可见无罪推定是否丧失效力，取决于对个人的公共保护契约，在刑法上也就是对相关法益的侵犯，而且条件必须是"断定"。在现代的刑事诉讼视野下，"定"的主体自然是法官，而"断"必须是生效判决的"断"，其根本原因是生效判决会产生既判力，既判力使得既判的事实被视为真实，并且产生对这种真实的确定力。如果被告人被判定有罪，生效判决的既判力产生对罪行确认的效果，进而推翻了诉讼启动前乃至进行时对犯罪嫌疑人、被告人无罪的"推定"，从这个逻辑上来说，真正使得无罪推定"失效"的原因应当是生效裁判的既判力，而非法官在全面审查证据时所形成的"暂时的"心证。任何一项程序法律原则都要有贯穿诉讼始终的效力，否则我们很难将其称为"原则"。在刑事诉讼中，认为无罪推定的效力在法官内心确信有罪前生效，在确信有罪后至上诉抗诉之间失效，在上诉抗诉之后又重新生效的看法是错误的，如果将无罪推定原则的效力用图像表示的话，它应当是一条直线，起点是介入刑事诉讼开始，而终点就是产生既判力的生效判决为止。

其次，一元化的定罪量刑庭审程序的特性使得无罪推定原则必然要生效。量刑程序与定罪程序是结合还是分离对证明责任的分配会产生较大的影响。亨海姆指出："量刑事实的证明责任与证明标准的问题在于定罪程序相分离的量刑程序中具有重大意义，决定独立的量刑程序形式的传统、原则、关系以及相互作用均与刑事庭审的主体大不相同。"[1] 中国的所谓相对独立量刑程序的设置和英美法系

---

① Ralph Henham：*Sentencing and the Legitimacy of Trial Judtice*，Routledge press，2017. 193.

国家独立的量刑程序还是有很大区别的，这种区别就体现在中国刑事诉讼中的判决是在定罪问题和量刑问题全部审查完毕后一并作出，相对独立的量刑程序设置在判决前，定罪问题尚没有最终确定就要开始量刑程序。在这样的条件下，如果无罪推定失效了，那么法官在判决时就定罪问题可能就不受该原则的限制了，从而使得法官的认定异化成为"有罪推定"。因此，既然以产生既判力的生效判决作为无罪推定作用的重点，那么在判决前的量刑程序中，无罪推定是依旧起作用的。

另外，还有一个原因说明无罪推定在量刑程序中并不失效，即对无罪推定本质上的认识。根据学界对联合国《两权公约》第14条第2款内容的论证，无罪推定是刑事诉讼中的被告人的一种权利，并要由诉讼中的国家机关保障权利的行使，它更强调的是被告人身份上的待遇，即被视为无罪。量刑程序也属于整个刑事诉讼程序的一部分，在这个过程中自然也要保障被告人的权利。例如，在对某一量刑情节遇到争议时，根据无罪推定下的"疑义有利于被告"原则，自然要对被告人处以较轻的刑罚。如果按照"暂时失效"的观点，在量刑程序中被告人在无罪推定下的权利及待遇就要被剥夺了，遇到从轻还是从重的疑义时，法官可以任意作出对被告人不利的裁判，这显然是违背刑事诉讼中保障人权的基本理念的，因此从刑事诉讼的保障人权的价值视角出发，无罪推定的效力也要当然及于量刑程序。

既然无罪推定原则在量刑程序仍旧适用，而且该原则下延伸的对被告人身份和待遇上的保护也没有被取消，因此，根据该原则，控方当然要在这一程序中承担证明责任。

二　检察官的客观义务

检察官的客观义务是指检察官在刑事诉讼中不仅应当履行追究犯罪的控诉职能，而且应当超越这一职能，代表国家维护法律的尊严与公正，称为国家法律的护卫者。检察官客观义务理论起源于19

世纪中后期的德国，并为英美法系国家所认同。中国也吸收了检察官客观义务理论，《刑事诉讼法》第52条规定："检察人员必须依照法定程序，收集能够证实犯罪嫌疑人、被告人有罪或者无罪、犯罪情节轻重的各种证据。"这条对于检察官客观收集证据的规定就是履行检察官客观义务的体现。

在司法证明方面，检察官客观义务要求控方不仅要扮演积极追诉者的形象，还要为了维护法律的尊严公正而充当"超然、中立"的司法官的形象，努力实现办案人员主观认识与案件客观事实的统一的目标，因此检察官在收集证据时，就要全面收集犯罪嫌疑人、被告人有罪无罪罪轻证据，而在提起公诉时，检察官对被告人的最终的定罪量刑会产生一个基本的判断。如果证据不充分，证明不了犯罪嫌疑人确实有罪，检察官本着存疑不起诉以及客观义务的要求，可以作出不起诉的决定；而在量刑方面，检察官也会大致形成对被告人的处罚结论，表现形式就是法律允许检察官在起诉时一并提出量刑建议。在庭审环节以及相对独立的量刑程序中，客观义务也要求检察官以"超然"的司法官形象出现，与法官共同实现量刑公正的目标，因此他们不仅要注意被告人从重量刑情节，还要注意其从轻、减轻的量刑情节，并且提出证据证明这些情节的存在。如果辩方在量刑程序中提出被告人罪轻的事实主张和证据，检察官应当予以重视并要协助法官对主张与证据进行查明，从而做到公正量刑。可以说，检察官客观义务对控方的要求也是一种对法官量刑裁量的帮助和补充，从而有效避免法官的疏忽而作出个案不平衡甚至不公正的量刑。所以，由于检察官客观义务的存在，"谁主张，谁举证"的针锋相对式的证明责任模式并不适应中国的相对独立的量刑程序，控方依旧要承担量刑的证明责任。

三　辩方取证的难度

"谁主张，谁举证"的赞同者们认为辩方在量刑程序中不再受到无罪推定的保护，而必须提出证明己方罪轻的主张并提供相应证据，

"积极"的进行量刑问题之抗辩。这种观点也不无道理，但积极抗辩的基础在于获取证据，从证据的来源、取证的必要性以及取证的难度来看，将证明责任原则上完全分配给辩方是不适宜的。

首先，在司法实践中，适用最普遍的量刑情节多表现为被告人的主观态度证据，例如占高比重的坦白等。从证据来源上看，这些态度证据基本上都是由控方进行收集的，多数记载在"破案经过"这样的过程性证据当中，而随着控方提起公诉，参加庭审而移送至法院，因此辩方几乎没有必要去收集这些证据，即便是辩方通过会见，而获得关于被告人的这些态度证据，这种会见记录下来的情况能不能作为证据使用也是存在疑问的，所以考虑到证据的来源，关于量刑情节的证据控方要较辩方更容易取得，而且也有可采性的限制，辩方通过案卷进行"消极"辩护基本可以满足需要，因此从这个角度来说，量刑程序中将证明责任分配给控方更加合适。

其次，辩护律师取证、申请取证难几乎是公认的难题。尽管《刑事诉讼法》赋予了辩护律师可以向证人被害人收集证据的权利，但是法律也同时规定这种收集是必须经过本人"同意"方可收集的，而在司法实践中，不配合、躲避，甚至以暴力威胁辩护律师的情况比比皆是，即便是他们配合，在控方的压力和诱导之下，他们也很容易改变自己的言辞，而向被害人及其近亲属，或其提出的证人收集证据更要经过检察院法院的同意，如此的限制条件更是让辩方取证雪上加霜；在申请取证方面，辩护律师可以申请检察院法院调取关于被告人的罪轻证据。尽管《刑事诉讼法》司法解释第50、51、52条细化了法院"应当"依申请调取证据的规定，但该条件是"法院认为确有必要"，和证人出庭的规定类似，这样弹性空间极大的规定，很容易成为法院不积极主动去调取证据的口实，实践中，绝大多数检察院和法院会拒绝取证申请，2012年《刑事诉讼法》修改后，这个情况也没有明显的好转。

此外，相对独立的量刑程序本身的性质使得辩方承担举证责任会陷入窠臼。现阶段中国的量刑程序并非完全独立，尽管法律规定量刑的调查与辩论应被纳入审理程序并保持一定的独立性，但最终的裁判仍是定罪和量刑一并作出的，这就使得辩方的辩护策略只能择其一：要么进行无罪辩护，要么进行有罪的量刑辩护，如果采用前者，抑或被告人配合策略在庭审中翻供，那么被告人一旦被定罪，则认罪态度、坦白等重要的量刑情节就都不能适用，辩护律师也会陷入无限尴尬的境地。因此，为了避免这种"两头堵"的情况，将证明责任分配给公诉犯罪与量刑建议"高度契合"的控方最为适宜。

第三节　量刑事实证明责任的实践形式

一　控方提出量刑主张

由于量刑事实的证明责任被分配给了控方，因此原则上应当由控方提出量刑的事实主张，实践中量刑事实主张的重要表现是量刑建议。量刑建议是控诉机关就被告人的量刑种类以及量刑幅度向审判机关提出的意见。量刑建议的探索在中国起步较早，而量刑独立化改革更给量刑建议的推行带来新的契机，截至 2010 年，量刑建议制度成为相对独立量刑程序的重要组成部分。但从证明的角度考虑，早期一些观点认为量刑建议并不是量刑程序中理想的控方证明途径："它不仅可能会误导法官，法官决定刑罚带来压力；还可能转移辩方的注意力，削弱辩护效果。"[①] 本书不以为然，在刑事司法实践的"案卷笔录中心主义"并未完全被"审判中心主义"取代的背景下，卷宗裁判模式仍是刑事司法的主流模式，这种条件下如果控方不用书面总结的形式进行量刑事实的证明，而硬性地要用证人、侦查人员出庭证明量刑情节的成立是不现实的。因此尽管量刑建议有一定的局限性，但仍应是控方承担证明责任的主要方法。

证明责任的内涵是提出主张，并提出证据证明，该证明要达到

---

① 陈国庆：《检察官参加量刑程序的若干问题》，《法学》2009 年第 10 期。

一定的程度，如果不能达到该程度则要承担"败诉"风险这些因素的统一。而表现在量刑建议中则体现为四个方面：检察官在量刑建议书中会提出结论性的量刑意见，这就是承担主张责任的一种表现；在建议书中的每一条量刑情节下，检察官都提出了相应证据的支持，这是提出证据的表现；提出的证据中，每一单项证据均与需要证明的量刑情节具有相关性，所有量刑情节的整合推出了综合性的量刑结论，这是承担证明程度的体现；最后，证明责任还要解决真伪不明下"败诉"风险的承担问题。在量刑程序中，虽不涉及"败诉"的问题，但是却会出现"真伪不明"的情况。如果是控方提出从重处罚的主张，但是其没有提出证明或者没有证明到一定程度，法官根据"疑义有利于被告"原则而作出从轻处罚裁决其实就是控方承担证明责任的表现，另一种情况是当辩护律师进行被告人罪轻的主张，此时控方应当承担反驳该主张的责任，如果反驳不了还要根据有利于被告原则作出支持辩方主张的裁决。

下面以一则案例说明控方量刑建议的所应包括的具体内容：

李飞故意杀人案：

2006 年 4 月 14 日，被告人李飞因犯盗窃罪被判处有期徒刑二年，2008 年 1 月 2 日刑满释放。2008 年 4 月，经他人介绍，李飞与被害人徐某某建立恋爱关系。同年 8 月，二人因经常吵架而分手。8 月 24 日，当地公安机关到李飞的工作单位给李飞建立重点人档案时，其单位得知李飞曾因犯罪被判刑一事，并以此为由停止了李飞的工作。李飞认为其被停止工作与徐某某有关。

同年 9 月 12 日 21 时许，被告人李飞拨打徐某某的手机，因徐某某外出，其表妹王某某接听了李飞打来的电话，并告知李飞，徐某某已外出。后李飞又多次拨打徐某某的手机，均未接通。当日 23 时许，李飞到哈市呼兰区徐某某开设的"小天使形象设计室"附近，再次拨打徐某某的手机，与徐某某在电话中发生吵骂。后李飞破门进入徐某某在"小天使形象设计室"内的卧室，持室内的铁锤多次击打徐某某的头部，击打徐某某表妹王某某头部、双手数下。稍后，李飞又持铁锤先后再次击打徐某某、王某某的头部，致徐某某当场死亡、王某某轻伤。为防止在场的"小天使形象设计室"学徒工佟某报警，李飞将徐某某、王某某及佟某的手机带离现场抛弃后潜逃。同月23日22时许，李飞到其姑母李某某家中，委托其姑母转告其母亲梁某某送钱。梁某某得知此情后，及时报告公安机关，并于次日晚协助公安机关将来姑母家取钱的李飞抓获。在本案审理期间，李飞的母亲梁某某代为赔偿被害人亲属4万元。①

在该案中，关于被告人李飞的各种量刑证明对象是比较明显的。首先，李飞对被害人的击打伤害行为，以及徐某某的致死结果，均是影响就其故意杀人行为而选择适用死刑的重要事实，此量刑事实的证明责任毫无疑问要由控方承担。其次，被告人因与被害人吵架而激愤实施杀人行为，采取击打头部的杀人手段，以及伤害死亡被害人的表妹并致其轻伤均是影响责任刑裁量的量刑事实，此部分的事实的证明责任也要由控方承担。最后，被告人之前有盗窃行为，且释放后距杀人行为实施的期间在五年之内，构成累犯，并且其母在得知其杀人行为后主动报案并配合侦查机关，事后亦赔偿被害人，被告人本人也对自己的罪行供认不讳。这部分则是裁量预防刑相关的量刑事实。其中既包含不利于被告人的累犯情节，又包括赔偿和坦白的有利于被告人的情节，这些事实均要由控方承担证明责任。因此，控方提出的量刑建议中至少要包含被害人死亡的事实，被告人杀人行为和罪过的事实，对被害人表妹致伤的事实，累犯事实，被告人之母配合侦查机关并赔偿被害人的事实，被告人本人的坦白事实。同时，要提出相应的证据对这些事实予以证明。如果对某一项事实无法进行举证，那么这些事实便不能被认定。如果某一有利于被告人的事实控方并未提出、而辩护人申请提出并调取相关证据的，控方必须予以配合并将该事实补充进量刑建议之中。

然而，量刑建议在基层司法机关的实践中的推行并不理想，一些实证研究罗列了许多关于实践中的量刑主张与量刑证据之相关问题，例如："通过研究发现，实践中的量刑建议量刑证据偏少，证明力偏弱，其记载的量刑情节以及证据最多只有三种：量刑建议过于青睐被告人的罪后表现等情节，忽视犯罪动机等事实；量刑建议基本上只考虑独立的量刑证据，而较少考虑定罪事实和量刑事实交叉的证据；个别量刑证据的作用并没有发挥作用，很多量刑信息未得到应有的重视。"[1] 这些问题的成因与中国刑事诉讼的基本运行机制之间的矛盾不无关系，因此若要妥善解决这些问题仅仅完善量刑建议的形式要件是不够的，从量刑事实证明的角度来看，本书认为解决量刑建议的实践适用问题要从三个角度出发：首先，控方对于量刑证据的收集不能仅以《量刑指导意见》规定的 14 种量刑情节为纲，必须全面、客观、公正地收集量刑证据，不仅要注意收集证明从重量刑的证据，更要注意收集从轻量刑的证据，不仅要注意收集证明法定量刑情节的证据，更要注意收集证明酌定量刑情节的证据。其次，必须树立审判中心以及定罪量刑权统归法院的意识，量刑建议毕竟只是"建议"，不是"裁判"，因此建议的量刑方案与法院最终作出的裁判有冲突是正常的，决不能因裁判结果与建议不一样就认为自己"败诉"从而进行抗诉之类的抵制行为。最后，对于提出量刑建议后新出现的量刑情节要再次取证进行证明，审慎对待法官与辩方提出的补充量刑证据的建议。

---

[1] 焦悦勤：《量刑证据在量刑建议中运用实证研究——以 107 份量刑建议书为样本》，《山东科技大学学报》（社会科学版）2016 年第 6 期。

二　证明责任倒置与辩方的量刑事实证明责任

《刑事诉讼法》司法解释第131条规定辩护人可以对量刑提出意见并说明理由，这条规定将辩方的量刑抗辩分为两种模式，其一是消极的抗辩，即针对控方提出的量刑建议提出意见，对控方的证据进行质疑；其二是积极的抗辩，即提出被告人罪轻主张，主动搜集并证明被告人罪轻的量刑证据。无论是哪一种，在控方承担证明责任的前提下，辩方量刑抗辩行为的性质应当识别为行使证明权的表现而非承担证明责任，这就意味着法官或者控方不得强制要求辩方积极主动提出量刑证据；或在其进行消极抗辩时强制要求其进行证明；或忽视其提出的量刑证据。

然而，本书以为在利益衡量原则的影响下，对于控方在举证存在一定的难度，而辩方却更容易证明的某些量刑情节，辩方也需要承担证明责任，如果辩方不能够卸除该责任则其将承担主张不被认定之风险，这种现象就是量刑事实证明活动中的证明责任倒置。具体来说，在两种情形下量刑事实证明责任应倒置给辩方：其一，一些积极抗辩性事由。在英美法系国家，诸如正当防卫等排除犯罪性事由以及不在场证明等事实属于积极抗辩性事由，主张积极抗辩性事由意味着辩方放弃了指正甚至推翻控方证明、打击控方证据链的消极抗辩策略，而采取主动进攻以使被告获得从轻处罚利益的积极抗辩策略。在这种情况下，证明责任一般分配给辩方。对于量刑事实的证明来说，也应当如此，即辩方在提出积极抗辩事由时，其必须承担证明责任。比如，在结果加重犯的案件中，辩方提出存在介入因素，导致被告人的犯罪行为与伤害结果之间的因果关系被切断，那么辩方就要就这一事实承担证明责任。例如，在抢劫致人死亡的案件中，如果抢劫行为人致被害人受到轻伤，而后被害人被驶来的车辆撞死，如果辩护人主张被害人的死亡与抢劫行为的因果关系被车祸因素切断，从而否定抢劫致死的加重构成，那么对于这一情况，辩方必须承担证明责任。其二，控方难以取得的酌定量刑情节。例如，对于被告人的成长环境、家庭以及亲属的影响、工作环境以及生活环境的因素、品格、口碑、声望等等量刑情节，在没有量刑报告制度和缓刑官制度设计的前提下，控方是比较难以全面地获得这些信息的，但是辩方却对被告人的相关情况更为了解，证明这些情况的证据信息也更易获得，而且他们也往往会积极主动的获取这类证据，因此由辩方承担这些情节的证明责任更为合适。其三，关于被害人过错程度以及与被告人实际关系的情节。被害人在中国的刑事诉讼中具有独立的地位，而其本身利益基本上与控方相符合，被害人的过错，以及之前与被告人的矛盾瓜葛无疑也是影响量刑的因素之一。在这些情节中，如果某些于被告人有利却对被害人不利的情节存在，那么这些情节由控方去积极证明会导致控方的立场十分尴尬，而辩方与被害人具有一定的对立性，所以对于这些情节的证明责任理应由辩方承担。如果其不能证明这些情节，那么积极退赔并取得其谅解也不失为一种上佳的策略，并且达到良好的社会效果。

三　法官履行证明职责

刑事诉讼法律中有很多规定都要求法官在量刑事实的证明中承担一定的证明职责，例如《刑诉解释》第226条规定："被告人自首坦白立功等量刑情节，检察院未移送的，法院应通知其移送。"而前文指出的实践中法官主要承担了量刑证明的任务的现象更是突出了法官的证明职责。应当肯定的是，尽管片面强调法官的证明职责的确不符合证明的基本理论和基本规律，但这也并不意味着就要彻底地抛弃法官的证明职责而完全以控方的证明责任"取而代之"。

在以控方提出的量刑建议为中心的证明责任体系下，法官承担证明职责的主要导向就是量刑建议。对于量刑建议书中提出的各种证据的真实性、相关性、合法性以及证明单一量刑情节和综合量刑情节的充分性进行审查、核对以及判断。在必要时，法官应当充分发挥主观能动性，积极调查一些可能影响量刑的实际情况。例如，实践中"认罪态度好"是最常见的酌定量刑情节，"认罪态度好"

并不是量刑证明对象，但却是法官需要履行证明职责去查明的影响被告人量刑的一项重要事实。实践中，"态度好"经常会在控方出具的"破案经过"中一笔带过，被告人在被采取强制措施后直至审判前的情况往往没有被载进量刑建议，此时法官就应当要求控方补充移送被告人"在押表现"以证明其罪后态度，也可以亲自调查相关情况，并运用调查的结果，结合法庭上法官所认知的被告人的态度，综合判断被告人的认罪态度是否好，是否有悔罪表现。另外，辩方可以提出关于量刑的意见，对于辩方的意见，法官应当予以高度重视。如果辩方提供被告人罪轻的主张并且提出相应的证据线索，法官不能视而不见，或强硬地让辩方提出充分的证据进行证明，其应当积极调查核实。

中国的刑事司法实践往往过度强调了法官的证明职责，导致法官"事必躬亲"的实践现象，忽视了证明的基本法则，给法官办理刑事案件增加了过多不必要的负担。因此，为了解决这一对法官证明职责过度倾向的问题，法官对于证明职责的履行必须以不违背基本的诉讼规律与程序形式为前提，因此，厘清法官的主观能动的证明职责与消极被动的司法中立性是十分必要的。第一，这种证明职责的履行性质应当是一种"验证"，"验证"的前提必然是控辩双方举证并进行相应说明的前提下，经过质证后个别事实仍不清楚，法官才积极主动地去调查，以达到查明真相的目的。表现在量刑程序中就是针对控方所提出的量刑建议中，裁判的法官认为有个别量刑情节在经过说明与质证后仍旧不清楚，法官可以主动调查核实，如果控方没有提出某一量刑主张，法官则要恪守"不告不理"原则。第二，辩方可能会在量刑程序中提出证明被告人罪轻的意见，但是因为取证难度等原因，申请法院调取相关证据，此时法官应当根据辩方的申请，为其调取。这种依申请取证的行为就是法官承担证明职责的表现。第三，与定罪事实不同，量刑情节具有一定的特殊性，它不仅来源更为广泛，而且在诉讼进行的任何一个阶段都有可能出现新的情节，因此有可能发生法官在审判环节发现新的量刑情节及证据而控方的量刑建议中却没有记载,此时法官就应当承担证明职责以弥补量刑建议的局限。但弥补的方式应当是建议控方补充移送而并非积极调查,对于辩方主张而遗漏相应证据的,法官应当建议其补充或申请调取,如果辩方并无作为,法官也不应去积极帮助辩方进行调查,而破坏其中立性。

四　对个别量刑情节证明的完善

在量刑事实的证明中,认罪态度、坦白、自首、立功、累犯、被害人谅解与退赃退赔等情节在实践中是适用较多的,地位也是"举足轻重"的,因此,完善这些量刑情节的证明,正确的适用与解读法律是构建完善的量刑程序证明机制的"必经之路"。

首先,必须厘清"认罪态度"与"坦白"的关系,决不能将这两种量刑情节混为一谈。根据《刑法》67条3款,犯罪后如实供述自己罪行的,是"坦白",所谓如实供述自己的罪行,指在司法机关讯问时,对于犯罪的事实既不沉默,也不辩解,而是如实交代自己关于犯罪的动机、手段、行为等问题进行完整的供述,因为这种供述是描述犯罪的相关情节,其具有客观的倾向性;而"认罪态度"是指到案后,对自己的犯罪行为真诚悔过,寻求谅解,并且在之后的程序问题上能够积极配合司法机关,具有一定的主观倾向性。一般来说,能够"坦白"的犯罪嫌疑人、被告人,其"认罪态度"都是比较好的,但这不等于可将二者等同,比较典型的就是复旦大学"投毒案",在一审程序中,被告人林森浩对其投毒事实供认不讳,可以被认定为"坦白",但其毫无悔过之意,并没有好的认罪态度。另外,审查这两种情节的相关证据的着眼点也不一样,审查认罪态度要结合破案经过、口供、庭审态度等综合认定,对于坦白则要重点审查口供,看对关键犯罪事实是否交代清楚,以及是否存在翻供现象。

其次,在特别自首认定的问题上,如果证据不够充分,自首的相关事实存疑,那么根据有利于被告的原则,应当认定自首情节存在。实践中，对于一般自首的认定争议不大，但是对于司法解释规定的几类特别自首的认定却会出现较大的争议，而争议的诱因在于证据不够充分，事实模糊。在无罪推定原则继续有效与控方承担证明责任的前提之下，对证据确实而"存疑"的特别自首应当予以认定，这样做的价值在于完善自首认定的证明，促使控方更好地履行证明责任。

最后，对于一些酌定的量刑情节，如果被告人没有相关的行为，法官也不得作为其从重量刑的依据。实践中比较典型的如被告人认罪态度不好，或者不积极退赃退赔，没有取得被害人的谅解。尽管不能认定其对犯罪行为真诚悔过，但没有任何法律规定可以以此为由加重其处罚。促进犯罪人回归社会固然重要，但不能以这种带有"胁迫"性质的做法为之。

第 五 章

量刑事实的证明标准

在证明对象由法律确定之后，证明活动中的主体便要据此主张并运用证据进行证明，以期完成法律为其分配的证明责任。而证明责任完成的程度则延伸出了证明标准的概念。有学者指出："证明标准总是和证明对象密切相连，对于具有不同社会价值或诉讼价值的证明对象，证明标准可能会有所差别。"[1] 实际上，相较于定罪，由于量刑的证明对象的多元性与复杂性，量刑事实的证明标准与定罪事实的证明标准在理论上存在云泥之别，但是中国的《刑事诉讼法》及其相关解释却在立法层面上对其进行"一元化"的处理，结果造成了实践适用的困难。因此本章欲遵循于抽象层面探索量刑事实的证明标准的基本法理问题，再于具体层面分析影响量刑事实证明标准之现实因素的基本逻辑，最终建构阶梯式的、预期能够适应中国刑事司法实践的量刑事实的证明标准。

第一节　量刑事实证明标准的现状及问题

一　"一元化"的立法模式

《刑事诉讼法》第 55 条规定："没有被告人的供述，证据确实、

---

[1]　吴宏耀、魏晓娜：《诉讼证明原理》，法律出版社 2002 年版，第 197 页。

充分的，可以认定被告人有罪和处以刑罚。证据确实、充分，应当符合以下条件：（1）定罪和量刑的事实均有证据证明；（2）据以定案的证据均经法定程序查证属实；（3）综合全案证据，对所认定的事实已排除合理怀疑。"该条规定在整个刑事诉讼的相关规则中极为重要，它构建了关于量刑事实的证明的两个基本点：其一，量刑事实并非完全取决于法官的量刑裁量权予以认证，而是必须通过证据手段对其进行证明，亦即贯彻证据裁判原则；其二，量刑事实的证明标准原则上是排除合理怀疑。根据立法，可知量刑事实的证明标准并没有与定罪事实的证明标准区别开来。也就是说，对于量刑事实的证明标准，立法者采用了"一元化"的立法模式：定罪事实和量刑事实适用相同的证明标准。在量刑事实之中，没有按照有利于被告人或不利于被告人的基准，或者法定量刑情节或酌定量刑情节的基准构建不同层次的证明标准，所有量刑事实的证明标准都是排除合理怀疑。

　　而《刑诉解释》第64条第2款对证明标准作出了补充规定，即："认定被告人有罪和对被告人从重处罚，应当适用证据确实、充分的证明标准。"该司法解释的规定实际上来源于2010年《关于办理死刑案件审查判断证据若干问题的规定》（简称《死刑证据规定》）中的条文，即"对于被告人从重处罚的事实的证明，必须达到证据确实、充分"①。两者均强调了对于不利于被告人的量刑的事实的证明，必须适用与定罪事实相同的证明标准。但是从轻处罚等有利于被告人的量刑事实的证明标准为何，立法和司法解释均未给出答案。在如此情况下，本书以为最恰当的解释应当是沿袭《刑事诉讼法》第55条第2款的规定，即在没有解释有利于被告人的量刑事实的证明标准是什么的前提下，则因"对所认定的事实均已排除合理怀疑"的规定，而适用于定罪事实和不利于被告人的量刑事实同样的证明标准，即排除合理怀疑。

---

① 《关于办理死刑案件审查判断证据若干问题的规定》第5条第3款。

　　立法和司法解释的"一元化"的规定无疑给实践中量刑活动的操作带来巨大的困难。例如，对法定的量刑情节的认证，比如共犯中的从犯、犯罪未遂等情节是与定罪事实的证明标准完全相同的，因此经常能看到在审判阶段关于定罪事实的质证和辩论如火如荼地进行，相反对于一些酌定的量刑情节比如偶然犯罪、被害人过错等则完全不一样，甚至控辩双方均不进行举证，完全通过法官的自由裁量权予以认证，丝毫看不出酌定的量刑情节的相关事实适用了排除合理怀疑如此高的证明标准的迹象。此外，基于无罪推定原则，对于定罪事实的证明并不需要由辩方来完成，因此将定罪事实的证明标准规定至排除合理怀疑的程度是与中国刑事诉讼中控方强大的取证能力相匹配的，但是对于量刑事实尤其是有利于辩方的量刑事实，多数是由辩方进行取证，检察官的客观义务似乎在实践中并没有扩张到所有的有利于被告人的量刑事实。在这一条件下，为辩方规定与控方完全相同的排除合理怀疑的证明标准明显是与中国刑事诉讼中弱势的辩方的取证能力不匹配的，因此一元化的量刑事实的证明标准绝对是显失公平的。最后，在死刑案件中，由于定罪事实和量刑事实的证明标准的一元化，导致了从学者到实践者均主张死刑案件的证明标准需要制定得特别高的观点，但是却很少有观点强调死刑案件中是否适用死刑并非是定罪问题而是量刑问题，进而"排除一切怀疑"等死刑的证明标准的说法的适用对象是定罪而非量刑这样的观点。这就导致在实践的诸多案件中控方将案件的定罪证据查得极为清楚，基本上还原了一切的事实真相，排除一切怀疑，却很少在量刑证据调查问题上下足功夫——判处死刑的常见量刑说理中经常能看到"罪大恶极""行为极其恶劣""情节极为严重"等字眼，但却少有论证为什么行为极其恶劣、基于什么样的事实非要将被告人处以极刑。这些证明的缺失说明了实践并没有将"排除一切怀疑"适用在死刑的裁量问题上，而导致其发生的根本原因在于定罪事实和量刑事实适用一元化的证明标准，不作区分。

二 相关学术观点及其评价

相比立法和司法解释的"一元化"量刑事实证明标准的态度，学界则显得比较客观和冷静。多数观点均指出，量刑事实的证明标准应当按照事实性质的不同而有所区别，拉开层次。只是，分类的标准可谓见仁见智。例如，陈卫东指出："对于死刑案件，要以排除一些怀疑为标准，证明符合死刑的从重、加重情节大于从轻、减轻的情节。如果相反，则法官绝对不能判处死刑。在从重、加重和从轻、减轻情节相持不下时也必须排除死刑判决。对于重罪案，从重、加重的量刑情节要达到'排除合理怀疑'；对于有利于被告人的从轻、减轻的量刑情节采用'优势盖然性'证明标准。对于轻罪案件，顺应简化程序、提高效率、节约资源的改革趋势，对量刑的证明标准统一采用较低的'优势盖然性'标准。当从重、加重的量刑证据不足，不能达到量刑事实的证明标准时，应当作出有利于被告人的裁决，判处较轻的刑罚。"[①] 可见，陈卫东的观点是以轻罪重罪为界限区分量刑事实的证明标准的。例如，李玉萍指出："对于罪重事实的证明应使用排除合理怀疑标准；对于罪轻事实则使用优势证据标准。"[②] 李玉萍则是按照区别有利于被告还是不利于被告的量刑事实的性质来区分量刑事实的证明标准的。再如，陈瑞华指出："对于那些与犯罪事实保持重合的量刑事实，公诉方需要证明到最高的证明标准，也就是与定罪事实的证明大体相同的程度。但对于那些独立于犯罪事实的从重量刑情节，受自由证明理念的影响，公诉方并不需要证明到最高的证明标准，而最多达到优势证据的程度即可。不仅如此，对于那些有利于被告人的从轻、减轻或者免除刑事处罚的量刑情节，无论是公诉方提出的，还是被告方要求法院采纳的，都

---

① 陈卫东、张佳华：《量刑程序改革语境下的量刑证据初探》，《证据科学》2009年第1期。

② 李玉萍：《量刑事实证明初论》，《证据科学》2009年第1期。

只需要证明到优势证据的程度，即达到了量刑事实的证明要求。"①陈瑞华则是以量刑事实是否与定罪事实交叉或者分离，以及是否有利于被告人的标准区分量刑事实的证明标准。

上述的论证是现今刑事诉讼学界对量刑事实的证明标准问题比较有代表性的层次分离之标准的观点，即是否有利于被告、罪行的轻重、量刑事实的性质等标准。结合实践来说，这些区分标准虽有一定的意义。然而，它们却仍然存在着比较大的问题。首先，这些区分的分析并不是建构在量刑事实证明标准的多元化的法理基础之上的。换句话说，它们缺乏探讨区别证明标准的法理上的原因，而没有根据的探讨便是无源之水、无本之木。况且，没有探讨法理根据导致这些分析并没有考虑刑罚的根据理论，也就是报应刑和预防刑的刑罚基本理论，而离开了实体法上的探讨，证明论的根基自然也就不再稳固了。其次，这些区分没有准确识别量刑事实的性质。虽然的确有学者提出了要按照量刑事实是与定罪事实交叉还是独立于定罪事实的标准，或者量刑事实是有利于被告还是不利于被告的标准来对量刑事实的证明标准进行区分，然而问题在于，有一些量刑事实需要的是证据标准而非证明标准，是需要以法定证明的方式予以认证的，因此探讨这些事实的证明标准的问题毫无必要，而学界的论述却对此处有遗漏。最后，以上的探讨没有分析量刑的作出步骤，也就是说没有分析量刑是从何时开始计算。刑事诉讼学界遗漏实体法上量刑的范围实际上是一项重大的错误：量刑的范围到底是仅指确定了量刑基准后调整基准并作出宣告刑的过程还是从选择法定刑开始直到作出宣告刑的全过程？如果是后者，那么量刑不得不考虑所有的定罪相关事实，此时的量刑事实证明标准的判断与定罪事实的证明标准判断有何区别？法理依据是什么？这些问题均被学界所遗漏。因此，可以说目前学界对于量刑事实的证明标准这一

---

① 陈瑞华：《量刑程序中的证据规则》，《吉林大学社会科学学报》2011 年第 1 期。

问题的分析和探讨并不充分，所以有必要在分析真正将量刑事实证明标准多元化的法理以及现实因素的基础上再对其进行区分。

第二节　量刑事实证明标准多元化的法理

本书认为，鉴于实践中出现的"一元化"量刑事实的证明标准所带来的诸多问题，这种证明标准必须多元化、拉开层次。这样的观点也被刑事诉讼学界多数的论证所认可。但是，正如前文指出的，学界的探讨忽略了探寻证明标准多元化的法理基础，也就是说理论上为什么要将证明标准多元化。所以，有必要先从基本法理的角度入手，对量刑事实证明标准的设置进行分析。

一　刑罚根据的立场

有学者指出："证明标准主要用以解决两个问题：第一，在作出有罪裁判时，证据的总体证明力应该使得法官对指控事实达到何种程度的确信或认识；第二，法官能够对事实达到何种程度的认识。前者属于价值评判的范围，并且是一种实体价值的权衡；后者属于认识领域，不同的认识论基础可能会对这一问题形成不同的理解。"[1] 本书认为，该观点点出了证明标准的本质，也就是证明标准不仅处于表面上看起来的认识论的维度，还处在价值选择的维度上。而量刑事实的证明标准自然也置于这两个维度之上。就价值选择上，也就是说量刑事实的证明标准应当使得法官对指控事实达到何种程度的认证层面上，涉及的法理自然是刑罚根据的理论。

刑事案件证明标准的本质在于通过调节证明的要求和难度保证准确地对被告人定罪和量刑，同时防范无辜者被错误地定罪，罪轻者被错误地判定为罪重。因此量刑事实的证明标准也必须发挥这些

---

[1]　吴宏耀、魏晓娜：《诉讼证明原理》，法律出版社 2002 年版，第 238 页。

作用，而准确地对被告人量刑实质上强调的是报应刑的刑罚根据。现代的报应刑理论要求裁量被告人的刑罚时必须以准确认定被告人的责任为基础，被告人只就其犯罪行为应偿付的责任为界限承担刑罚施加于其的不利益，划定了非难被告人的量的范围。为了能够让量刑法官准确地界定被告人的责任，就要求承担证明责任的主体必须将被告人的责任证明至清晰到足以让量刑法官能够进行界定的程度。因此，就报应刑的根据而言，证明标准必须设置的相当高，又因为责任的量与犯罪行为事实紧密相关，因此可以认为报应刑根据要求的证明标准等同于定罪的证明标准。

而就预防刑的刑罚根据而言，法官量刑时考虑的并不是被告人的责任的量，而是出于社会保安、矫正、震慑等目的为被告人量刑。在这一情况下，能够体现保安矫正等作用的事实和信息越多，法官就可以越充分地估量和调整预防刑。因此相比于责任刑，坚持预防刑的刑罚根据要求法官必须基于大量的预防刑相关事实作出量刑。而数量上的要求必然影响质量上的要求，即如果要尽可能获得多的量刑信息，就有必要尽量放低这些信息的准入门槛，也就是说就预防刑的根据而言，证明标准设置得不能特别地高，否则一些预防刑的有用信息因为证明无法满足证明标准而导致法官无法进行认证。假设为了证明被告人表现良好而收集了与其背景相关的大量信息，如果每一个信息，例如被告人曾经参与了大量的慈善活动并捐献，而法律为了要求法官确认这些信息为真而要求必须将这些信息证明至排除合理怀疑的程度，那么查清每一个信息所花费的代价和精力是难以想象的，法律上如此设置证明标准自然也就是荒谬的。因此预防刑的根据要求的是量刑事实的量而非质，也就必须坚持证明标准要降低的基本立场。当然，为了保证最基本的真实性，即便降低预防刑事实的证明标准，也不可能将其降得过低。

证明标准的基本理论亦从反面界定了其价值维度，即设置证明标准必须要实现保护无辜，防范司法错误的价值。无罪推定原则延伸出了疑罪从无准则，其本质是在承担证明责任的主体无法达到法定的证明标准时，就必须在法律上承担不利益的后果，表现在定罪层面即宣告被告人无罪。在量刑问题上，从报应刑论的角度而言，如果承担证明责任的主体无法将被告人责任的量刑证明至一定程度，则要作出对其有利的处理，例如，对于决定法定刑的事实，如果无法达到升格法定刑所需的证明标准，那么必须适用较低的法定刑。因此从反面的角度责任事实的证明标准有必要确定在较高的层面，因为影响法定刑的基础是责任的准确界定，如果错误选择法定刑，其不利益的结果相较定罪有过之而无不及。预防刑的反面价值则比较复杂，若从一般预防的角度出发，如果预防刑事实的证明标准过高，其反面是达不到证明标准时便无法通过量刑贯彻刑事政策，也就无法实现震慑警示社会大众，或强化其守法的一般预防的目的，因此预防刑的功利性需要不能过高的证明标准；若从特殊预防的角度出发，预防刑的裁量的目的是将被告人的刑罚个别化。如果预防刑事实的证明标准过高，其反面是达不到证明标准便无法认定被告人的相关信息，而一概作出有利于被告人的裁断又完全无法达到个别化的目的，因此特殊预防的功利性决定了证明标准不能过高。因此，从两个预防的角度来看，预防刑事实的证明标准都不宜规定的过高。

综上，刑罚的根据论决定了量刑事实的证明标准的应然性，反映其基本的价值维度。具体来说，刑罚的根据决定了证明主体在证明量刑事实时应当达到什么样的证明标准。刑罚根据中的报应刑主义要求基于责任主义的量刑事实必须达到与定罪同样的证明标准，而预防刑主义要求预防刑相关事实的证明标准不能太高，但为了保证查明事实的基本真实性也不能太低，总体来说要低于责任事实的证明标准。

二　认识论的立场

如果说量刑事实的证明标准应当是什么程度的问题是应然性的，那么能否达到证明标准则是实然的问题，该问题反映了认识论的立场。认识论涉及中国证据理论中传统的客观真实与法律真实之争，该争论的核心问题在于证明主体究竟能不能客观地达到对案件事实的真理性认识，即完成对整个案件事实的回溯。然而，这一争论在量刑事实的证明问题上便不再明显了。

从时间的维度上，量刑事实可以分为罪前事实、罪中事实以及罪后事实。对于罪后事实来说，一些量刑事实不再具有"过去性"，也就无须量刑事实证明活动的参与者去回溯这些事实。相反，一些罪后的量刑事实反而掌握在这些参与者的手中。例如刑事和解，如果被告人和被害人在司法机关的主持下完成了和解，那么被告人应当获得减轻处罚的优惠。和解的事实强调在司法机关的主持下，那么司法机关亦为量刑的作出者，因此他们能够直接认定和解事实的存在与不存在，证明就沦为第一章说明的法定证明模式——满足了法律规定的要求的证据，事实就存在，相反就不存在。这就成为不是一就是二的问题，根本无须深入到认识论甚至繁杂的哲学探讨层面。因此对于需要法定证明的量刑事实来说，证明标准是确定的，无须排除合理怀疑、优势证据等模糊的程度的表述，或者说，此时的量刑事实的证明标准已经演化成为量刑事实的"证据标准"。

但是，对于绝大多数的罪前事实与罪重事实来说，这些量刑事实则需要证明活动参与者进行回溯性的认识。现代的证据裁判原则要求所有的证明活动的手段必须是证据，即通过证据配合逻辑、常识和经验，寻求认定过去发生的历史事实。但逻辑、常识和经验每个人都不尽相同，个案的量刑事实也不尽相同，那么便很难同一化地达到统一层面的证明标准。例如，不可否认犯罪的动机是影响量刑事实的一项重要的因素，即量刑的证明对象。但是同样都是故意杀人案件，有预谋的动机与出于激愤而杀人的动机，量刑上的影响定然是不同的，而查清预谋可能就需要证明主体进一步地收集证据并巩固证据链进行证明，在这种情况下，查清预谋的犯罪动机时所需要达到证明标准较之查清激愤的动机的情况可能更加困难。因此，对于一些量刑事实，要证明主体完全达到客观真实的程度可能是不现实的。然而，对于确定责任刑的量刑事实，由于其等同于定罪事实的查明，因此要求证明标准的同化，亦即能够达到证明标准的确定了的定罪事实也就等同于确定了被告人的责任的量。

不过，在此分析中的另一处难点是，与定罪事实证明标准的认识论不同，量刑事实的证明标准可能会要求法官达到比较深的认识层面。例如，同样是在故意杀人案中，对于犯罪的客观行为，单从定罪的角度来讲，可能只将被告人以何种方式杀害被害人的事实证明至排除合理怀疑即可，而不必要查明被告人是用什么样的手段、伤害行为进行了几次这样的细节性事实，但这些细节性事实无疑可能会影响被告人的责任刑的裁量，因此对这些事实的证明也必须同样的达到证明标准。由此可见，在认识论层面，量刑事实的证明标准在责任刑的问题上深化了定罪事实的证明标准，它要求定罪事实的细节也要无比准确的查明。在这样的难度面前如果片面强调客观真实是不合适的，但为了使得定罪事实更加精确化与裁断被告人的责任的量两方面的目的，也不能直接降低证明标准，结果可能在认识层面造成证明主体的两难境地。本书认为，为了跳出这种两难的境地，比较现实可行的方法是在设置量刑事实的证明标准时，必须建构相应的程序保障原则。

三　程序保障原则

为了帮助量刑事实证明活动的参与者达到量刑事实的证明标准，破解证明量刑事实的细节难题以及对量刑认证活动进行外部制约，相应的程序保障机制在确定量刑事实的证明标准时是必不可少的考量因素，也可以说正当的程序机制是合理化规范化量刑事实证明标准的基石。

首先是量刑辩护制度的程序保障。有学者指出："辩护制度的存在是对事实认定的方法论缺陷的有效弥补……控方证据的增加并不必然意味着裁判真实性的增强。不管有多少证据支持裁判，一旦出现了一个相反的证据，哪怕仅仅构成了一个合理的疑点，这个裁判也是站不住脚的。反过来，一个裁判只要经得起检验，只要抵御住人们反驳它的尝试，它的真实性便是值得信赖的。"① 这段论述实质上包含了对争论机制更利于发现事实真相观点的肯定结论。无论是定罪辩护还是量刑辩护，其目的都是解释控方的证明所存在的合理疑点和漏洞，动摇证据基础，进行批驳性质的检验。比如前述故意杀人的案例中，如果控方并没有具体查明被告人是用了几次伤害行为，或者是杀人行为是否恶劣等事实，且辩方提出因该事实不够明晰因此存在合理怀疑不能认定其杀人行为恶劣，那么量刑法官很可能就不会以行为恶劣为由提高其责任刑。相反，如果不存在量刑辩护，那么控方和量刑法官就都有可能忽视这些细节，结果做出恣意的责任刑的判断。对比起来，前者反而能够更有效地帮助控方达到责任刑事实的证明标准，使结论无限接近客观真实，得出让人信赖的结论。因此量刑辩护制度是确保证明主体能够达到证明标准的必要的程序保障。

其次是实质化庭审机制的程序保障。所谓实质化的庭审机制则是要求所有的量刑事实查明原则上必须在庭审时进行。这就延伸出如果需要回溯责任刑事实并且需要达到与责任刑相同的量刑事实的证明标准时，要求证人出庭作证、充分质证、庭审展示实物证据并展开辩论就必不可少了。这一点亦被《刑事诉讼法》所确定。《刑事诉讼法》第 192 条关于强制证人出庭作证的条件中列举了"可能对定罪量刑产生重大影响的事实"。在这里，对量刑产生重大影响亦即如果某一证人的证言可能决定了责任刑，那么这种情况下他出庭作证并接受质证是理所当然的。同理，假设某实物证据的鉴定意见可能左右犯罪行为的恶劣性从而对量刑产生影响，那么鉴定人出庭作证也是理所当然的。另外，如果某视听资料或音频证据记录下了某共同犯罪对犯罪的预谋，那么在庭审中出示定罪证据之外出示这些能够证明预谋甚至可能影响主从犯认定的实物证据并接受证据能

---

① 吴宏耀、魏晓娜：《诉讼证明原理》，法律出版社 2002 年版，第 281 页。

力的检验是理所当然的。在持枪抢劫犯罪中，出示查获的枪支的照片并交由被告人辨认以证明结果加重也是理所当然的。因此无论是言词证据还是实物证据，为了保证量刑的准确性，庭审实质化的程序保障必不可少。而正是因为庭审实质化，量刑法官也有合理的依据判断相关量刑事实的证明是否已经达到了证明标准，所以，庭审实质化是帮助证明主体达到证明标准的一条重要的程序途径。

最后是量刑心证公开（量刑说理）制度的程序保障。基于个案的情况的不同，是否已经达到了证明标准本身难以言说，尤其是对责任刑的裁量来讲，对于细节的认证更是困难。因此，量刑法官有必要对其如何裁量责任刑，即基于什么样的事实，基于什么样的推理得出认证的结论需在判决书中完整的阐释。量刑心证公开可以促使法官对自己的量刑自由裁量权的行使进行审查和反省，梳理推理过程，查明不合理之处，另外，量刑心证公开还可以为上诉审的监督提供依据，也使得上诉审的复查更加明晰地确定争点，节约成本。在证明标准的问题上，心证公开表明了量刑作出者就量刑事实是否达到了证明标准的基本态度，因此它使得证明标准从模糊走向清晰，也为后来的量刑证明活动的参与主体提供了证明标准层面的借鉴。

第三节 构建多元化量刑事实证明标准的考量因素

一 量刑事实的特性

前文多次提到定罪事实与量刑事实存在着差异，这种差异在量刑证明活动中多个方面起到决定性的作用，如量刑证明对象之间的迥异，量刑事实证明责任的分配。自然而然地，也决定了证明标准的不同。量刑事实在司法实践中存在着与定罪事实相互交叉以及自身独立的双重特征。对于交叉型的量刑事实来说，由于与定罪事实的混同，因此根据当然解释这种量刑事实的证明标准自然要与定罪事实的证明标准相同，为排除合理怀疑。但是需要注意的是，排除合理怀疑并不要求刑事诉讼中的证明主体要将所有事实都精确无误地证明至如此高的程度，现代的刑事司法实践可能只要求将犯罪的客观方面与犯罪的主观方面以及主体的状态证明至排除合理怀疑，即证明基本的犯罪构成事实达到定罪事实的证明标准。不过，有些交叉型的量刑事实可能并不属于犯罪构成的要件，但却是关键的影响量刑的事实，对于这些量刑事实的证明标准则要具体分析。比较有代表性的示例就是犯罪动机，犯罪动机与犯罪意图不同，后者是犯罪构成的主观方面，是控方必须要排除合理怀疑地证明其存在才能使定罪指控成立。而前者不属于犯罪构成要件，但动机的恶劣与否直接影响刑罚的量。本书认为，对于交叉型的量刑事实，有必要以刑罚责任主义的法理为依据进行辨别。如果某一交叉型的量刑事实能够决定被告人的责任的量，从而影响量刑法官对量刑基准的判断，那么此事实的证明标准可能要等同于定罪事实的证明标准。因为定罪事实同时反映了被告人的责任的量，据此证明标准也应该是相同的。反之，如果交叉型的量刑事实并不决定被告人的责任，而反映的是预防刑情节，比如犯罪中止，此事实反映了被告人人身危险性的降低以及再社会化可能性的提高，对此，证明标准便不宜太高，否则难以实现预防刑的各种目的。而至于独立型的量刑事实，司法实践中这些事实大多数是反映预防刑的事实，例如自首、立功、退赃、刑事和解、前科劣迹等等。同样为了实现预防刑的目的，证明标准也就不必过高了。

量刑事实还具有一项与定罪事实明显不同的特征，就是对一些事实的证明并非通过量刑法官的自由心证而获得认证，而是通过法律规定的证明方式满足一定的证据标准而得以认证。例如，累犯情节必须要求提供过去故意犯罪的判决书等，如果无法满足相应的证据标准，那么该量刑事实就无法得以认证。因此，量刑事实的证据标准不同于量刑事实的证明标准，证据标准的静态性提供的是明确的"不是一就是二"或者"或有或无"的标准，在这种标准下，证明标准的概念便毫无意义了。因此量刑事实的证明标准，是探讨那些不存在法定证据标准的、需要证明主体证明并通过量刑法官的自由心证予以认证的证明标准。探讨该问题时，必须先过滤掉法律明确规定了证据标准的特别的量刑事实。

二　量刑证明主体的证明能力

在量刑的证明活动中，不同角色的证明主体的证明能力是不一致的，而能力上的不一致与证明的要求，也就是证明标准应当是相适应的。反之，如果证明能力与证明标准不适应，就容易发生量刑事实的证明责任无法完成的后果，而这种后果的出现归结于抽象的证明标准法律规定设置层面的问题，而非个案情况的具体问题。"一元化"的中国的量刑事实证明标准的设置模式所带来的一系列问题是很明显的例证。因此，设置量刑事实的证明标准，必须考量量刑证明参与主体的证明能力。具体而言就是刑事诉讼当事人控辩双方对于量刑证据的取证能力与作出量刑的法官的行使量刑自由裁量权的心证能力。

（一）控辩双方的取证能力

对于刑事诉讼程序的两造来说，证明能力直接与其取证能力相关。反过来说，取证能力决定了其能完成证明标准的程度。对于定罪事实来说，基于无罪推定原则，刑事诉讼的控方当然承担全部的证明责任并必须证明至排除合理怀疑，如此一边倒的责任与如此高的标准是与控方强大的刑事案件取证能力相关的，甚至中国的控方还能依法通过一系列措施保全和固定证据（强制措施的运用）。

但在量刑活动中，情况就完全不同。在"量刑事实的证明责任"一章中，本书原则上主张控方承担量刑事实的证明责任，并以辩方的量刑举证和法官行使查明量刑事实的证明职责为补充的观点。因此，即便是控方承担量刑事实的证明责任，但有一些反映预防刑的量刑事实以及有利于被告人的量刑事实控方容易出现一定的疏忽，也存在着取证难度，因此要求其承担全部的量刑事实证明责任是不现实的，所以必须以辩方的量刑举证为补充，但是在补充的前提下，必须考量辩方的取证能力。例如有学者指出："按照相对独立的量刑程序的设计，量刑证据的收集应与定罪证据一并在侦查程序中进行，确保在审判时的适用。但在被告人不认罪案件中，控方的精力主要集中在收集有罪证据上，要求其在侦查中全面收集被告人的量刑信息是不具有现实性的；况且，一旦被告人被判无罪或在检察机关作不起诉处理，侦查机关事先收集的量刑证据都将前功尽弃，这无疑是司法成本的巨大浪费。就辩方而言，在被告人不认罪这一先决条件下，辩护律师的全部精力在于被告人无罪证据的收集，此时，让辩护律师收集证明被告人从轻、减轻、免除刑罚的量刑信息，不但违背逻辑也背离常理。但是，一旦被告人被定罪，在接踵而来的量刑程序中，辩方由于没有充分准备量刑证据即会失去量刑辩护的机会，这无疑不利于被告人权益的保障"，① 还有观点指出："刑事诉讼中的被告人一般处于羁押之中，其取证能力受到限制，如果对被告人有利的事实设定过高的证明标准，将不利于被告人权利的保护，也不具有操作性。"② 羁押中的被告人的取证能力受到限制，而辩护律师在刑事诉讼中也不具备像控方那样较高的取证能力，因此，如果对其举出的有利于被告人的量刑事实设置较高的证明标准明显是显失公平的。因此，就控辩双方取证能力的对比问题来说，有利于被告人的量刑事实的证明标准与不利于被告人的量刑事实的证明标准应当是不同的，前者要比后者更低，更容易达到。

（二）法官量刑认证的能力

量刑事实的证明标准的设置要从价值维度即应然的角度，以及认识维度即实然的角度两方面入手对这一问题探讨。而后者在量刑实践中具体表现为量刑法官运用自由裁量权对各种量刑事实予以认证的能力。这种认证能力绝对受到作为人的认识能力的限制，比如

① 闵春雷：《论量刑证明》，《吉林大学社会科学学报》2011 年第 1 期。
② 汪贻飞：《论量刑程序中的证明标准》，《中国刑事法杂志》2010 年第 4 期。

经验法则。德国学者汉斯·普维庭指出："经验基本原则不像生活规律那样总是法官心证概念的组成部分，但是，法官不能脱离他那个时代的经验原则。因此每一个证明评价事实上都考虑了经验基本原则，因为没有这些经验基本规则法官的事实评价就难以形成。法官是否能够形成心证，还要依据具体的情势和针对经验基本原则的反证来决定。与此相应地，法官的自由证明评价首先是考虑各种证明手段和证明规则的证明值，并决定是否采纳某一个经验规则。"① 由此可见，证明标准的设置不能缺失对量刑法官认证能力的探讨。盲目夸大法官的能力是不现实的。

定罪事实的认证强调证据链条的概念，即法官综合所有的有证据能力的证据，结合逻辑推理和经验常识判断，将证据串联起来，判断被告人是否实施了控方所指控的犯罪。而量刑事实的认证强调的是量刑的准确性和公平性，这就要求法官不仅要准确地裁量被告人犯罪行为的社会危害性及其应负的刑事责任，还要考量被告人的人身危险性以及再社会化的可能性，因此就要保证尽可能多的量刑事实进入量刑法官的视野。如果设置一元化的证明标准或者就每一种量刑事实都设置比较高的证明标准，这不仅加大了量刑法官的认证压力，同时可能会不适当的排除掉许多有帮助准确量刑意义的事实，因此鉴于法官的认证能力，设置量刑事实的证明标准时绝对不能一刀切，而是应该拉开层次。

三　量刑作出的步骤

在第一章中，本书区别了定罪活动与量刑活动在证明意义上的异同，从而界定了量刑事实的证明活动范围。量刑事实的证明应当采取比刑法理论意义上更宽泛的解释，即从法定刑（包括具有幅度的法定刑的升格适用开始）的选择开始，到在幅度区间内判断责任

---

① ［德］汉斯·普维庭：《现代证明责任问题》，吴越译，法律出版社 2006 年版，第 161 页。

刑，再到根据各种预防刑情节调整该责任刑，才算是完整的量刑活动。《量刑指导意见》将这些步骤具体化，即："首先，根据基本的犯罪构成事实在相应的法定刑幅度内确定量刑起点；其次，根据其他影响犯罪构成的犯罪数额、犯罪次数、犯罪后果等犯罪事实，在量刑起点的基础上增加刑罚量确定基准刑；最后，根据量刑情节调解基准刑，并综合考虑全案情况，依法确定宣告刑。具有多种量刑情节的，根据各个量刑情节的调解比例，采用同向相加、逆向相减的方法确定全部量刑情节的调解比例，再对基准刑进行调节。"

在量刑作出的一系列步骤中，不同步骤都需要根据不同的量刑事实的认定来进行操作，而不同的量刑事实便产生了不同的证明标准的分野。在法定刑的选择步骤中，因为法定刑的升高或降低决定了对被告人量刑最基本的量，随后的责任刑和预防刑的调校都是在这一范围内进行操作，因此对于这些事实自然需要较高的证明标准将其认定得更加准确。最明显的例子是死刑案件，无论是学术界还是联合国对于死刑规定的标准，都针对的不是罪与非罪，而是被告人的犯罪行为恶劣程度是否必须以适用死刑来实现报应的效果，因此对于死刑这一刑罚的选择，相关的事实可能要证明至比排除合理怀疑更高的标准。例如，《刑法》第347条规定："走私、贩卖、运输、制造毒品，无论数量多少，都应当追究刑事责任。具有前述行为且有走私、贩卖、运输、制造鸦片1千克以上、海洛因或者甲基苯丙胺50克以上或者其他毒品数量大的，处十五年有期徒刑、无期徒刑或者死刑。"该规定清晰地界定了有罪无罪的确定与法定刑的选择上的区别。只要有走私、贩卖、运输、制造毒品的行为，均成立毒品类犯罪，而达到15年以上有期徒刑甚至死刑的标准，则对毒品的数量有要求。司法实践中，对于判处该类毒品犯罪死刑的，还必须对甲基苯丙胺的含量进行提纯，这均说明选择法定刑相关的量刑事实需要比定罪事实更高的证明标准。

对于确立量刑基准来说，司法解释要求量刑法官考量犯罪的数额、次数以及后果等要素，实质上这是要求法官裁量责任刑。数额较大、次数较多、后果严重的犯罪反映了被告人较为严重的刑事责任，仅此量刑基准可能就会调节的较高，而刑事责任在实践具体层面就是犯罪行为的社会危害性，这些社会危害性必然直接与犯罪行为相牵连，因此相关事实的证明标准自然要证明至与定罪事实相同的证明标准。

最后，对于调节基准刑最终确定宣告刑的量刑步骤。此时，对被告人的责任已经作出了判断，因此此时的调解基准刑的行为考量的事实就是反映预防目的的相关事实。对于这些事实，《量刑指导意见》亦要求量刑法官"综合全案的情况"，此即要求法官必须尽可能多地考虑相关信息作出准确量刑，因此，预防刑的量刑事实的证明标准就要相应降低，以使法官获取更多的预防刑的信息。

四　诉讼效率的考量

卞建林等学者指出："证明标准应当是大多数诉讼在时空限制和资源许可的情况下所能达到的标准。诉讼证明总是在特定的时空范围进行的，受到有限资源的制约，必须考虑成本、效益效率等因素。若对履行证明责任的诉讼一方要求过高，则不利于保护当事人的合法权益。若要求司法机关寻求某案件的绝对真实而不惜一切代价，不计任何成本，同样也是脱离司法实际的。"[①] 通过诉讼的渠道解决纠纷意味着司法资源的投入，而以较少的司法资源投入获取最大的利益是构建诉讼规则必不可少的考量要素。就证明标准的问题来说，越高的证明标准自然意味着要投入更多的司法资源去完成证明的任务，但是为了准确发现事实真相兼保障人权目的的实现，在这种条件下证明标准是绝对不能大幅降低的，因此在有限的条件下也必须考量司法成本的计算。

就量刑事实的证明标准层面，有人指出："如果对任何事项都设

---

① 卞建林、陈桂明：《刑事证明理论》，中国人民公安大学出版社 2004 年版，第236—237 页。

定较高的证明标准，不仅会造成大量的人力、物力的浪费，诉讼期限也不允许。"① 量刑事实在实践中具有繁杂的特征，而从量刑原理上说，为了实现刑罚报应与预防的目的，量刑事实的证明主体必须关注大量的量刑事实，如果这些量刑事实均需要较高的证明标准来予以证明，那么无疑会给证明主体们带来巨大的压力，而一些预防刑的事实本质是调校业已确定的被告人责任刑的量，而并不需要准确认定被告人的刑事责任的量的多少，因此将预防刑的事实本身设置较高的证明标准只是浪费有限的司法资源而已，因此，量刑事实的特性，尤其是预防刑量刑事实的特性决定了在制定量刑事实的证明标准时必须考虑诉讼效率的因素。

五　刑事政策的考量

刑事政策，是指立法机关根据本国的具体情况而且采取的预防犯罪、保护公民自然权利的政策性措施。即在不侵犯人权的底线的前提和适当的社会成本的考量下，如何达到遏制犯罪的效果。西方刑法理论将刑事政策分为基本的三种流派：刑事古典学派、实证学派以及社会防卫学派。其中，系属新派的社会防卫学派坚决反对传统报复性的刑罚，主张超越刑法建构对犯罪的控制与反应，但是它并不否定个人的权利，而是积极主张保护个人的权利和自由，充分尊重人的价值。它立足于刑事一体化而关注犯罪、刑事责任与刑罚，从优化刑法机制的角度来思考犯罪防控。新社会防卫思想在思考各国治理犯罪的方法、措施，批判性地研究犯罪及其对策，在维护社会安定和个人权利自由之间寻求合理的协调方式。易言之，新社会方位学派构建了以保障人权为基础实现遏制犯罪之刑罚目的的刑事政策框架，被现代刑法理论所认同。

2006 年，最高人民法院在经过深入的调研基础上出台了《最高人民法院关于贯彻宽严相济刑事政策的若干意见》，成为中国刑法实

---

① 汪贻飞：《论量刑程序中的证明标准》，《中国刑事法杂志》2010 年第 4 期。

践中刑事政策规定的范本。该意见指出："宽严相济刑事政策是我国的基本刑事政策，贯穿于刑事立法、刑事司法和刑罚执行的全过程，是惩办与宽大相结合政策在新时期的继承、发展和完善，是司法机关惩罚犯罪，预防犯罪，保护人民，保障人权，正确实施国家法律的指南。"①　可见中国的刑事政策反映了现代化的社会防卫理论，即既要实现刑法惩罚犯罪的功能，又要保有保障人权的底线。其又规定："要根据经济社会的发展和治安形势的变化，尤其要根据犯罪情况的变化，在法律规定的范围内，适时调整从宽和从严的对象、范围和力度。要全面、客观把握不同时期不同地区的经济社会状况和社会治安形势，充分考虑人民群众的安全感以及惩治犯罪的实际需要，注重从严打击严重危害国家安全、社会治安和人民群众利益的犯罪。对于犯罪性质尚不严重，情节较轻和社会危害性较小的犯罪，以及被告人认罪、悔罪，从宽处罚更有利于社会和谐稳定的，依法可以从宽处理。"②　从该条规定可以看出，中国的刑事政策要求刑罚力度要结合社会具体状况考虑，同时刑罚个别化是要建立在是否对社会和谐稳定有利的基础上：如果犯罪行为破坏了社会的和谐稳定，则要严惩此类犯罪；如果从宽处罚被告人更加有利于社会和谐稳定的，则要宽大处理。而《量刑指导意见》第三章开头也要求量刑法官必须考虑刑事政策，即对严重暴力犯罪、黑社会性质组织犯罪、毒品犯罪，在确定从宽的幅度时要从严掌握，这说明在《量刑指导意见》出台后的一段时期，国家重点将此三类犯罪作为重点打击对象，实现保卫社会、预防此类犯罪发生的目的。

这样的规定实际上对量刑事实，尤其是预防刑事实的证明标准产生了极大的影响。不难看出，"社会和谐稳定"的目标旨在维护秩序，而为了维护秩序对于能够起到一般预防作用的预防刑量刑事实的证明标准必然要降低，因为刑罚力度一旦着重考虑社会具体状况，

①　《最高人民法院关于贯彻宽严相济刑事政策的若干意见》序言部分。
②　《最高人民法院关于贯彻宽严相济刑事政策的若干意见》第1章第4条。

也就是犯罪行为对社会的影响，那么是否准确的证明预防刑事实的存在或不存在便显得不那么重要了。相反，为了贯彻这样的刑事政策，可能反映对社会影响的一般预防的量刑事实越多越好，而结合前文的诉讼效率的考量因素，为了能够让量刑法官认证更多的量刑事实，证明标准势必要降低。由此可见，刑事政策也会成为量刑事实证明标准的影响因素。在目前的刑事司法中，由于维持秩序价值仍占有较高的地位，因此相关的一般预防性的量刑事实，无论是有利于被告人还是不利于被告人，对这样的量刑事实势必要降低证明标准，也就是降低认证的准入门槛，让更多的量刑事实进入法官量刑心证的视野，让他们通过量刑自由裁量权实现刑事政策。

第四节   阶梯式量刑事实证明标准的
具体构建设想

综合以上的叙述，设置量刑事实的证明标准的法理基础是必须要反映报应刑和预防刑的刑罚正当根据，并从价值维度和认识维度两个不同的角度出发去探索证明标准的构建。具体到司法实践中，也就是必须考虑与定罪事实异同的量刑事实的特性、证明主体的证明能力、法律规定的量刑的基本步骤、诉讼效率以及刑事政策等因素。

因此，本书认为，结合以上的法理依据与现实要素，量刑事实的证明标准如同学界通说论证的绝对不能像定罪事实的证明标准那样用排除合理怀疑"一刀切"，而是应该构建多层次的量刑事实的证明标准。然而，这种构建既不是以案件的不同类型为标准，也不是以是否与定罪事实交叉或独立为标准，比较合理的标准是采用按一定的步骤将不同性质的量刑事实区别开来，阶梯式地构建量刑事实的证明标准。这种阶梯式的证明标准分为三个层次：第一阶梯是去除需要法律规定的证据标准的量刑事实，而保留需要量刑法官发挥内心确信功能认证的量刑事实。第二阶梯是在这些量刑事实中分化选择法定刑与裁量责任刑所根据的量刑事实与调节预防刑所根据的量刑事实。法定刑的选择与责任刑的裁量的量刑事实要达到与定罪事实相同的证明标准，即排除合理怀疑，而对于死刑、无期徒刑的法定刑选择所依据的量刑事实，根据法律规定，其证明标准可能要比定罪事实的排除合理怀疑更高。第三阶梯是在预防刑事实中，将其分为有利于被告人的量刑事实与不利于被告人的量刑事实。而对于有利于被告人的量刑事实，适用优势证据的民事诉讼的证明标准即可。对于不利于被告人的量刑事实，至少需要比优势证据更高的证明标准，但是因为是预防刑事实又无必要将证明标准设置到与排除合理怀疑相当的程度，因此本书认为采取居中的"明晰可信"的证明标准更为适宜。

这种阶梯式的量刑事实证明标准如下图所示：

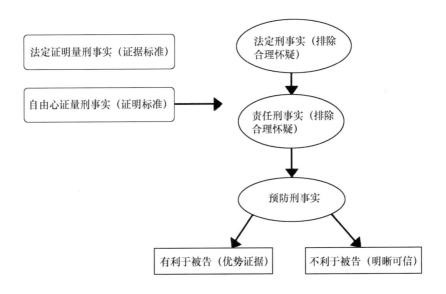

图6　阶梯式量刑事实证明标准区分示意图

下面以一则案例说明这种阶梯式的量刑事实证明标准的适用：

杭州保姆纵火案:

基本事实:被告人莫焕晶因长期沉迷赌博而身负高额债务,为躲债于2015年外出打工。2016年9月,莫焕晶经中介应聘到朱小贞、林生斌夫妇位于杭州市上城区蓝色钱江公寓家中从事住家保姆工作。2017年3月至同年6月21日,莫焕晶为筹集赌资,多次窃取朱小贞家中的金器、手表等物品进行典当、抵押,得款18万余元,至案发时,尚有价值19.8万余元的物品未被赎回。期间,莫焕晶还以老家买房为借口向朱小贞借款11.4万元。上述款项均被莫焕晶用于赌博挥霍一空。

2017年6月21日晚至次日凌晨,莫焕晶用手机上网赌博,输光了6万元钱款,包括当晚偷窃朱小贞家一块手表典当所得赃款3.75万元。为继续筹集赌资,其决意采取放火再灭火的方式骗取朱小贞的感激以便再向朱小贞借钱。6月22日凌晨2时至4时许,莫焕晶使用手机上网查询"打火机自动爆炸""家里突然着火是什么原因""沙发突然着火""家里窗帘突然着火""放火要坐牢吗""火容易慢燃吗""发生火灾或怎么样才能烧慢点""起火原因鉴定""火灾起点原因容易查吗"等与放火有关的关键词信息。凌晨4时55分许,莫焕晶用打火机点燃书本引燃客厅沙发、窗帘等易燃物品,导致火势迅速蔓延,造成屋内的被害人朱小贞及其三名未成年子女被困火场吸入一氧化碳中毒死亡,并造成该室室内精装修及家具和邻近房屋部分设施损毁。经鉴定,损失共计275万余元。火灾发生后,莫焕晶即逃至室外,报警并向他人求助,后在公寓楼下被公安机关带走调查。

另查明,2015年7月,莫焕晶在浙江省绍兴市越城区胜利路望越中央花园徐某家中做保姆时,盗窃茅台酒两瓶;2016年2月,莫焕晶在上海市华发路333弄李某家做保姆时,盗窃同住保姆汪某现金6500元。上述盗窃行为被发现后,莫焕晶退还或退赔财物。2015年11月至同年12月,莫焕晶在上海市浦东新区潍坊西路二弄周某家做保姆时，多次窃取戒指、项链等物品进行典当，在被发觉前赎回归还。

在庭审中，莫承认放火和盗窃，但辩称放火是想通过先放火再灭火的办法，得到被害人朱小贞的感激，以便再次向朱借款，表示她没有逃离现场，且配合警方救援行动。公诉人在举证、质证环节中，围绕四组证据举证：其一是指控莫身负巨额赌债，为逼债先后赴绍兴、上海当保姆，期间盗窃多名雇主家中财物；其二是指控莫在朱、林家当保姆期间多次盗窃；其三是指控莫放火；最后是归案经过、户籍证明等综合性证据。被害人及其诉讼代理人、莫对于第一、二组证据没有异议，但各方就第三组证据中的被告人供述进行详细质证。被害人诉讼代理人认为，莫关于产生放火动机的时间、点火时间、曾按过报警器、曾用榔头敲击玻璃试图救人、准备使用水桶接水救火等供述内容均不实，而莫及其辩护人提出莫并非故意点燃沙发和窗帘。被告莫焕晶在最后陈述中表示没有故意伤害被害人，对被害人一家深深地道歉，并悔罪认罪。

经过审理，杭州市中级法院认为：（1）关于犯罪动机和目的。诉讼代理人提出，被告人放火后故意将门关闭，既有可能为毁灭盗窃罪证而放火，且还有故意杀人之嫌。其初始的证人的自书材料与电梯监控视频显示的证人与被告人乘坐电梯的路线，消防楼梯的状况与证人在侦查阶段所做证言不相符，因此不予采信该证据，即相关证据无法证明被告人有故意杀人、毁灭罪证的动机和目的。（2）关于被告人提出的被告人在起火后报警、积极施救的辩解与辩护意见。其虽然有报警行为，但是报警时距离放火已长达约15分钟，且在其报警6分多钟前，朱小贞及其他群众均已报警，故其报警并无实际价值。在案证据亦证明。被告人在放火前并未采取任何灭火或者控制火势的措施，放火之后也未及时对四名被害人施加援手，其所提的在火势蔓延时曾用榔头敲击玻璃与相应位置玻璃无明显敲击痕迹的情况不符，故其积极施救的辩解不能成立。（3）关于辩护人提出的物业设施不到位、消防救援不及时是造成本案人员伤亡、财产损失的介入因素，对危害结果具有影响力。放火罪是严重危害公共安全的犯罪，放火行为一经实施，就有可能造成不特定多人伤亡或者公私财产损失的严重后果。其放火行为与犯罪后果之间存在直接的因果关系。虽然火灾扑救时间延长，与案发小区物业消防安全管理落实不到位、应急处置能力不足以及消防供水设施运行不正常，致使供水管网压力无法满足灭火需求有一定的关联。但上述情况不足以阻断莫焕晶本人放火犯罪行为与造成严重危害人身、财产安全犯罪后果之间的因果关系。

判决认为，被告人莫焕晶在高层住宅内故意使用打火机点燃易燃物引发火灾，造成四人死亡和重大财产损失，其行为已构成放火罪；莫焕晶还在从事住家保姆工作期间，多次盗窃雇主财物，数额巨大，其行为已构成盗窃罪。莫焕晶放火行为导致四人死亡和重大财产损失，犯罪动机卑劣、犯罪后果极其严重，严重危害公共安全，社会危害性极大。虽然莫焕晶归案后坦白放火罪行，但不足以对其从轻处罚。莫焕晶归案后主动交代公安机关尚未掌握的盗窃罪行，系自首，对其所犯盗窃罪可予以从轻处罚。综上，以放火罪判处被告人莫焕晶死刑、剥夺政治权利终身，以盗窃罪判处其有期徒刑5年，并处罚金人民币一万元。二罪并罚判处死刑、剥夺政治权利终身、罚金一万元。①

---

① 《"杭州保姆纵火案"一审判决莫焕晶死刑 林生斌将提民事诉讼》，搜狐网，http://news.sohu.com/a/221811477_658437；《杭州蓝色钱江纵火案》，维基百科，https://zh.wikipedia.org/wiki/% E6% 9D% AD% E5% B7% 9E% E8% 93% 9D% E8% 89% B2% E9% 92% B1% E6% B1% 9F% E7% BA% B5% E7% 81% AB% E6% A1% 88；2018 – 02 – 01。

一　第一阶梯：分化需法定证明的事实与需内心确信证明的事实

量刑事实的证明标准的第一阶梯是需要分化需法定证明的量刑事实与需量刑法官自由心证予以认证的量刑事实。如前文所探讨的，需法定证明的量刑事实因为多数发生在犯罪之后，司法机关能够全面的掌握该事实的存在与否的情况，甚至可以"人为操控"，因此这类量刑事实只有"证据标准"而没有"证明标准"，即探讨这类事实的证明标准并没有意义。排除了需要证据标准的法定证明的量刑事实后，剩下的就是需要进一步分析的那些需要量刑法官利用心证去认证的量刑事实，这些量刑事实进入了第二层阶梯。

在本案中，被告人莫焕晶被指控犯下放火罪与盗窃罪两项罪名。针对不同的罪名，量刑事实也是不同的。在诉讼各方主要争议的放火罪中，并不存在这种需法定证明的量刑事实。而在盗窃罪中，杭州市中院经查认为被告人莫焕晶在 2015 年和 2016 年做保姆时，犯下了两起盗窃行为。在两起盗窃中，被告人均"发觉后退还或退赔赃物，以及发觉前主动归还了赃物"。针对退赃这一量刑事实，如果是发觉前主动归还赃物，这不属于司法机关掌控的范围，因此需要量刑法官运用心证结合相关证据去认定该事实的存在与否，因此它不属于需法定证明的量刑事实。而发觉后退还或退赔的行为，属于司法机关可以明确的掌控信息的范围，因此相关事实成立与否司法机关能够直接感知，因此相关赃物与退还说明的证据就是司法机关欲证明此类事实存在而设定的"证据标准"，因此司法机关发觉后的退赃行为就是需法定证明的事实。然而问题是，被告人的盗窃行为是在其因放火罪到案后主动向司法机关供述的事实，该事实均发生在司法机关无法掌控的过去，因此因为这一特殊的情况，司法机关以及量刑者仍需调查并回溯过去，确认该事实的有无，所以本案放火罪和盗窃罪均不存在需法定证明的量刑事实。通过这一案件我们也可以看出，有证据标准限制的量刑事实和有证明标准限制的量刑事实之间的最大区别在于司法机关或量刑者根据现有状况直接认定该事实的存在：如果需要通过调查取证以及心证判断才能认定的事实均不能被视为直接法定证明即可的量刑事实。

值得一提的是，在本案中存在被告人"在最终陈述阶段认真悔罪，赔礼道歉"的事实，该事实似乎无须量刑法官回溯过去进行认证。但是，如第三章指出的，当庭悔罪的情节因为欠缺了控辩双方的可主张性与攻辩性而不能成为量刑的证明对象，因此在此基础上探讨证明标准问题便不再有意义。这一事实属于法官履行证明职责去探知的事实范围。

二　第二阶梯：法定刑与责任刑事实的证明标准与预防刑事实的证明标准

在分化了需法定证明的量刑事实与需自由心证予以认证的量刑事实后，后者进入了第二阶梯，即根据量刑步骤设置不同的量刑事实的证明标准。其内在原理是通过刑罚根据中的报应刑与预防刑的相关法理确定法定刑的选择、责任刑的裁量以及预防刑的调整的界限。现代报应刑理论主张责任主义，亦即以责任的量裁量被告人应当被判处的刑罚。责任主义要求量刑者必须结合被告人犯罪行为的危害性、结果的严重性、主观的恶性的具体情况准确判断被告人的责任。实质上，裁量被告人责任的量的要求与定罪的构成要件的判断相似，或者说定罪的构成要件决定了被告人的责任的量的绝大部分。然而责任的量与定罪的构成要件并不完全相同，因为实践中有一些案件中的情况并非属于罪刑法定原则延伸出的定罪构成要件，而是裁量责任刑的依据。因此，从逻辑上将裁量责任刑的具体情节与定罪构成要件的具体情节是包含和被包含的关系。

具体到实际的量刑活动中，责任主义对量刑的影响包括影响选择法定刑与影响量刑基准两个方面。表面上看，选择法定刑与裁量责任刑（量刑基准）都是根据报应刑理论的责任主义对被告人的责任进行判断，但是二者表现在证明标准的问题上则不同。具体而言，法定刑的选择偏重于犯罪的结果，而行为犯则侧重于行为的严重性。

而在多数情况下，法定刑的选择一般由刑法给出具体的范围来划定界限，使得量刑法官判断责任时必须根据刑法规定的档次进行。例如，故意杀人罪的第一法定刑位阶包括死刑、无期徒刑、有期徒刑10年以上，而选择哪一种法定刑则是法官根据被告人的责任的多少来进行选择。如果要选择适用死刑，那么作出此决定的依据是严重的社会危害性，例如杀死1人以上，或在公共场所持枪杀人等；而对于责任刑来说，它更加侧重于被告人的主观恶性，比如对犯罪动机的恶劣性、比如被告人的刑事责任年龄、故意犯罪的停止形态、从犯等。对于这些问题来说，是在法定刑的选择以后，对其进行裁量和判断。总体上来说，多数决定法定刑的选择的情节的标准要与责任刑的情节的标准一致，因为它们都是基于责任主义对被告人责任量的判断。但是，由于死刑、终身监禁等这些或剥夺生命或剥夺一生自由的最重的法定刑的存在，使得影响决定法定刑选择的情节的证明标准必须要达到一个高于定罪的证明标准的高度，这是人权保障的基本的刑事诉讼原则使然。而对于责任刑来说，由于具体产生影响的是有幅度的刑罚的量刑基准的多少，换言之，在具体的无幅度的刑罚（死刑、无期徒刑）中，责任刑已经被法定刑选择的相关情节所考量，因此只要其达到定罪的排除合理怀疑的标准即可。但是责任主义要求对被告人责任的量作出准确判断，这种判断绝大多数又立足于定罪的构成要件事实的基础上，因此裁量责任刑的相关事实的证明标准不宜被降低。

　　在"杭州保姆纵火杀人案"中，一审杭州中院的法官对于放火罪给出死刑的量刑结果，即选择适用死刑的法定刑。那么对于影响该选择的一切量刑事实都应当证明至比排除合理怀疑要更高的程度。在本案中，影响选择死刑的最重要的情节是被告人莫焕晶的放火行为导致雇主朱小贞及其子女的死亡，而庭审中由辩护人提出并成为争点的物业设施老化、消防体制不健全、消防救援不及时可能是导致被害人们致死的因果关系介入因素是起到关键作用的影响选择适用死刑的量刑事实。在本案中，这一事实必须要证明至高于排除合理怀疑，其证明程序的要求也应该是最严格的。然而遗憾的是，在一审法官的量刑说理中，他指出："放火罪是严重危害公共安全的犯罪，放火行为一经实施，就有可能造成不特定多人伤亡或者公私财产损失的严重后果。其放火行为与犯罪后果之间存在直接的因果关系。虽然火灾扑救时间延长，与案发小区物业消防安全管理落实不到位、应急处置能力不足以及消防供水设施运行不正常，致使供水管网压力无法满足灭火需求有一定的关联。但上述情况不足以阻断莫焕晶本人放火犯罪行为与造成严重危害人身、财产安全犯罪后果之间的因果关系。"换言之，一审法官认为辩护人的这一主张已经达到了证明标准，但是它不是影响法定刑选择的至关重要的量刑事实。实际上，放火罪虽然是属于危害公共安全的典型犯罪，但是是否要选择适用死刑，必须充分考虑所有的影响该选择的事实，一审法官在判决中并没有论证清楚为什么因果关系成立，消防隐患等介入因素不足以阻断致死结果的事实。本书认为，之所以消防隐患不足以形成介入因素，原因是在被告人莫焕晶放火的开始到被害人因一氧化碳中毒致死的这一段时间之内，可能即便消防救援及时，物业消防设施与管理不存在任何问题，被害人还是会被放火行为致死，那么辩护人主张的介入因素便不能成为阻却选择死刑的事实，选择死刑也就成为合理的刑罚。因此，时间的长短是极为重要的量刑事实，检控方当然要将其证明至高于排除合理怀疑。而此案中检控方提出的时间上的问题并不存在疑义，换言之该事实得到了庭审参与各方的认可，因此就可以认为这一事实的证明已经达到了证明标准。

对于裁量责任刑的事实来说，被告人莫焕晶关于"通过放火和灭火的方式骗取雇主朱小贞的感激"是明显的犯罪动机，也就是典型的裁量责任刑的量刑事实。这里需要注意的是，犯罪动机（criminal motive）与犯罪意图、犯罪计划、犯罪预谋（criminal intention）是截然不同的概念。后者属于犯罪的主观构成要件（mens rea），在证明过程中控方必须排除合理怀疑地证明该事实的存在才能在主观层面上判定被告人有罪，而前者不属于犯罪的主观构成要件，而属于加重或者减轻的量刑事实，具体而言是影响责任刑裁量的量刑事实。由于责任刑的裁量是基于被告人因事实犯罪行为而导致的刑事责任的产生，所以对于该事实理论上公诉方也应当证明至排除合理怀疑的程度。在莫焕晶放火案中，她在实施放火行为之前利用移动终端设备调查一系列与放火有关的资料和信息，这一事实其实就是主观构成要件的犯罪预谋，而与"因骗取被害人的感激而放火"的犯罪动机是不同性质的事实，但是都要求控方承担排除合理怀疑的证明责任。

　　问题在于，实践中多数证明犯罪动机的证据都是被告人的供述，那么根据《刑事诉讼法》第55条的口供补强原则，对犯罪动机的证明也必须有其他证据佐证供述才能满足证明标准。然而，实践中动机这种源于被告人心理状态的证明对象是很难存在旁证去佐证的。即便存在，因为它的价值只是裁量责任刑的一部分，而不是像犯罪意图那样是构成犯罪不可或缺的要件，因此比较起来，如果要求犯罪动机的证明也适用口供补强原则，将会使得司法成本无意义地增加。所以，本书认为对于犯罪动机的证明，无须适用口供补强原则这一自由心证制度的例外，而量刑法官只要就口供作出该事实已经被排除合理怀疑地证明了即可。

　　对于被告人莫焕晶的盗窃罪，根据《刑法》与《量刑指导意见》的规定，盗窃罪被划分为不同的法定刑，而盗窃的赃物的数额是决定法定刑选择的量刑事实，但是由于盗窃罪的法定刑多数选择范围在有期徒刑之内，因此对于数额事实的证明，其标准只要与定罪一致的排除合理怀疑即可。同时，在盗窃罪中，数额事实也是裁量责任刑的依据。浙江省高级人民法院的《量刑指导意见实施细则》关于盗窃罪量刑的规定是："构成盗窃罪的，可以根据下列不同情形在相应的幅度内确定量刑起点：（1）达到数额较大起点的，或者一年内入户盗窃或者在公共场所扒窃三次的，可以在三个月拘役至六个月有期徒刑幅度内确定量刑起点。（2）达到数额巨大起点或者有其他严重情节的，可以在三年至四年有期徒刑幅度内确定量刑起点。

（3）达到数额特别巨大起点或者有其他特别严重情节的，可以在十年至十二年有期徒刑幅度内确定量刑起点。在量刑起点的基础上，可以根据盗窃数额、次数、手段等其他影响犯罪构成的犯罪事实增加刑罚量，确定基准刑。"① 根据这一规定，首先，数额的事实由法官判断是否达到了较大、巨大，以及特别巨大的程度，也就是影响法定刑的选择。之后，具体的数额则影响责任刑的裁量，即在幅度内确定量刑基准。此外，被告人莫焕晶于 2015 年至 2016 年间先后两次盗窃，二次盗窃的事实自然也是裁量责任刑的量刑事实。两次盗窃中，一次被被害人发现，一次没有被发现而是主动退回赃物赃款在责任程度上也并不一致，以上事实都需要证明至排除合理怀疑的程度。

与责任主义下的选择法定刑与裁量责任刑不同，几乎所有的犯罪都包含反映预防刑根据的量刑事实，这些事实一般体现了被告人自身的人身危险性，以及再社会化可能性。前者是出于保护社会的需要而后者是出于矫正的需要。预防刑事实影响量刑的实质在于通过贯彻刑事政策等目的实现量刑的一般预防或特殊预防的作用（现代刑事案件主要关注后者）。因此这些事实相对于责任主义下的量刑事实来说其与犯罪行为的相关性更远，证据类别更复杂，信息也更多。为了实现预防的目的，预防刑事实便不能局限于犯罪行为范围内的事实，被告人的罪前背景、经历以及罪后表现都是影响预防刑调整的重要因素。鉴于量上而非质上的要求，预防刑事实的证明标准要整体低于报应刑的量刑事实，因此便进入了量刑事实证明标准的第三阶梯。

在该案中，被告人莫焕晶前两次盗窃行为虽然并不构成累犯，但是因为盗窃行为在司法实践中的常习性，该事实能够成为判断预防刑需要的重要部分。此外，盗窃罪中被告人退赃、赎回等行为也

---

① 《浙江省高级人民法院〈关于常见犯罪的量刑指导意见〉实施细则》第 5 章第 6 项第 2 条。

是预防刑相关的事实。而对于放火罪，需要重点判断的是被告人在放火后悔过、积极施救的行为是报应刑事实还是预防刑事实。本案中，被告人点火后，距离被害人死亡的危害后果的时间并不长，这也就意味着此后的施救行动并不能减轻被告人放火罪的刑事责任，因此它并不是报应刑事实。然而，施救行为却能代表被告人的悔过心理，从而降低其人身危险性，因此该事实应当识别为预防刑事实。另外，被告人对于司法机关未掌握的盗窃行为的如实供述、到案后向司法机关的坦白行为，也都是能够充分说明人身危害性的"标志性"预防刑事实。

三 第三阶梯：有利于被告人事实的证明标准与不利于被告人事实的证明标准

当体现预防刑的量刑事实从责任主义的框架内分离出来后，第三阶梯的证明标准得以建构，问题在于区分的标准。第三阶梯的量刑事实体现的是保安社会、矫正、一般预防以及贯彻刑事政策等目的，因此如果按照刑法分则中的罪名划分轻罪事实的证明标准与重罪事实的证明标准并没有意义。从一般预防的角度来看，无论是消极的威慑社会公众，还是积极的促使公众受法，这些预防刑事实的基础自然是准确优先，因为敬畏或者尊重法律的前提是法律能够实现发现事实的准确性，而威慑或者预防的量刑事实多体现为不利于被告人的量刑事实，例如累犯前科等事实。而从特殊预防的角度来看，评断此类量刑事实的关键在于有没有体现人权保障的价值，因为特殊预防意义下的刑罚个别化原则则是关注不同的被告人的人身背景，从而综合作出判断。在人权保障的原则下，有利于被告人的相关事实则不应该设置太高的证明标准，以防那些量刑事实因证明的难度而无法进入量刑法官的视野，从而不利于刑罚个别化的实现。因此，第三阶梯的预防性量刑事实的区分标准应当是有利于被告人的量刑事实和不利于被告人的量刑事实。

对于有利于被告人的量刑事实来说，优势证据的民事诉讼证明标准是量刑程序独立化的英美法系国家的通例。原因在于独立化的量刑程序中被告人一方要对有利于自己的量刑事实承担证明责任，基于公平、人权等各种价值因素的考量，分配证明标准的不宜太高，而又因为被告人承担证明责任的前提类似民事诉讼，因此设置了优势证据的证明标准。本书认为，虽然中国的刑事诉讼并未实现量刑程序的独立化，而且无罪推定原则和检察官客观义务均要求公诉方要承担量刑事实的证明责任，但在实践中，多数有利于被告人的预防刑事实确实是由辩护方提出来的，因此采英美法通例的优势证据证明标准比较适宜。问题在于对于不利于被告人的预防刑事实应当采用什么样的证明标准。英美法的通例虽然将其设置为与定罪相同的排除合理怀疑，而中国学界亦有较多的论述认为其应该等同于定罪的证明标准。但是本书认为此观点值得商榷。前文提到，选择法定刑与裁量责任刑的量刑事实均是从犯罪行为本身的角度出发，被责任主义所要求，因此证明标准要等同于定罪，甚至在极刑案件中高于定罪。而预防刑的量刑事实则不同，为了贯彻刑事政策，实现一般预防与特殊预防的目的，量刑法官就必须尽可能多的获得预防刑相关证据资料，而过高的证明标准可能会使得很多有价值的预防刑事实被排除在法官视野之外，所以预防刑事实的证明标准应当低于定罪、法定刑事实以及责任刑事实的证明标准。不过从人权保障的角度来说，不利于被告人的量刑事实的证明标准必须与有利于被告人的量刑事实证明标准拉开档次，如果相同，那么在量刑事实的证明标准问题上人权保障这一上位刑事诉讼基本价值就等于没有实现。因此，一种介于排除合理怀疑与优势证据之间的证明标准才是不利于被告人的预防刑量刑事实的合理证明标准。本书介引英美法的"明晰可信"的证明标准，即"清楚的、明确的和令人信服的"证明标准。此标准的证明程度要低于排除合理怀疑，但是却要高于优势证据的标准，一般适用于某些特殊民事案件或者某些法院对死刑案件中保释请求的驳回的情况。此标准比较符合不利于被告人的量刑事实的证明标准的要求。

在该案中，被告人莫焕晶的盗窃后赎回赃物、放火罪中在放火后积极施救、到案后坦白全部罪行、主动供认司法机关未掌握的盗窃行为等行为明显是有利于其的预防刑量刑事实，对于这些事实证明标准需要承担证明责任的一方将其证明至优势证据的程度。而被告人在犯罪前有长期赌博、大量欠外债的背景。赌博行为虽然不构成犯罪，但却是被明令禁止的行为，属于违法的劣迹，因此量刑时也必须考虑被告人的赌博行径，而其多次向放火罪的被害人借钱偿还赌债的行为也可以出于预防的目的而给予评价，这些事实系不利于被告人的预防刑事实，证明标准应当达到明晰可信的程度。值得一提的是，盗窃罪中两次盗窃行为可以成为加重责任刑的依据，但是盗窃行为本身不能成为放火行为的加重预防刑，因为给盗窃行为定罪让其负刑事责任本身就是对其一次处罚，如果因盗窃行为加重放火罪的预防刑，则违背了禁止重复评价原则。

四　阶梯式量刑事实证明标准的实践应用

前文通过"杭州保姆放火案"说明了阶梯式量刑事实证明标准的运用步骤。可见，阶梯式量刑事实证明标准不同于一元化的排除合理怀疑证明标准，也不同于二元化的按照有利和不利被告人区分量刑事实划分不同的证明标准，它既将证明标准分为三个层次，又将量刑事实按照法定证明和自由证明、责任刑和预防刑、有利于被告人和不利于被告人三种不同的标准进行区分。这样一来，实践中在运用时将会变得相当复杂。因此，需要进一步结合实践中的案例对阶梯式量刑事实证明标准的运用进行论述。本书通过"中国裁判文书网"所发布的100个故意伤害罪的一审案例来阐述阶梯式量刑事实证明标准的实践应用问题。之所以选定故意伤害罪，原因在于故意伤害罪是《量刑指导意见》所确定的"常见犯罪"之一，适用规范化量刑方法，量刑时需要考虑哪些因素，《量刑指导意见》有明确的规定。也即量刑证明对象的范围是相对确定的。另外，故意伤害罪的法定刑区间，从三年以下有期徒刑、管制、拘役，一直到故意伤害致人死亡的十年以上有期徒刑、无期徒刑、死刑。其跨度几乎涵盖了所有的刑种，因此量刑方法更加重要，所考虑的因素也要更多，进而更需要细化的事实分类标准来对这些因素进行整理。这为阶梯式量刑事实证明标准的运用创造了前提。

首先，通过对这 100 个故意伤害罪的案例进行整理，以下的情节是故意伤害罪中常见的量刑事实：伤害程度（轻伤二级，轻伤一级，重伤二级）、伤害人数（1 人，2 人）、持械伤人、从犯、自首、坦白、当庭认罪态度、赔偿谅解、刑事和解、认罪认罚、累犯、前科、劣迹、被害人过错。除此之外，根据个案情况的不同，亦会存在一些特殊的量刑事实。例如，"肖某故意伤害案"中，被告人肖某因家庭内部纠纷，而对其亲妹妹造成身体伤害，由于案件起因是家庭琐事，且被害人是家属，又取得了谅解，所以起因成为减轻其刑罚的理由。再如，伤害人数为 1 人以上的案件，被告人给另一被害人造成的身体伤害是轻微伤，轻微伤不够入罪标准，但是对被害人的伤害造成了轻伤以上，那么对另一被害人造成轻微伤的情节就成为在构罪的基础上增加刑罚的理由。

其次，应当将这些量刑事实按照不同的划分标准进行分类。对于其中常见的量刑事实来说，典型的法定证明事实是赔偿和解、刑事和解、认罪认罚、累犯、前科。其他的事实均属于需要运用证据进行事实回溯、还原的自由心证的事实。在这些事实之中，因个案不同反映犯罪行为违法性以及影响被告人责任大小的事实是责任刑事实。而自首、坦白等事实均是判断预防必要大小的预防刑事实。预防刑事实之中，违法劣迹属于需要证明的不利于被告人的事实，而自首、坦白等事实是有利于被告人的预防刑事实。

最后，将这些事实对应证明标准，通过判断得出事实认定的结论：法定证明事实无须证明标准而需要证据标准，因此证明标准问题限于需要事实回溯的自由心证事实。心证的程度依据事实的不同而不同。与责任刑相关的事实需与定罪事实的证明标准等同，即排除合理怀疑。预防刑事实之中，有利于被告人的事实适用民事诉讼的优势证据证明标准，而不利于被告人的事实适用介于优势证据和排除合理怀疑之间的"明晰可信"的证明标准。

以上100份故意伤害罪样本中的事实适用阶梯式证明标准的逻辑如下表所示：

表3 100份故意伤害罪样本的阶梯式量刑事实证明标准的适用

量刑事实	比率	第一阶梯	第二阶梯	第三阶梯
轻伤	89%		责任刑	
重伤	12%		责任刑	
伤害1人	91%		责任刑	
伤害2人	9%		责任刑	
持械伤人	15%		责任刑	
从犯	7%		责任刑	
自首	44%			有利于被告
坦白	45%			有利于被告
当庭态度	9%			有利于被告
赔偿和解	56%	法定证明		
刑事和解	27%	法定证明		
认罪认罚	33%	法定证明		
累犯	8%	法定证明		
前科	12%	法定证明		
劣迹	11%			不利于被告
被害人过错	16%		责任刑	

通过表3，可以比较明确阶梯式量刑事实证明标准的适用过程。但是，有一些重点问题仍需要进一步的解释。

首先，量刑事实的区分标准有三个：需法定证明事实与需自由证明事实，责任刑事实和预防刑事实，有利于被告人的事实和不利于被告人的事实。这三种划分方式其实全部是理论上的划分方式，在实践中其实比较容易造成混淆：法定证明事实基本上是在犯罪之后出现，而犯罪之后出现的几乎都是与预防刑相关的事实。所以一

般情况下法定证明事实等同于预防刑事实，而按照有利于被告人和
不利于被告人对事实进行分类，与是否是法定证明事实无关，即法
定证明事实既可以是有利于被告人的，也可以是不利于被告人的事
实，这在适用上极其容易造成困惑；一些量刑事实反映了预防的必
要性大小，但是也极有可能与责任刑相关。比如赔偿和解，它是典
型的减少特殊预防必要性，彰显刑事政策的预防刑事实。然而，如
果按照被害的修复角度理解，那么被害修复的程度与责任减轻的程
度也不能说是完全无关的。因此适用阶梯式量刑事实证明标准时，
必须要注意事实的判断是递进的而不是并列的。在第一阶梯阶段，
已经评价为需法定证明的事实，在责任刑和预防刑、有利被告和不
利被告的阶段就不能再次考虑了，这也是禁止重复评价原则的要求。
还应当注意在特定阶段，某一事实集中反映的理论性质是什么，例
如赔偿和解所反映的预防性质要大于责任非难的性质，那么它应当
识别为预防刑事实。

　　其次，对于累犯、前科、劣迹来说，它们都是犯罪前发生的事
实，有一定的相通之处。但是累犯、前科是法定证明事实，劣迹是
自由证明事实。原因在于认定的证据是不同的。累犯、犯罪前科认
定的证据是之前人民法院的生效判决。判决书属于免证事实，即不
需要证据去证明其真实性的事实。但是，它需要作为证据去证明累
犯、前科的存在，所以它们是需法定证明的事实。不过对于违法劣
迹来说，类似交通罚单等行政处罚的事实应当如何认定其性质？根
据《人民检察院刑事诉讼规则》第401条，《行政诉讼证据规定》
第68条，以及《民事诉讼证据规定》第9条，行政处罚的事实不是
免证事实。因此，行政违法的劣迹事实仍应去通过自由心证的方式
证明，在适用证明标准时必须注意区分。

　　最后，阶梯式证明标准适用了三种不同的标准：排除合理怀疑、
明晰可信以及优势证据。迄今为止三种证明标准在实践中如何运用
仍处于争议之中。排除合理怀疑的运用自然与定罪时的证据确实、
充分的运用标准看齐。而实际上，适用排除合理怀疑的量刑事实多

数都与定罪事实重合，亦即这些定罪事实得到了排除合理怀疑的认定，那么相应地，责任刑的事实也就得到了认定。对于优势证据的标准来说，在实践中会出现辩方提出存在自首、坦白的情节，而控方会以证据没有达到认定的标准而进行驳斥的可能。此时作为认定量刑事实的法官，应当对证明有利于被告人的预防刑事实要求的更低一些。反之，如果控方提出了不利于被告人的预防刑事实，法官在认定时肯定要高于有利于被告人的预防刑事实之要求。

第 六 章

量刑事实的证明程序

　　证明程序是传统的证据法学常用的一个概念，它是指证明主体运用证据进行说服事实认定者认定己方主张时所遵循的程序。现今的证据法学理论界关于证明程序对证明程序是否包括证据的收集过程存在争论。传统观点认为，证明程序不仅包括审判阶段的法庭调查，且包括侦查阶段对证据的收集以及起诉阶段对证据的审查判断。但是新近不少观点都从证明的基本原理层面否认了传统观点，认为证明程序应当限于法庭调查程序，而将收集证据与审前程序审查证据视为一种准备。例如："将诉讼证明推衍至包括证据收集、审查在内的整个刑事诉讼法调整的诉讼活动，其实质是将诉讼证明错误地等同于对案件事实的认定……诉讼证明仅仅是认定事实的方法之一。审查起诉阶段公安机关检察机关对案件事实的认识属于主体对客体的能动性认识，而非主体之间依凭证据展开的说服活动。"① 本书认为，尽管证明程序的狭义论概念可能更加体现证明的说服者与被说服者之间互动的基本原理，但从量刑事实的证明角度出发，首先，量刑事实是从定罪事实中相对剥离出来的，亦即量刑事实并不是完

---

　　① 吴宏耀、魏晓娜：《诉讼证明原理》，法律出版社 2002 年版，第 6 页。关于此问题的更多争论，参见宋英辉、汤维建主编《证据法学研究述评》，中国人民公安大学出版社 2006 年版，第 281—292 页。又见张建伟《证据法要义》，北京大学出版社 2014年版，第 331—336 页。

全独立于定罪事实的。如果否认证据收集过程属于证明程序，那么量刑证据的收集就会受到忽视，因为它从理论上就被隔离出去了。其次，无论是英美法系的缓刑官，还是日本的情状鉴定专家、社会调查员（social worker），这些司法人员的设置都说明量刑事实的收集是相当特殊的，需要特殊的人员专职。如果割裂量刑证据的收集过程，也对该问题的分析不利。因此，所谓量刑事实证明程序，是指量刑证明主体收集量刑相关证据和信息，向作出量刑者提出量刑主张并以证据说明其主张，以说服量刑者认同其主张事实的活动。由是观之，量刑事实的证明程序包括实践中量刑证据和信息的收集过程与量刑庭审程序。

基于量刑事实在法理上和实践上的相对独立性，量刑事实的证明程序是可以独立于定罪事实的证明程序的，而英美法系的完全独立化的量刑事实的证明程序机制给予这一观点实践上的支持。为了使量刑事实的证明程序更加规范化与合理化，最高人民法院掀起了量刑程序规范化改革的浪潮。在 2010 年后，随着最高人民法院《量刑程序指导意见》的出台，中国摒弃了西方的完全独立化的量刑程序模式，而折中选择构建了"相对独立的量刑程序"，意味着量刑事实的程序问题以及证明问题从传统的定罪庭审中逐渐浮出水面，走向了前台。所谓程序规范化，其初衷"在于改变现行的'行政审批模式'，实现'诉权制约模式'，言即量刑程序独立的显著标志就是量刑程序诉讼化的实现"。① 因此，量刑程序的独立性可以等同于量刑程序的司法化和诉讼化。然而，需要深究的是，这种相对独立的量刑程序的建构是否已产生了诉讼化的应有之效？如果诉讼化改革所发挥的效果是不成功的，又应当如何调整？厘清并解决这一问题，是探讨量刑事实证明程序问题的关键所在。

① 张训：《量刑独立的理论与实践研究》，人民出版社 2015 年版，第 157 页。

第一节　问题的提出：相对独立量刑
程序改革的效果

　　既然学界认为量刑程序规范化改革的核心问题是量刑程序的诉讼化，那么评价改革效果时便不能脱离整个刑事诉讼的格局。从1996 年至今，中国的《刑事诉讼法》历经三次修改，每次修改后，中国刑事诉讼的格局均产生了一定的变化，这对量刑程序均产生了一定的影响。因此，必须以动态的视角看待诉讼格局的演进给量刑程序带来的变化，进而准确评价量刑程序规范化改革的效果。

一　刑事诉讼格局的动态演进与量刑程序的变化

　　总体而言，中国刑事诉讼的格局演进可分为三个时期，这三个时期又大致以三次《刑事诉讼法》的修改为分界，而在不同时期不同格局下，量刑程序也在不断地变化：

　　（一）第一时期：1996 年《刑事诉讼法》第一次修改

　　有学者指出："我国 1996 年刑事诉讼法相对于 1979 年刑事诉讼法而言，最大的特点之一就是引进了英美法系国家所采用的对抗制诉讼模式，即注重控辩双方在诉讼中的平等对抗性，要求控辩双方积极、主动查明有关事实的真相（包括定罪事实和量刑事实），法官的主要作用则在于通过组织和指挥庭审，依据查明的事实和法律解决被告人的罪、责问题。"[1] 1979 年第一部《刑事诉讼法》虽然构造了中国刑事诉讼的基本格局，但是规定的粗糙和不合理、片面强调国家机关的配合与被告人的客体化多为学界所诟病，落得"强职权主义"的名声。因此学界借鉴英美法系当事人主义的合理因素，在

---

　　[1]　李玉萍：《程序正义视野中的量刑活动研究》，中国法制出版社 2010 年版，第169 页。

1996 年第一次修改时加强了刑事诉讼的对抗性，使其基本格局更像"诉讼"。

然而，轰动的对抗制强化的第一次《刑事诉讼法》修改却并未给量刑程序的变化带来多少契机。彼时形成的"重定罪、轻量刑"的意识根深蒂固，为了追求效率，量刑问题的解决依托的并不是独立的程序，而是在定罪量刑合二为一的连续庭审程序后，完全委诸法官自由裁量权的"行政审批""内部操作"模式，陈瑞华指出："由于更为重视被告人是否构成犯罪的问题，因此基本上将量刑问题视为一个附带问题，而没有给予控辩双方就量刑问题展开举证、质证、辩论的机会。结果法庭对量刑的裁决过程不是完成于公开的法庭上，而是通过书面审查、间接审理甚至内部行政审批等方式，完成于一种'办公室作业'的决策过程之中。"[1] 陈所言的量刑问题的附带性在法官行使"庭外调查权"时体现得十分彻底：由于 1996 年《刑事诉讼法》改 1979 年《刑事诉讼法》中的全卷移送主义为主要复印件主义，导致实践中法官没有时间和精力查明不完善的案卷中的证据内容，因此都要借助庭外调查的职权将案件予以核实。而辩方若有案件相关证据和信息提供也是通过庭外接触的方式向法官提出。此时，除了定罪事实外，法官附带核实了量刑问题。因此，在审判环节结束后，法官基本已经对定罪和量刑问题均已形成心证，剩下的不过是进行量刑的"办公室作业"。这种暗箱性质的量刑操作很难将其称为程序。而简易程序中法官处理量刑也是通过这种内部操作形式来完成的。"办公室作业"的量刑操作配以估堆式的不科学的量刑方法，催生出了诸如 2008 年引发舆论高度关注的"许霆案"等诸多量刑失衡、量刑不公的案件。

（二）第二时期：2012 年《刑事诉讼法》第二次修改

随着 2004 年"国家尊重与保障人权"入宪以及后来佘祥林、赵作海等冤案的曝光，在程序正义、无罪推定、遏制刑讯逼供的呼声

---

[1] 陈瑞华：《量刑程序中的理论问题》，北京大学出版社 2011 年版，第 3 页。

下，于 2012 年，中国的《刑事诉讼法》迎来了第二次修改。本次修改在 1996 年《刑事诉讼法》确立的诉讼格局之下，构建了庭审排除非法证据机制以及证人、鉴定人出庭，专家辅助人等机制进一步强化了刑事庭审的对抗性。同时恢复了"全卷移送主义"制度，削弱庭外调查的职权操作，促进庭审实质化。2012 年《刑事诉讼法》亦改变了简易程序的适用条件，吸纳了 2003 年司法解释构造的"普通程序简化审"机制的合理因素，构建了以被告人认罪为核心的新型简易程序，大幅度提高了庭审的效率。此外，刑事和解程序的创设开启了司法协作模式的新格局。2012 年《刑事诉讼法》的修改标志着中国的刑事诉讼机制逐渐走向多元化。

过往量刑方法的"估堆"操作与量刑模式的"办公室作业"导致的量刑不公和失衡问题引起了理论界和实务界的关注，由此在最高人民法院的推动下，刑事司法开始了旨在实体上规范量刑方法与程序上规范量刑程序的量刑规范化改革运动。试点工作中，各地法院创设的诸多量刑规范化改革制度取得了实效。在吸收各地的试点工作经验的基础上，最高人民法院发布了《人民法院量刑程序指导意见》以及"两高三部"发布了《关于规范量刑程序若干问题的意见》。两个司法文件的出台标志着"相对独立量刑程序"于刑事普通程序和"集中式量刑程序"于简易程序中的确立，并被后来的2012 年第二次修改的《刑事诉讼法》所吸收。

"相对独立的量刑程序"将以往行政作业化的量刑活动拉向前台，使其诉讼化、加强量刑事实的庭审实质调查。但同时也否定完全照搬英美，使量刑程序彻底独立化，在罪责问题确认后开启新的程序，因此谓之相对独立。而"集中式量刑程序"则存在于普通程序简化审以及简易程序中，独任法官在核实了被告人认罪事实及其相关证据后，集中在简易庭审中处理量刑问题。

量刑程序规范化改革将量刑问题的处理纳入诉讼中来，其构造的"相对独立的量刑程序"革除了过往暗箱式的量刑操作，量刑程序得以诉讼化、公开化、科学化以及规范化。而简化审理程序中的集中量刑模式不仅达成了量刑程序纳入诉讼的目的，而且进一步提高诉讼效率的同时又保证了刑事审判机制的公正性。

（三）第三时期：2018 年《刑事诉讼法》第三次修改

2014 年，党的十八届四中全会发布《关于全面推进依法治国若干重大问题的决定》，提出要"完善刑事诉讼中的认罪认罚从宽制度"。同年全国人大常委会授权"两高"进行速裁程序改革试点工作。在试点经验的基础上，2016 年全国人大常委会再次授权"两高"进行认罪认罚从宽制度改革试点工作，在改革取得良好成果的背景下，2019 年《刑事诉讼法》迎来了第三次修改，从法律的层面正式对认罪认罚从宽制度作出了详细的规定。至此，中国刑事诉讼格局再一次的演进，形成了针对不同情况下适用不同的程序的分流机制。

在第三次修改的《刑事诉讼法》的背景板中，量刑程序在原有的基础上亦产生了新的变化。在被告人认罪认罚的前提下，普通程序简化审、简易程序的庭审内容从被告人自愿认罪前提下集中处理量刑问题演进为被告人自愿认罪认罚前提下重点审查认罪认罚的自愿性、明智性以及真实性，庭审内容产生了实质变化。而速裁程序的加入更在原则上省略了法庭调查和辩论环节，刑事庭审也就不再进行量刑事实的证明活动。而量刑协商机制的引入与对量刑建议更规范化、科学化的要求使得量刑问题在审前得到"预决"。

在认罪认罚从宽制度中，相对独立量刑程序与集中式量刑程序与刑事庭审剥离开来，而被纳入庭前量刑协商机制中，量刑事实的调查主体变更为有量刑预决权力的检察官。这种模式与量刑程序规范化改革构造的原有的量刑程序相并列，共同形成了多元化的量刑模式。

二　对相对独立量刑程序改革的评价

最高人民法院的量刑程序规范化改革开宗明义"要将量刑纳入法庭审理程序"，如果将量刑程序规范化改革的目的视为去以往量刑活动的"行政化""办公室作业化",可以说相对独立量刑程序的改革是成功的,因为暗箱式的量刑操作目前已被摒弃,代之以刑事庭审程序定罪事实调查辩论与量刑事实调查辩论的相对分离。在刑事庭审格局下,量刑问题的处理已然诉讼化。

然而,这种相对独立量刑程序是否已取得了实质性的效果?相对分离的诉讼化的量刑庭审是否较以往办公室作业式的操作更能产出公正量刑的结果?在这一程序中是否完成了贯彻刑罚目的的目标?以上问题是刑事司法理论不能回避的,必须给予评价。

中国的《刑事诉讼法》在第三次修改后,实际上相关程序分流机制更为精细和复杂,认罪认罚从宽制度、速裁程序的引入使得诉讼格局更趋多元化。美国学者帕克和格里菲斯所提出的"犯罪控制""正当程序""协作模式"均于现行法律中得以体现。现实角度来讲,由于传统的公平对抗制模式所消耗的成本和资源过高,以至于国家机关不得不向效率妥协而构造了从简从快的认罪认罚从宽制度,而为获取更为优惠的量刑减让,被告人也不得不向国家机关妥协认罪认罚。由此,现在中国刑事诉讼的格局即是以被告人是否认罪认罚为界点,从而形成了多种程序分流的机制,具体而言:

- 被告人不认罪也不认罚。此种情形下必须适用普通程序审理案件,庭审围绕罪责事实与量刑事实展开,程序对抗性强。
- 被告人认罪但不认罚。此种情形下可以适用普通程序简化审、简易程序以及地方法院所创设的轻刑快审程序等特色简便审理程序。庭审主要围绕量刑事实的调查和辩论集中进行,程序对抗性弱于不认罪不认罚下的审理程序。
- 被告人认罪认罚。此种情形下可以适用普通程序简化审、简易程序、速裁程序、刑事和解特殊程序以及地方司法机关所创设的刑拘直诉、"48小时快速结案"等颇具创意的公检法联合简化式的诉讼程序。庭审主要审查被告人认罪认罚的自愿性和真实性,以及部分争议的量刑事实。程序对抗性最弱,司法合作性最强。

在这三种诉讼格局中，均涉及量刑事实的证明问题。那么证明如何体现，不妨观察以下案例：

案例一：江某寻衅滋事案①

G省G市B区检察院以被告人江某犯寻衅滋事罪，向G市B区人民法院提起公诉。公诉机关指控江某殴打被害人，致其二级轻伤，江某对指控犯罪事实与罪名均有异议，辩称其没有殴打被害人，并且被害人对其进行了侮辱。公诉机关依据证据证明被告人江某借故生非，随意殴打他人，且被害人没有对其侮辱。G市B区人民法院认为被告人行为构成寻衅滋事罪，其殴打行为致被害人轻伤二级，酌情从重处罚；被告人在侦查和庭审阶段皆无悔罪表现，也没有赔偿，酌情从重处罚。

庭审笔录节选：

（审判长告知诉讼权利、宣读公诉书、讯问、发问被告人环节略）

审：控辩双方在法庭上的发言，必须与本案有关。今天开庭分为法庭调查、法庭辩论、被告人最后陈述进行，合议庭视庭审情况决定是否当庭宣判。为了实现量刑的公开和公正，人民法院将量刑纳入法庭审理程序，在案件审理的各个阶段，保障量刑活动的独立性。现在进行法庭调查……今天的法庭调查分为起诉书指控的犯罪事实调查和量刑事实调查两个阶段进行。现在进行就指控的犯罪事实进行法庭调查。

审：被告人，你对起诉书指控的事实及定性有否异议？

被：我对起诉书指控的事实即定性均有异议，我没有殴打被害人。

---

① 最高人民法院刑事审判第三庭：《量刑规范指导案例》，法律出版社2016年版，第422页。

（犯罪事实调查环节略）

审：关于犯罪事实的法庭调查结束，下面进行量刑事实的法庭调查。公诉人可以就本案的量刑事实讯问被告人，影响量刑的与犯罪事实相关的事实在犯罪事实调查阶段已经讯问过的，就不需要重复。

公：不需要。

审：下面就本案的量刑事实进行举证，如果与量刑事实相关的证据在犯罪事实调查阶段已经举证、质证的，不必再重复举证。先由公诉人举证。

公：宣读被告人的身份材料，该证据正式其犯罪时已满18周岁，已达完全刑事责任年龄。

审：被告人对以上证据有否异议？

被：没有。

审：公诉人可以继续举证。

公：宣读公安机关出具的到案经过。该证据证实了本案的来源及抓获本案被告人江某的具体时间、地点、详细经过。

审：被告人对以上证据有否异议？

被：没有

审：公诉人可以继续举证。

公：本案证据出示完毕。

审：下面进行法庭辩论，法庭辩论分为定罪辩论和量刑辩论两个阶段……首先由公诉人就定罪问题发表公诉意见。

（公诉意见略）

审：下面由被告人就定罪问题自行辩护。

被：被害人对我现场侮辱，我没有殴打他。

审：下面进行量刑问题的辩论，控辩双方可归纳阐述被告人的量刑情节，并对被告人的刑罚使用问题发表意见，提出量刑建议。先由公诉人发表意见。

公：关于本案的处理意见。鉴于被告人当庭不认罪，建议法庭对被告人判处实刑，对被告人从重处罚。建议合议庭量刑时对被告人的犯罪事实、性质、情节、危害程度及认罪态度等情况给予综合考虑，依法作出公正判决。

审：下面由被告人就量刑问题发表辩护意见。

被告人：没有意见。

案例二："彭某、陈某运输毒品案"①

2010 年 3 月，被告人彭某受人指使从 C 省 C 市将毒品运输至 S 市 Q 区某旅馆。同日 23 时许，被告人陈某经过与彭某实现联系，伙同高某（另案处理）至上述地方取货离开后，被守候的公安人员抓获，并从陈某随身携带的包内查货毒品甲基苯丙胺 315.24 克。案发后，被告人陈某对其非法持有毒品的事实供认不讳。但彭某辩称其不知道带到 S 市交给陈某的是毒品。

庭审笔录节选：

（审判长告知诉讼权利、宣读公诉书、公诉人讯问、辩护人发问、法庭调查阶段略。在以上程序中，整个法庭的争论焦点是对彭某是否明知其运输事物系毒品这一问题展开，同案犯陈某的讯问和发问内容是为指控彭某犯罪行为成立而进行的调查）

审：现在进行法庭辩论。法庭辩论将分为定罪辩论和量刑辩论两个阶段。首先进行定罪辩论，由控辩双方围绕定罪问题发表意见。

（彭某的辩护人就明知问题与公诉人展开激烈辩论，而陈某辩护人就定罪问题不持异议。）

审：鉴于控辩双方围绕定罪问题均充分发表了意见，定罪辩论结束。下面进行量刑辩论。控辩双方可以围绕量刑问题进

① 最高人民法院中国应用法学研究所：《量刑规范化典型案例（1）》，人民法院出版社 2011 年版，第 281 页。

行辩论，发表量刑建议或意见，并说明理由和依据。

首先由公诉人发表量刑建议。

公：根据彭某运输毒品的数量，已经超过了十年有期徒刑的起刑点。鉴于本案的毒品尚未流入社会，彭某系受人指使运输毒品，公诉人认为，对彭某的量刑尚不足以判处死刑。彭某到案至今，均没有认罪，也有一定的酌情从重的情节。综上，公诉人建议法庭对被告人彭某在无期徒刑进行量刑。被告人陈某构成非法持有毒品罪，在假释期间犯新罪，建议在十四年至十六年之间对其进行量刑。

审：被告人彭某与其辩护人，法庭注意到彭某当庭作无罪辩解，辩护人当庭作无罪辩护。法庭要告知被告人彭某与辩护人，你们也可以在量刑辩论阶段发表量刑辩护意见，发表量刑的辩护意见并不影响之前的定罪意见。

彭辩：假使彭某运输毒品罪成立，她受人指使，单纯运毒行为具有从属性、辅助性和被支配的地位。所起作用和主观恶性相对较小，社会危害性相对较小。彭某系初犯、偶犯，也没有吸食毒品的前科，可以从轻处罚。本案涉案毒品被收缴，没有造成实际危害结果，考虑彭某年纪尚轻，还有年幼的孩子。建议对其从轻处罚。

审：被告人陈某的辩护人可以发表量刑辩护意见。

陈辩：非法持有毒品罪最高只能到无期徒刑，辩护人认为陈某非法持有毒品的数量不大。辩护人认为应该在七年以上十年以下量刑。陈某的认罪悔罪态度较好，毒品尚未流入社会。其社会危害性相对较轻。陈某非法持有毒品含量为64.10%，相对含量更高的毒品，其社会危害性较小，建议法庭判处十年以下有期徒刑。

审：下面公诉人进行量刑答辩。

公：针对彭某的量刑意见，由于其是运输毒品的实行犯，并不构成所谓的从犯。毒品含量64.10%，辩护人认为是含量较低，但公诉人并不这么认为，公诉人认为这是含量较高，彭某虽为人母，但并不是法定酌情或者酌定从轻的情节。针对陈某的量刑意见，起刑点在 50 克以上就要判处七年有期徒刑，如果按照此进行加权可能要算到 70 年，因此公诉人还是依照事实与法律建议对其判处十三年至十五年有期徒刑。

案例三：韦某盗窃案①

G 省 G 市 B 区人民检察院以被告人韦某犯盗窃罪向 B 区人民法院提起公诉。B 区人民法院适用简易程序，实行独任审判，公开审理了本案。本案中，因被害人及时发现，被告人韦某盗窃未能得逞。案发后，涉案赃物被还给了被害人。韦某对指控的犯罪事实及罪名均无异议。被告人韦某系犯罪未遂，且在刑法执行完毕后五年内再犯有期徒刑以上的新罪，系累犯。韦某犯罪后如实供述了自己的罪行。综上 B 区人民法院判处韦某有期徒刑十个月并处罚金三千元。后韦某未上诉。

庭审笔录节选：

（审判长告知诉讼权利、宣读公诉书、公诉人讯问阶段略）

审：今天的法庭调查分为犯罪事实调查和量刑事实调查两个阶段进行。现在进行犯罪事实的法庭调查……

（犯罪事实法庭调查环节略）

公：本案就犯罪事实的证据已出示完毕。

审：被告人就指控的犯罪事实，有没有证据向法庭出示？

被：没有。

审：法庭下面就量刑事实进行调查。

审：公诉人可以就本案量刑事实和量刑情节讯问被告人。

---

① 最高人民法院刑事审判第三庭：《量刑规范指导案例》，法律出版社 2016 年版，第 407 页。

公：不需要讯问。

审：被告人有无量刑事实和量刑情节需要向法庭陈述？

被：没有。

审：下面就本案的量刑事实进行举证，如果与量刑事实相关的证据在犯罪事实调查阶段已经举证、质证的，不必再重复举证。先由公诉人举证。

公：出示到案经过，该证据证实了抓获本案被告人韦某归案的具体时间、地点、详细经过。

审：被告人对以上的证据有否异议？

被：没有意见。

审：公诉人可以继续举证。

公：被告人韦某的前科材料……

审：被告人对以上的证据有否异议？

被：没有意见。

公：公诉人举证完毕。

审：被告人有无量刑事实和量刑情节的证据向法庭出示？

被：没有。

审：下面进行法庭辩论，法庭辩论分为定罪辩论和量刑辩论两个阶段……现在进行定罪问题的辩论……

（定罪问题辩论环节略）

审：下面进行量刑问题的辩论，控辩双方可归纳阐述被告人的量刑情节，并对被告人的刑罚适用问题发表意见，提出量刑建议。先由公诉人发言。

公：关于本案的处理意见。韦某被判处有期徒刑以上刑罚执行完毕后，在五年以内再犯应当判处有期徒刑以上刑罚之罪，是累犯，应当从重处罚。韦某犯罪未遂，可以比照既遂犯从轻处罚。韦某犯罪后如实供述自己的罪行，可以从轻处罚。建议法庭量刑时对被告人的犯罪事实、性质、情节、危害程度及认罪态度等情况给予综合考虑，依法作出公正判决。

审：被告人可以就本案的量刑问题发表辩护意见。

被：没有意见。

案例四：高某交通肇事案①

B 市 H 区人民检察院以被告人高某犯交通肇事罪向法院提起公诉，H 区人民法院依法适用速裁程序，适用独任制公开审理本案。道路交通事故认定书认定被告人高某为主要责任，对方为次要责任。案发后，被告人高某家属代为赔偿被害人近亲属人民币 20 万，并取得谅解。被告人高某被公安机关电话传唤到案，如实供述了上述犯罪事实。公诉机关认为被告人高某具有自首的从轻情节，建议判处九至十个月有期徒刑。被告人及其辩护人对指控事实、罪名、量刑建议均无异议，在开庭审理过程中均无异议。H 区法院依法判处高某犯交通肇事罪有期徒刑十个月缓刑一年。高某未上诉。

庭审笔录节选：

（审判长告知诉讼权利略）

审：公诉人说明指控意见、主要量刑情节及量刑建议。

公：公诉机关认为被告人高某的行为构成交通肇事罪。被告人高某具有自首的从轻处罚情节，且被告人家属已经赔偿了被害人亲属，本案适用速裁程序，建议判处被告人高磊九至十个月有期徒刑。

审：被告人，庭前公诉人是否与你进行过量刑协商？你是否同意公诉人的量刑建议？

被：有过。同意。

审：辩护人发表辩护意见。

① 最高人民法院刑事审判第三庭：《量刑规范指导案例》，法律出版社 2016 年版，第 391 页。

辩：被告人高某构成交通肇事罪。认罪悔罪态度好，初犯偶犯，有自首情节，家属积极赔偿并获得谅解，被害人与被告人是同事关系，家庭困难，建议判处缓刑。适用缓刑的理由：被告人是 B 市人、有固定的工作、有家庭，具备监管条件；已经赔偿并获得谅解，社会危害性已经降到最低。我愿意配合司法局和社区参加社区矫正工作。

审：公诉人，辩护人同意公诉人的量刑建议，但建议判处缓刑，公诉人有何意见？

公：鉴于辩护人提出的建议判处缓刑的意见，想再补充问被告人几个问题。

审：可以。

公：被告人高某，公诉人现在对你讯问，你说一下你的家庭情况及居住、工作情况？

被：住在 S 区，在一起住的有我爱人。工作单位是环境二队，原单位还没有对我进行处理。

公：综合量刑情节，对辩护人提出的判处缓刑的意见，不持异议。

审：你家庭经济状况怎么样？

被：我从事环卫工作，在 2010 年受了工伤，收入不高，父母身体不好，孩子还小。

以上四则案例展示了分别对应当前刑事诉讼多元化的格局，量刑事实证明活动的表现方式。案例一和案例二对应被告人不认罪也不认罚的情形，可以通过庭审笔录很明显地看出量刑程序的相对独立性。案例一将定罪事实的调查和辩论与量刑事实的调查和辩论彻底分离，在定罪事实调查完毕后进行量刑事实调查，在定罪事实辩论完毕后进行量刑事实辩论；案例二则将事实调查进行集中，由公诉方集中举证，不区别定罪事实和量刑事实，而在辩论环节则在定罪辩论后进行量刑辩论。案例三对应被告人认罪但没有认罚的情形。

由于该则案例发生于认罪认罚从宽制度改革前，因此审前没有告知认罚，但本案的被告人对量刑意见是不持异议的。不过，本案中由于控辩双方均对定罪事实不持异议，因此后续的庭审围绕量刑问题展开。参照案例二，即便辩方对量刑事实存在争议，可以通过后续的庭审环节对量刑事实进行证明、辩论。可以说此时由于定罪问题于审前已确定，那么简易庭审集中调查的问题是量刑问题，对于定罪法官不过是于庭审对认罪的自愿性和真实性，以及相关证据进行核实。案例四对应被告人认罪认罚的情形，该案适用速裁程序，庭审没有进行证据调查，在公诉人发表了公诉意见和量刑建议后，法官重点审查了被告人认罪认罚的自愿性和真实性，并允许被告人对量刑提出补充意见。

　　不难看出，在被告人认罪的前提下，定罪问题业已宣告提前解决，因此无论是适用普通程序简化审、简易程序，庭审的重点均在于量刑问题。此时可以认为量刑程序就是"独立的"。在具备独立性的量刑程序中，量刑事实的证明依附于庭审构架，自然就呈现了遵守一般诉讼规律的诉讼化格局，此时的量刑程序可以说是完全独立而不是所谓相对独立的。

　　在被告人不认罪不认罚的情形中，司法机关运用相对独立的量刑程序来进行量刑事实的证明。但在案例一中，定罪事实调查和量刑事实的调查的绝对隔离导致在量刑问题上，公诉人的举证十分匮乏，大多数的庭审公诉人都是提供"到案经过""情况说明""户籍说明""行政处罚书"以及"有罪判决书"等材料主张部分罪前罪后的量刑情节相关事实，罪中的事实公诉人已经在定罪环节集中出示，无必要也不允许其重复举证。另外，《刑事诉讼法》没有规定社会调查制度适用成年人犯罪案件，因此公诉方的量刑证明对象均为法定量刑情节，即是否存在累犯、前科、自首、刑事责任年龄等情节，对于酌定量刑情节实践中公诉方很少调查和出示相关证据。

　　而在案例二中，量刑程序的相对独立性则体现在量刑辩论上。由于公诉方有准备量刑建议，因此其发表关于量刑的初步结论的确可以独立于关于定罪问题的公诉事实。问题在于辩方的量刑意见：本案中，肯定被告人有罪的辩护人就量刑问题与公诉方展开了辩论，对于他来说，是否存在相对独立的量刑程序无关紧要，因为在一体化的程序中，他完全可以仅就量刑问题发表辩护意见；而对于肯定被告人无罪的辩护人来说，即便法官明确告知了其能够进行量刑辩护，即便他用了"假使有罪"这样的字眼，还是难以掩饰他在坚持被告人无罪的立场上尚需发表量刑意见的尴尬。这种辩护可能只是形式上遵从了法律规定的量刑问题相对独立性而已。

最后，在案例三中，由于本案适用了速裁程序，可以很明显地看到独任法官在庭审中重点在核实被告人认罪认罚的自愿性和真实性。这是因为检察官在审前已经与被告人进行了量刑协商，就量刑结论达成了初步意见。庭审中量刑主要围绕是否适用缓刑来进行，可以视为对量刑建议的补充。由此可见，在被告人认罪认罚的情形下，根据《刑事诉讼法》的要求，控方在审前就已经预决了量刑问题，法官成为单方面审查控方工作的"守门员"，即量刑程序已被提前，因此，所谓庭审中的量刑程序也就不存在了。

量刑程序规范化改革要求保障量刑活动的相对独立性。但是在当前的诉讼格局中，被告人不认罪认罚的情形下，量刑程序呈现了形式化的状态。有相对独立量刑程序与没有相对独立量刑程序的庭审之间并没有产生实质性的区别。同时，"强迫"作无罪辩护的辩护人要在坚持无罪的立场上作假使有罪的量刑辩护，这在根本上违背了无罪推定的司法哲学。与此同时，实践中相对独立的量刑程序所要关注的范围仅集中于罪前和罪后的法定量刑情节，因为基于量刑证据的特殊性，与定罪事实相交叉的量刑事实已经被调查完毕了，因此在后续的量刑程序存在与否显得无关痛痒。最高人民法院应用法学研究所曾提出可以采用"释明—告知"的方式来确保量刑程序的相对独立性，即"在合议庭经评议或经审判委员会讨论对被告人的有罪结论确定后，以告知书方式将合议庭确认被告人有罪的结论告知辩方，并同时告知辩方可以在规定的期限内向法庭补充提交关于量刑的意见和相关的证据或材料。该告知书不具有宣判的法律效力，辩方不能针对有罪结论单独上诉……如果辩方提供的量刑证据、材料设计到基本犯罪事实和法定量刑情节，或者案件属于重大、敏感案件可能判处死刑案件的，必须重新开庭进行法庭调查的，合议庭应当决定再次开庭"①。然而，显而易见的，"评议或审委会讨论后产生有罪结论后告知准备量刑"的方式就是在一定程度上要求量刑程序要完全独立于定罪程序，也就没有所谓的相对独立。如果辩方的量刑意见并不在重新启动的量刑程序中提出，此种方案与以往的"办公室作业"看不出来有什么本质差别。

　　而在被告人认罪不认罚和认罪认罚的情形下，根据《关于规范量刑程序若干问题的意见》之规定，被告人在自愿认罪且知悉认罪后果的前提下，刑事庭审便演化为独立的量刑程序——就量刑问题展开全面的调查和辩论。而在这种程序中，如果被告人有辩护人，那么他的着眼点自然是量刑问题，因此要尽可能地向法庭提出量刑意见。这种量刑的诉讼化其实无关法律直接规定，这是诉讼格局会产生的必然结果，因此也很难说有无法律上的要求会产生什么重大的意义。更何况在认罪认罚情形下适用速裁程序时，原则上不进行法庭调查和法庭辩论，此时无论是定罪审理程序还是量刑程序都不存在了，也就无所谓量刑程序的规范化。而对于审前的量刑协商机制，由于《刑事诉讼法》并没有对检察官主导的协商进行诉讼化的规定，因此一定程度上，被告人认罪认罚的案件的量刑处理颇有倒退至"办公室作业"之嫌。

　　总之，量刑程序规范化改革的着眼点是量刑操作的去行政化、诉讼化，如果目的仅限于此而不问效果，规范化改革总体上是成功的。然而，相对独立量刑程序的形式化模式并不能给量刑结果带来实质的作用，量刑证据调查和量刑辩论颇为局限。因此就结果论而

---

　　①　最高人民法院中国应用法学研究所：《量刑规范化典型案例（1）》，人民法院出版社 2011 年版，第 310 页。

言，相对独立量刑程序的改革是不太成功的。所以可能对量刑事实证明程序的构造需要进一步的研究和探讨。

第二节　量刑事实证明程序的基本原理

一　量刑事实证明程序的结构

（一）量刑事实的主张

从证明的基本理论上看，证明是一种主体之间说服与被说服的活动。说服主体凭借证据的手段向被说服者提出某一事实存在或不存在，从而实现己方的目的。而为了说服就必须提出相应的命题，划定说明的范围，即为待证事实的主张，而通过证据进行说明的过程即证据事实的主张。因此，量刑事实的主张即可定义为量刑事实的证明主体为了提出不利于或者有利于被告人的刑罚，而向量刑法官提出某些量刑证明对象存在或不存在的观点，并需要通过量刑证据予以证明的主张，也可以将其称为量刑请求。有学者指出："量刑请求即控辩双方对量刑的具体意见和要求，包括检察机关提出的量刑建议与辩护人提出的量刑意见……在量刑事实的证明中，控辩双方在完成了各自提出的量刑事实证明的基础上，还应对量刑请求进行证明，综合运用证据论证量刑建议或量刑意见的合理性，力争自己的量刑请求被法官所采纳。"① 可见，在实践中，量刑事实的主张具体的表现方式包括控方提出的量刑建议以及辩方提出的量刑辩护意见。量刑建议可能是对刑罚的具体要求，而量刑意见则是对被告人从宽处罚的意见。从性质上来说，这些材料只是一种主张或者命题而已，其作用在于划定接下来的量刑事实的调查的争点范围，从而使调查程序集中化与优质化。理所应当的，根据证据裁判原则这些主张必须通过证据进行证明，且要遵循量刑事实证明责任的分配

---

① 闵春雷：《论量刑证明》，《吉林大学社会科学学报》2011 年第 1 期。

规则。

因为要提出量刑主张并要提供量刑证据对主张进行证明，因此量刑证据的收集和调查也应包含在量刑事实的主张结构中。与定罪证据的收集相同，量刑证据的收集调查也集中于审前的侦查程序中。但是相对于定罪证据的收集而言，侦查手段的实施则存在较大的区别：第一，取证手段更加灵活，且不受程序法定原则的过分限制。2010 年的"两个证据规定"确立了程序法定原则，亦即证据的收集必须严格遵守法定的程序，否则可能导致获取的证据不作为定案依据适用。但是这一原则主要限定的是定罪证据，对量刑证据来说此原则有所放松。侦查人员可以采用灵活的手段进行调查，如取得某些被告人身份背景相关的量刑信息时，可以不用搜查证审查的机制取得这些信息。再如对于其人身背景的调查，可以委托社会机构对其进行信息收集等。第二，收集到的量刑证据不受严格的证据能力规则限制。根据《刑事诉讼法》第 48 条的规定，证据的种类有严格的法律限制，如果不属于这些种类便不得作为定案根据。然而，对于量刑证据来说，48 条的证据种类的规定则较为宽松，在实践中多表现为"情况说明""破案说明"等，一般这些证据的准入门槛并不高，可以直接用于证明提出的量刑事实的主张。第三，一些量刑证据可能不具有客观性，而是直接由侦查机关参与"生成"的证据，这些证据亦具有证据能力。比较有代表性的就是侦查阶段的"刑事和解协议书"。在侦查阶段如果犯罪嫌疑人与被害人达成了和解，在侦查机关的主持下形成了和解协议，那么该协议无疑是证明刑事和解事实存在的重要证据，但是该证据并不是存在于过去的客观证据，而是在侦查机关参与下由犯罪嫌疑人与被害人生成的证据，这些证据几乎没有限制的进入量刑事实证明程序之中。此外，还有立功材料的例子。总之，量刑证据的收集和调查属于量刑事实证明程序的一部分，与量刑事实的主张直接相连，而就合法性程度而言，量刑证据的收集则与定罪证据的收集大不相同，量刑证据的收集更强调信息的"量"而非信息的"质"，这也就导致了取证手段更加灵活化。

（二）量刑事实的调查

量刑事实的调查是指在量刑法官的主导下，证明主体，即控辩双方提出了具体的量刑事实的主张并出示了相关的量刑证据之后，对这些量刑证据的证据能力以及证明力展开的庭审调查，包括对出庭证人、鉴定人的询问、对被告人的讯问、对实物证据的展示以及质证等活动。在英美法系国家，量刑事实的调查程序最为重要的特征是其独立于定罪事实的庭审程序的，即在陪审团确定被告人有罪后启动独立的量刑事实的调查程序。而在大陆法系国家，定罪事实和量刑事实均是在统一的刑事庭审程序中进行。但是无论是哪一种调查程序，对于量刑事实的调查，法律均赋予量刑法官较为强大的调查程序引导权，并且控辩双方对于事实的攻辩也没有定罪事实调查那么激烈。另外量刑事实的调查推进的模式也比较灵活，严格束缚定罪事实调查的一系列证据规则也在量刑事实的调查中得以放松，传闻证据原则上受到允许，品格证据与前科证据受到接纳，一般来说证人无须出庭。甚至，量刑事实的调查可能不局限于法庭，为了获得更多的量刑相关信息，一些庭外的调查核实证据也可以采取。然而，虽然规则予以放松，但是基本的刑事庭审框架还是要保留。且即便是庭外量刑证据的相关的调查，也要确保控辩双方的在场。而以何种方式进行调查则完全由量刑法官主导，换言之，决定量刑事实的调查方式是法官量刑自由裁量权的重要组成部分。

（三）量刑事实的确信

量刑事实的确信是量刑事实证明程序中的最后一个部分，也是最关键的部分。这种对量刑事实的确信归属于法官的量刑自由裁量权。在证明主体对量刑证据进行收集和调查后，就要在庭审环节对证据进行展示，而展示还要经过庭审程序的质证与确认，这都是为了说服法官对证据形成确信，从而认定己方的主张，而这种认定也不能说是完全自由恣意地进行，仍要遵循一定的规范来进行确信活动。

在对定罪事实的确信中，法官的认证步骤主要是将有证据能力、具备定案根据资格的证据进行全面、综合的分析，运用逻辑和经验通过证据还原案件事实，并将这些案件事实与罪行法定化的犯罪构成要件一一进行对应，从而形成被告人是否有罪的判断。不过对于量刑事实的确信，法官首先要按照法定刑选择、责任刑的判断、预防刑的调整的一般量刑步骤将各种量刑事实进行分类，并按照量刑步骤的顺序来认定影响法定刑选择的量刑事实、影响量刑基准判断的量刑事实、影响预防刑的事实。每一阶段的量刑事实的性质不同，每一阶段的量刑事实的证明要求与证明标准也都不同，同时还要规避重复评价。因此对于量刑事实的确信来说较之定罪事实的确信更具难度与挑战，所以在实务中，量刑法官在进行量刑事实的确信时难免会产生疏忽和判断错误。如果在自由心证的体制下不对这种确信进行监督的话，很可能会导致最终的量刑不准确不公正的后果。最好的监督机制包含两个方面，其一是通过完善的量刑事实的主张与调查程序保证作为量刑依据的量刑证据都满足合法性的要求，这就需要专门的程序对量刑证据进行质证；其二是完善量刑心证公开制度，使得量刑事实的认定与量刑的作出受到监督，以利于上级审的法院有针对性的补充疏忽，纠正错误。

二　量刑证据与量刑程序独立化的关系

（一）量刑程序是否独立决定了量刑证据的收集程度

《刑事诉讼法》要求控方全面收集能够证明被告人有罪无罪、罪行轻重、有利于以及不利于他的证据，这意味着，控方承担调查收集证据的责任。但是这样的规定却过于粗疏，即控方应当如何分配有限的调查资源以及精力去收集什么样的证据，或者说有关定罪的证据与有关量刑的证据在收集时是否应当区别对待？实践中，一般来说控方都将精力集中于收集定罪证据，而多多少少忽视了对量刑证据的收集和调查。这样的问题本该在庭审中予以解决，然而问题在于，定罪和量刑合一的刑事庭审程序中，其主导的争点问题仍集中于定罪之上，因此对量刑证据的疏忽便无法在这样的庭审程序中得以"曝光"，因此这种庭审程序反而使得控方无视疏忽收集量刑证据的问题。正如亨海姆指出的："定罪程序与量刑程序相分离的审判模式带来的最重要的实践结果是关注量刑证据的组合以服务于量刑阶段的目的。一般来说，与量刑相关的证据可能在整个刑事庭审程序中得不到充分的收集……在（一元化量刑程序）这样的程序中，法官在评议时不仅要进行事实裁断，还要做出适当的量刑。这样简便的（没有全面充分收集证据的）程序可能会使得量刑协商十分便利但是却在某种程度上可能会曲解作出量刑实际所依据的那些事实。"① 相反，如果量刑程序是独立的，那么在这样的程序中，无论是法官主导还是控辩双方推进，争点问题始终围绕量刑展开，那么为了支持证明主张、完成证明责任，控方必须重视对量刑证据的收集和调查，以便在这种独立的量刑程序中提出主张并予以证明，因此独立的量刑程序对量刑证据的收集起到良性的影响。因此，量刑程序是否独立决定了量刑证据的收集程度，或者说承担证明责任一方对量刑证据收集问题的重视程度。一般来说，越是独立的量刑程序越能保证量刑证据得以充分收集。

（二）量刑程序是否独立决定了量刑证据调查的效果

实践中的量刑证据有别于定罪证据的一大特征是表现形式多样、基于刑罚的报应根据与预防根据分为不同种类。如此广泛繁杂的量刑证据自然会对证明程序中的展示过程造成诸多困难。日本刑事诉讼实施裁判员制度后冗长复杂的公审前整理程序的一大特征就是控辩审三方要就各种证据，包括定罪证据与量刑证据的问题进行协商。因此，量刑证据的广泛性和复杂性间接导致了控方忽略在庭审上充分出示量刑证据。此外，中国刑事诉讼实践中控方举证的顺序并不是按照定罪证据和量刑证据划分，而是以证据类别划分——从讯问

---

① Ralph Henham：*Sentencing and the Legitimacy of Trial Judtice*，Routledge press，2017，pp. 192 – 193.

被告人到宣读证人证言再到展示实物证据替代物的形式进行。这样的传统无疑也是围绕着给被告人定罪的目的而进行证据展示，而非对量刑事实进行举证。以上双重的原因导致控方在量刑证据的出示问题上疏忽。这种疏忽带来的最直接的影响是辩方无法及时掌握控方收集到的有利于被告人的各种量刑证据，从而不能提出适当的量刑辩护意见，这无疑对量刑辩护权的行使构成障碍，进一步地削弱量刑证据法庭调查的效果。与此同时，对于量刑证据的展示的忽视，也造成量刑争点问题难以形成，使得量刑证据的调查效力大打折扣。相反，在独立化的量刑事实证明程序中，控方为了有效参与程序就不得不对量刑证据进行较为详尽地收集，也不得不将精力集中于对这些证据的展示从而使得主张通过程序调查以求获得量刑法官的认证。对于辩方来说，在独立化的量刑程序中，由于控方展示证据，辩方能够通过展示的量刑证据形成量刑辩护意见，从而推出量刑证据调查的争点问题，不仅节约效率，还能将量刑证据调查程序的效果最大化。由此可见，从证据展示的角度来看，独立化的量刑程序能够确保控方展示证据、辩方及时提出量刑辩护意见、关于量刑证据的证点得以形成，使得量刑证据的调查程序真正发挥作用。

（三）量刑程序是否独立决定了法官评价量刑事实的难易程度

在日本实施裁判员制度后，之所以理论界与实务界再掀"程序二分论"的呼声，其一大要因在于对量刑证据对外行人裁判员可能产生预断先决之结果的恐惧。因为对于外行人来说，品格证据或者先前定罪和前科劣迹证据可能会使事实认定者对被告人产生不必要的偏见，从而影响定罪的准确性。但是同时，品格证据与前科劣迹证据又是极为重要的反映预防刑根据的量刑证据，有利于量刑时的刑罚个别化，因此才出现了隔离定罪程序与量刑程序的呼声。尽管法官属于法律职业者，但是作为"内行人"，没有任何研究或者实证调查能够证明法官绝对不会受到品格证据与前科劣迹证据的影响。相反，在定罪量刑一体化的刑事庭审程序中，法官在评价证据时，会将品格证据与前科劣迹证据等识别为帮助量刑的证据，但是这一识别也就等于默认了被告人有罪。不过，强制要求其在定罪证据与量刑证据混杂的刑事案卷中强行分开定罪用证据与量刑用证据又是不现实的，而过分强调这种隔离又可能会导致法官忽视量刑证据，因此实际上定罪量刑一体化的刑事庭审确实给量刑法官在评价量刑事实时造成较大的难题。正如有学者指出的："在定罪辩论没有进行之前即进行量刑调查，势必对被告人无罪推定的权利构成实质性的挑战，量刑证据的过早出现也会污染法官的视野、动摇其裁判的中立地位，有损程序的公正性。"① 而在独立化的量刑程序中，由于量刑程序从定罪程序中分立出来，因此法官可以在定罪程序中对品格证据或者前科劣迹证据等量刑证据完全不予考虑，严格适用证据规则从而分析被告人是否有罪。而在确定了被告人有罪的基础上，在量刑程序中则充分考虑反映被告人犯罪行为危害性、非难可能性、人身危险性、再社会化可能性的各种证据和信息，从而准确量刑。所以，从法官评价量刑事实的难易程度角度出发，量刑程序的独立化无疑降低了量刑证据分析的难度，并且也使得法官的量刑认证更加规范化。

第三节　不同诉讼格局下的量刑事实证明程序设计

根据前文的分析，可以看出从证明的基本法理角度出发，量刑事实的证明程序越是独立化，证明的相关理念越能得到贯彻，实践中的证明越是规范化。因此，理想化的独立的量刑事实的证明程序当属英美法系的在陪审团确认被告人有罪后的完全独立的量刑程序。但是目前，完全独立的量刑程序在中国的刑事司法实践的背景下尚

① 闵春雷：《论量刑证明》，《吉林大学社会科学学报》2011 年第 1 期。

无法构建，各种环境因素阻碍了完全独立化的量刑程序的引进。而退而求其次的"相对独立的量刑程序"亦没有很好地完成规范量刑事实证明程序的目的，因此必须寻求其他的出路。

根据当前的诉讼格局，以被告人是否认罪认罚为分界点，在三种不同的形式下应当构造不同的证明程序来处理量刑问题。由于被告人认罪不认罚所适用的普通程序简化审以及简易程序中，庭审实质上体现了集中式的量刑事实证明程序，因此在这一情形下，没有改良证明程序的必要。问题在于被告人不认罪认罚与认罪认罚的两种情形。就前者而言，应当适用"审中审"的程序模型来进行量刑事实的证明，而在后者的情况中，应当使具有量刑预决效力的量刑协商机制诉讼化，使证明程序在审前就得以体现。本书借鉴域外的以及本土化的程序模型，提出"审中审"的量刑事实的证明程序，作为相对独立量刑程序的替代模型，试图解决这一问题。

一　"审中审"量刑事实证明程序
（一）"审中审"量刑事实证明程序的来源模型

在被告人不认罪认罚的情形下，根据现有的法律规定，要适用相对独立的量刑程序来解决量刑事实的证明问题。但是基于前文的论述，这种程序的实质效果十分局限，因此本书提出"审中审"量刑事实证明程序的模型替代现有的相对独立量刑程序。所谓"审中审"，即指在现有的刑事庭审的格局中，再次并入一种诉讼化的程序。在设计这种程序时存在两个样本可供参考：

1. 来源于域外的模型——英美法系庭审的"审中审"程序

第一个"审中审"程序的样本来源于英美法系国家，准确来说，是传统的英联邦地域（英格兰地区、威尔士地区、北爱尔兰地区、澳大利亚、加拿大、中国香港等），在这些国家与地区的刑事审判中，有一个专门的审查证据可采性的程序，被称为"Voir Dire"。这一词汇来源于古拉丁语，本意为"讲真话"（Speak the Truth），在传承拉丁语系的法国，这一概念用来指证人在出庭作证前宣誓作真实有效的证言。而在美国，这一概念则指法官和当事人以及律师对候选陪审员或证人通过询问来审查其是否具备作为陪审员或证人的资格以及适当性的程序。在英联邦地域，这一程序则专门用来形容在庭审中审查和决定证据可采性的程序。有英美法学者直接将其称为"审判中的审判""审中审"（a trial within the trial）。在这"Voir Dire"程序中，重点通过审查、判断证据规则相关的事实问题来决定某一证据是否具有可采性。例如，在加拿大，传统的判例法确立了自白任意规则，该规则与宪法上的非法言词证据排除规则功能上相通，只不过判断标准是被告人在作出供述的自愿性而非其沉默权是否被违反。那么在 Voir Dire 程序中，控辩双方与法官则要着重判断被告人供述的自愿性是否被违反，而在该程序中，则由控方承担证明责任并且证明至排除合理怀疑的证明标准，如果无法完成自愿性的证明，那么该供述则要受到排除。原则上，Voir Dire 程序不能在陪审团面前启动，为了避免其因披露的事实产生对被告人的偏见。但是在诸如决定未成年人作证能力的问题上，Voir Dire 程序则在陪审团面前启动，如果未成年人证人被法官判断有作证能力，那么陪审团可以直接评价其在 Voir Dire 程序中证言的证明力。①

　　毫无疑问，英美法系国家的刑事庭审的关键部分是包括直接询问与交叉询问在内的证据调查环节。这一环节的根本目的在于通过控辩双方对焦点问题的攻辩，促使陪审团对双方的事实主张形成心证，从而获取被告人是否有罪的内心确信。换言之，英美法系刑事庭审的关键在于审查证据的证明力，或者说将证据的证明力展现给陪审团，而是否达到法定的排除合理怀疑证明标准则全权委托于陪审团的内心确信。而 Voir Dire 程序存在的最大意义在于它将证据能力、或者说证据可采性的判断问题从以证据的证明力判断为中心的英美法刑事庭审中人为地割裂出来，形成独立的程序。在这一程序

---

① Hamish Stewart：*Evidence, A Canadian Casebook（Fourth Edition）*，Emond Montgomery press，Canada，2016，p. 15.

中，争点事实不同于普通刑事庭审中的争点事实，前者主要决定了证据的可采性，后者则向陪审团展示了证据可能具有的证明力。而在一些情况下，Voir Dire 程序中的事实又可以直接适用于刑事庭审。换言之，Voir Dire 程序相对独立于刑事庭审程序。而因为目的的不同，因此在 Voir Dire 程序中根据不同的证据规则的要求，证明责任的分配与证明标准的设置又完全不同，认证的主体也是陪审团之外的法官。因此，Voir Dire 程序给量刑事实的证明程序的独立化带来重大的借鉴作用，因为量刑事实的证明程序需要独立，并需要不同于定罪事实调查程序的一套独有规则，还要与定罪事实调查程序之间保持一定的张力。

2. 来源于实践的模型——庭审非法证据排除程序

2012 年的《刑事诉讼法》及其相关司法解释构建了本土化的非法证据排除规则，并对一系列关于该规则适用的程序性规则作出了细化规定。2017 年，最高人民法院等"五机关"出台了《关于办理刑事案件严格排除非法证据若干问题的规定》这一司法解释，进一步对中国的非法证据排除规则进行规范化。截至目前，非法证据排除规则在中国的刑事诉讼发挥了较为突出的作用。

与传统确立这一证据规则的发达国家的程序机制不同，中国的非法证据排除规则规定侦查、起诉、审判三机关均有权依职权启动非法证据排除程序，但是排除模式却大不相同，其中在审判阶段排除非法证据时，当事人可以依申请或者法院可以依据职权启动非法证据排除程序。庭审的非法证据排除程序寓于刑事庭审中，可以说是就证据的可采性问题设置的专门的"审中审"程序，这是中国本土化的实践成果。

根据 2017 年《非法证据排除规定》的司法解释，具体而言，庭审的非法证据排除规则包含以下特殊的特征：其一，排除非法证据的"审中审"程序前倾化。其中，"被告人及其辩护人可以在开庭审理前申请排除非法证据，若提供线索承担初步的证明责任，人民法院应当召开庭前会议。检察院在该程序中应当通过出示有关证据材料等方式，有针对性地对证据收集的合法性作出说明。人民法院可以核实情况，听取意见"①。这样的规定将"审中审"程序延展到了庭前会议阶段，使得庭审排除非法证据程序覆盖面更广。其二，法院主导庭审排除证据程序，决定调查收集证据合法性的时间。"庭审期间，法庭决定对证据收集的合法性进行调查的，应当先行当庭调查。但为防止庭审过分迟延，也可以在法庭调查结束前进行调查。"② 在该规定下，法院原则上应当在证据合法性存疑时先行启动庭审非法证据排除程序，但也可以在普通的法庭调查结束前进行该问题的程序处理，启动模式更为灵活，主导权在法院。其三，细化调查程序规则，明确规定针对非法证据问题的证人出庭作证规则。该司法解释规定："被告人与辩护人可以申请相关证人出庭作证的权利、公诉机关履行证明责任、提出和展示相应证据的权利以及申请侦查人员出庭作证的权力、出示讯问录音录像的权力、控辩双方就收集证据的合法性进行质证辩论的规则、休庭调查的权利。"③ 可以说，通过这些规则，庭审排除非法证据程序这一"审中审"程序得以完善，控辩审三方可以规范地在此程序中对证据的合法性进行证明。其四，也是最为重要的一点："法庭对证据收集的合法性进行调查后，应当当庭作出是否排除有关证据的决定。必要时，可以宣布休庭，由合议庭评议或者提交审判委员会讨论，再次开庭时宣布决定。"④ 这种"中间判决"性质的程序才是庭审排除非法证据"审中审"程序的核心价值所在，因为它要解决的是证据的可采性问题，不可采的证据当然不能成为定案依据。如果在案件的综合评议阶段才决定排除证据，这些理应被排除的证据难免不会对心证产生不利的影响，同时也不符合基本的证明原理与证明规律。"审中审"程序的核心目的在于认定证据的可采性问题，因此当庭作出决定才能认

---

① 《关于办理刑事案件严格排除非法证据若干问题的规定》第 25 条。
② 《关于办理刑事案件严格排除非法证据若干问题的规定》第 30 条。
③ 《关于办理刑事案件严格排除非法证据若干问题的规定》第 27、31、32 条。
④ 《关于办理刑事案件严格排除非法证据若干问题的规定》第 33 条。

为"审中审"完成了任务，否则"审中审"程序是在浪费司法资源而已。

新一时期的庭审非法证据排除程序对于量刑事实证明程序的独立化具有重大的借鉴意义。首先，它完成了不同性质的事实适用不同的程序进行调查和审查判断的目标。证据是否是非法证据是纯粹的证据可采性问题，而不涉及任何实质的证明力问题。在缺乏这种程序的前提下，刑事庭审一元化的处理证据可采性问题与证据证明力的问题，很容易导致忽视可采性问题。反过来说，如果为了重视可采性规则的适用，那么就必须有独立化的程序与规则对该问题进行专门的处理。因此，必须割裂调查证据可采性的程序与调查证据证明力的程序，而庭审非法证据排除程序完成了这一点。同样的，在定罪和量刑的一元化庭审模式中，根据前文的分析，无论再怎么强调量刑事实量刑证据之调查的重要性，最终它还是可能会被定罪事实的调查所掩盖，因此若要突出量刑事实的证明，割裂定罪事实调查程序与量刑事实调查程序是十分必要的。其次，它规定了侦查人员就收集证据合法性问题的出庭规则，促使了"审中审"程序的实质化，进而促进整个刑事庭审的实质化。在实施了 2012 年《刑事诉讼法》后，关于证人出庭规则的改革相对来说并不成功。在整个刑事庭审这样的环境下，如果不强调对证据合法性问题的侦查人员出庭作证，那么实践中根本就不会有侦查人员出庭。庭审非法证据排除程序规定要求侦查人员出庭作证，对证据合法性进行说明，并且罗列了出庭的基本条件，无疑是有利于庭审非法证据排除程序的实质化的，那么进而会对整个刑事庭审证人出庭起到反向促进的作用。对于独立化的量刑事实证明程序也是如此，法律必须强调证人要就量刑问题进行出庭作证，才能敦促量刑事实证明程序的实质化，否则该程序能够发挥的作用极为有限。最后，庭审非法证据排除规则确立了"当庭决定"这一终局规定，使得"审中审"程序彻底完善。对于量刑事实的证明程序来说，其目标主要在于分离定罪事实调查与量刑事实调查，将后者独立化，以解决量刑证据审查判断的恣意之忧。在量刑事实的调查中包括量刑证据的可采性与证明力两个方面，对于前者来说，如果法律能够明确规定量刑证据的可采性要当庭作出判断，那么无疑对于后来的评断量刑证据证明力以及作出具体量刑的活动会保持程序上的连贯性，也不会因为量刑证据的可采性问题对法官的量刑心证产生影响。

（二）"审中审"量刑事实证明程序的具体运作

基于舶来品的"Voir Dire"程序模型以及本土化的庭审非法证据排除模型，本书提出为替代并没有充分发挥作用的相对独立的量刑程序的目的，需构建"审中审"式量刑事实的证明程序。根据《量刑程序指导意见》的规定，相对独立的量刑程序以刑事庭审中的法庭调查和法庭辩论为范围，"可以"先对定罪事实进行调查和辩论，再对量刑事实进行调查和辩论。法官先对量刑事实进行归纳，而控辩双方则可对未经审理的量刑事实进行举证和质证。同时，相对独立的量刑程序还要解决量刑作出、情节与刑罚适用等问题。相对独立的量刑程序的运作如下图表示：

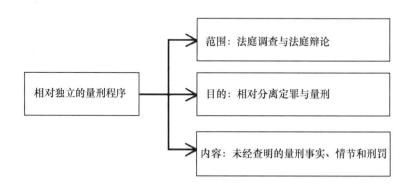

图7 相对独立的量刑程序运作示意图

而"审中审"量刑事实证明程序则与相对独立的量刑程序运作大不相同：第一，"审中审"程序依托法官的量刑自由裁量权进行职权启动，其存在范围可以延伸至庭前会议阶段，即在庭审前就可以利用该程序对量刑事实进行证明。第二，"审中审"程序的基本目的是在法官认为有必要的前提下，解决控辩双方对量刑事实的争议，而并不是像相对独立量刑程序那样，对任何未经举证质证的量刑事实均要在庭审阶段进行查明。第三，"审中审"程序只处理证据的证据能力以及证明力评价的问题，而不对量刑的作出、情节和刑罚等问题进行处理。亦即"审中审"是纯粹地与量刑事实的"证明"相关的程序。"审中审"程序的模式如下所示：

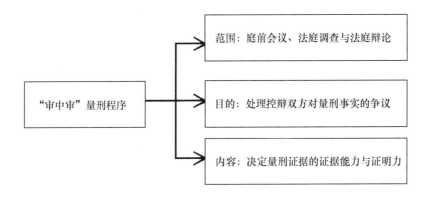

图8 "审中审"量刑事实证明程序运作示意图

关于该程序的具体操作，包含以下几个方面：

1. 以处理控辩双方关于量刑事实的争议为目的

关于任何一种诉讼程序的建构离不开对目的的探讨，如庭审非法证据排除程序的目的是在审判阶段决定收集证据的合法性问题，若判断非法则不能作为定案依据使用。那么对于量刑事实的证明程序来说，其目标是解决实践中出现的关于量刑证据的争议问题。由于长期实行定罪量刑一元化的庭审模式，导致控辩审三方在实践中对量刑证据的忽视，造成了量刑事实证明的恣意与擅断。为了解决这一问题，就必须有专门的程序对它进行处理。然而，量刑事实不同于定罪事实，其具有广泛性与复杂性的特征，如果限缩过紧，程序控制过于严格，不仅会导致诉讼效率的下降，还会产生量刑法官因无法获取充足的量刑证据而不利于对量刑的判断。因此，该程序的目标应当限定为解决控辩双方对某些量刑事实存在的重大争议。比较明显的例子是对较重法定刑的选择问题以及修正构成要件的量刑情节的事实。例如，对于死刑案件来说，绝大多数关于定罪的事实并不存在争议，而辩护意见也主要采取罪轻辩护，以"刀下留人"为目标，这样的问题显然是量刑问题，而因为涉及剥夺被告人的生命权，必须由专门的程序审查选择死刑的证据与解决控辩双方关于该事实的争议。还有犯罪未遂和从犯以及被告人的刑事责任问题，对于这些事实，控辩双方若产生巨大的争议，自然要由专门的程序进行解决。而对于其他的控辩双方没有争议的事实，"审中审"程序就没有实施的意义。

"审中审"量刑事实证明程序与相对独立的量刑程序在目的上的最大区别在于后者将着眼点放在强行将量刑事实的审查判断从一元化的庭审中独立出来，促使定罪事实与量刑事实相对独立，但又不愿建构完全独立化的量刑程序解决量刑事实的证明问题。结果因为量刑证据与定罪证据交叉的特性等因素而招致反弹，使得"相对独立"演化为"不独立"。而"审中审"的目标在于解决控辩双方关于量刑事实的争议，也就是说该程序启动的前提并不是要厘清定罪事实与量刑事实、或者定罪证据与量刑证据的界限，而是要处理对量刑事实的争议。这些争议一旦出现，某一证据是定罪证据还是量刑证据之性质辨别就不重要了，重要的是能否通过程序使得事实争议得到解决，或者量刑法官能否通过控辩的争议形成合理的心证。因此，在"审中审"量刑事实证明程序中，当然可以审查与定罪事实相交叉的量刑事实问题，因为存在"争议"，而目的是解决"争议"。"审中审"程序的设置目的规避了分离定罪事实与量刑事实的难题，从而比相对独立的量刑程序更加便利。

2. 以法官职权启动为原则，限定个别案件强制启动

关于"审中审"量刑事实证明程序的第二个问题是依何种方式启动，或者说谁有权限来决定控辩双方对量刑事实产生了重大争议

而需要启动程序进行解决。本书认为，作为刑事自由裁量权的分支，法官拥有量刑自由裁量权。量刑事实的证明规则限制着量刑自由裁量权，避免法官在量刑问题上的恣意。但是反过来说，采取适当证明原则的量刑事实的证明又肯定了量刑自由裁量权，因此量刑自由裁量权又可以反作用于量刑事实的证明。在证明程序的问题上表现为法官依职权启动"审中审"量刑事实证明程序对量刑事实与量刑证据进行调查。这样做的好处在于既可以保证法官的量刑自由裁量权不受到过分的干涉，又可以节约诉讼效率。

作为法律职业者的法官来说，由于他享有量刑权，因此他在对量刑事实与量刑证据存有疑惑时、在控辩双方对量刑事实产生重大争议时，通过启动调查程序来对疑惑或争议进行释清，能够更好地帮助其作出准确的量刑。尤其对于法定刑的选择和责任刑的确定量刑事实来说，存在这样的疑惑或争议则必须通过法庭调查来进行解决，因此也就有必要启动"审中审"程序。而对于多数的需法定证明的量刑事实或者反映预防刑的事实来说，法官可能不存在疑虑而径直对事实作出判断，因此"审中审"程序也就没有必要了。因此从这个角度来说，"审中审"量刑事实证明程序的法官职权启动权与为解决控辩量刑事实争议的程序目的存在着联动的关系：一般情况下，控辩双方存在重大争议时，法官也会对该量刑事实存在较大的疑虑，因此"审中审"程序可能就要被启动用来解决争议与消除疑虑。相反，如果控辩不存在重大争议的事实，法官可能也不存在疑虑，程序也就没有必要启动。基于这一点，"审中审"程序的启动权不能设置依申请的模式，为了防止僭越量刑自由裁量权、也防止因辩方刻意拖沓诉讼效率而强行启动"审中审"。所以该程序的启动权原则上应当限定为法官的职权。

然而，如果所有的"审中审"程序全部交由法官的自由裁量权来决定是否启动，在一些特殊情况下又不能满足刑事诉讼保障人权的需求。例如对于死刑、终身监禁刑、无期徒刑的案件来说，此类案件的关键并不是在于认定被告人是否有罪，而是在于是不是要对被告人适用剥夺生命权、剥夺终身自由权等如此严重的刑罚，因此在这些案件中，量刑事实就是刑事庭审的主要争点问题，高证明标准亦要求对于选择法定刑适用的相关事实进行准确的查明。同时，定罪问题也必须进行处理，也不可能因为问题主要集中在量刑上而忽视排除合理怀疑对定罪证据的要求。此时，量刑事实的调查就必须与定罪事实的调查相分离，在这一情况下，"审中审"程序便有必要存在，而不能留给法官自由裁量的余地。从人权保障的角度来说，严格、审慎地运用独立的程序调查量刑事实，也是对被告人人权的尊重。与死刑等案件相对应的另一个示例是可能对被告人适用缓刑的案件，缓刑的特点在于取代监禁刑的保安功能而对被告人在社会中进行限制和矫正，相对于监禁刑来说，缓刑给予被告人更大的人身自由，因此，也必须有专门的程序准确且详尽地调查和判断与被告人人身危险性与矫正可能性相关的事实以及证据，在这种情况下，"审中审"程序也有必要存在，控辩审三方专门就预防刑的事实进行详细的调查和梳理，从而便于法官作出合理的缓刑决定。所以，在特殊情况下，"审中审"量刑事实证明程序的启动必须是强制性的，以实现人权保障的价值与准确评估特殊刑罚适用可行性的目的。

3. 以控方的量刑证据审查为主导

基于无罪推定原则，本书持控方原则上要承担量刑事实的证明责任之观点，而证明责任的承担方式则表现为控方提出量刑建议，并提供量刑证据以证明量刑建议中包含的量刑事实之主张。在"审中审"程序中，程序参与者必须要确定争点问题，也就是程序审理的对象，否则程序并无存在的意义。在现实的相对独立量刑程序之中，之所以它的运行机制失败，作用不明显，很大的原因在于审理的对象不明确，进而导致定罪事实与量刑事实的划分不明确，所以程序便无实际意义。为了纠正这一问题，"审中审"程序必须以调查与核实承担量刑事实证明责任的控方提出和展示的量刑证据为主导，从而明确控方的量刑主张为主要审理对象，以发挥程序的作用。当然，在辩方承担量刑事实的证明责任的情况下，也可以明确辩方的量刑证据为主要审理对象。不过，在通过法官证明职责认定量刑事实或量刑证据的情况下，"审中审"程序就没有存在的必要，因为法官已经通过证明职责对量刑事实有所认定，没必要运用程序来作出进一步的判断。所以，确定程序的审理对象也与量刑法官的"审中审"程序职权启动权直接相关。

程序的审理对象限于审查量刑证据，具体而言，包括证据的可采性与证明力。对于前者来说，如果证据的形式、取得方式合法性存疑导致证据的可采性存疑时，法官可以依职权启动"审中审"程序对证据的可采性进行审查，并根据控辩双方的争辩意见对可采性作出判断。关于证据可采性的证明，控辩双方均可以通过申请证人出庭作证，展示实物证据来实现。对于后者来说，通过控辩双方对量刑证据的质证，量刑法官可以通过该程序对争辩的量刑证据的证明力有一个基本的判断，从而在认定量刑事实时，依据内心确信对量刑证据作出准确评价。此外，在审理对象包括需要法定证明的量刑事实时，法官必须通过"审中审"程序对量刑证据进行审查，判断这些法定证明下的量刑证据是否符合此类量刑事实需要的"证据标准"。

4. 法官要当庭作出量刑证据的可采性决定

与"Voir Dire"程序与庭审非法证据排除程序相同，"审中审"量刑事实证明程序必须设置法官当庭对量刑证据可采性作出决定的规定。在司法实践中，由于缺乏标准性的规定，量刑证据相当的广泛并且复杂多样，而为了实现刑罚个别化法官就需要尽可能多的量刑证据作为量刑依据，这就导致了量刑证据的准入门槛过低，可能大量不具有真实性、不具有关联性以及可能会对量刑产生误导、缺乏形式要件的量刑证据进入法官的视野，因此"审中审"量刑事实证明程序的一大任务包括解决量刑证据的可采性问题。

由于量刑步骤的复杂、量刑证据的范围过于广泛以及禁止重复评价原则的限制，量刑法官的关于量刑事实的确信的工作是相当复杂和困难的，因此"审中审"程序有必要帮助法官降低量刑事实认定的这种困难性。在"审中审"程序进行的证据可采性的调查，如果不当庭对该问题作出判断，则难以保证量刑法官不会考虑可能不具备可采性的量刑证据，从而对量刑的准确性产生不利的影响。同时，如果将可采性问题的判断亦委诸于法官在量刑事实的确信阶段，"审中审"程序在帮助法官降低量刑事实认定的困难性方面就没有发挥作用，因此，必须要求量刑证据的可采性问题在"审中审"程序中直接予以解决，即法官必须在"审中审"程序中当庭对证据的可采性问题作出判断。同理，对于法定证明的量刑事实来说，由于"证据标准"的认定并不需要自由心证来判断，因此法官也应当当庭作出量刑证据是否满足这类事实"证据标准"的决定。

（三）"审中审"量刑事实证明程序的功能

1. 促使量刑证明与定罪证明分离

"审中审"式量刑事实的证明程序建构的首要目的是替代无法充分发挥作用的"相对独立的量刑程序"，因此，它必须具有使量刑程序独立化的功能。而量刑程序独立化的目的无非在于促使量刑事实的证明与定罪事实的证明相分离。在"审中审"程序的基本性质是法官依据职权启动的专门对于有争议的量刑事实进行调查和质证的程序，因此毫无疑问地启动了"审中审"程序就意味着阻断了进行着的关于定罪事实证据调查和质证程序，这无疑是人为地将量刑事实的庭审调查与定罪事实的庭审调查分开了，亦即量刑程序获得了"短暂的"独立化。而在这独立化的程序中，对于量刑事实的主张、调查、质证、证据规则、证明标准等等相关的证明规则均可以适用于定罪事实不同的证明规则，进而重视量刑事实证明的规范化，使其享有独立的程序控制的规范化改革的目的也就得以实现了，这或许是"审中审"式量刑事实的证明程序最大的贡献。

2. 敦促控辩双方深入收集量刑证据

"审中审"程序还可以敦促控辩双方重视量刑事实的证明问题，进而深入收集量刑证据。虽然《刑事诉讼法》及其司法解释一再强调控方必须全面、深入收集定罪与量刑证据、有利于被告人与不利于被告人的证据。但是实践中强烈的致罪偏向思维以及定罪证据与量刑证据的交叉性仍导致控方片面地精力着重于收集给被告人定罪的证据。相对于定罪证据的收集，量刑证据的收集更需要取证主体需要精细化的进行。例如，"由于自首、准自首、自动投案等量刑情节有具体的司法解释进行界定，侦查人员要对犯罪嫌疑人是自首的动机、时间、方式、罪行轻重等具体情形要有清晰的证据材料；对侦查阶段犯罪嫌疑人的立功表现属于到案后检举揭发他人犯罪行为、提供侦破其他案件的重要线索、阻止他人犯罪活动、协助司法机关抓捕其他嫌疑人或同案犯等具体情况要有充分的证据材料"[1]。对于关键的量刑事实或者法官认为对量刑的作出可能会产生重大影响的量刑事实，他很有可能会选择启动"审中审"程序来对这些量刑事实进行充分的调查从而进行判断，因此，为了使得量刑主张能够获得支持，量刑证据能够获得认定，控方就必须深化、精细地收集量刑证据。对于辩方来说，为了使得己方的量刑辩护意见受到支持，他也要尽可能地收集对被告人有利的量刑证据参与"审中审"程序，因此综合来看，"审中审"程序无疑对提高控辩双方对收集量刑证据的重视、量刑证据的取得的深入化有着促进作用。

3. 促进庭审实质化

党的十八届四中全会的《决定》提出新一轮的司法改革必须以审判为中心、促进庭审实质化为目标。顾永忠指出："在由侦查、起诉、审判、刑罚执行组成的刑事诉讼的全过程中，虽然各种诉讼活动都是围绕涉案犯罪嫌疑人、被告人的刑事责任问题展开的，但审判居于中心的地位，只有审判才能'确定刑罚权之有无及其范围大小'……'事实证据调查在法庭'，是说对刑事案件的事实认定，应当以法庭调查的事实、证据为基础，未经法庭调查的事实、证据不得作为认定案件事实的依据；'定罪量刑辩论在法庭'，是讲法院

---

① 揭萍、王利荣：《论量刑情节的侦查取证》，《西南政法大学学报》2015 年第 5 期。

对被告人定罪量刑要在法庭上组织控辩双方就定罪量刑问题展开充分辩论，以此作为定案的重要参考；'裁判结果形成于法庭'，这是最重要的一点，既然要求'事实证据调查在法庭'，'定罪量刑辩论在法庭'，那么，就应该'裁判结果形成于法庭'，否则前两项要求就失去了意义。"① 由此可见，庭审实质化的基本要求就是作为事实认定者的法官，必须通过庭审环节进行的调查以及充分辩论的事实为依据进行当庭的裁判。刑事审判的事实当然包括量刑事实，庭审实质化对于量刑事实的要求就是必须要求量刑事实的证明、量刑证据的展示和调查、量刑事实的质证、量刑证据的辩论必须在庭审之中进行。

"审中审"程序无疑是对完成庭审实质化对于量刑事实证明之要求有帮助作用的。第一，"审中审"程序在形式上既不附属于侦查阶段也不附属于起诉阶段，而是附属于审判阶段，所以"审中审"程序必须要在庭审中进行，因此其存在本身就是庭审实质化的表现之一。第二，"审中审"程序的启动权是法官量刑自由裁量权的延伸，完全由法官享有，这就意味着无论控辩双方对量刑事实的证明是何种意见，他们都无法干涉法官对"审中审"程序的启动权，这也体现了庭审实质化背后的审判中心主义的要求。第三，"审中审"程序的目标明确，程序形式包括完整的举证、调查、质证、认证的阶段，而这是庭审实质化的基本要求，也就是说"审中审"程序基本上是完全按照庭审实质化要求而设计的程序。第四，"审中审"程序要求法官对量刑证据可采性的认定作出当庭宣判，这是庭审实质化要求中"裁判在法庭"的外延之一。因此，"审中审"程序的设计理念是符合庭审实质化的要求的，这种程序无疑对庭审实质化起到促进作用。

必须要说明的是，因为审判中心主义要求刑事诉讼侦查、起诉、

---

① 顾永忠：《"庭审中心问题"之我见》，《人民法院版》2014年5月16日第005版。

审判三阶段中要以审判为核心，实现刑事庭审的实质化。也就是说，只要在有审判职权的法院的参与之下或者是说任何一种具有"两造对抗、一方裁断"庭审基本模型的程序均可以视为庭审实质化的一部分，因此可以在庭前会议阶段进行量刑事实"审中审"的程序并不是非要要求一定在法庭调查环节和法庭辩论环节才能启动，这也与庭审实质化的概念并不冲突。

4. 节约诉讼资源

相对独立量刑程序原则上要求不认罪的案件中，对于定罪事实的审理与量刑事实的审理要分开进行。然而，这却导致实践中出现困难。对于控方来说，定罪证据与量刑证据的交叉性与传统的举证顺序使其认为证据的出示和展示以及调查并不具备可分性，如果完成了对定罪证据的展示和调查也就意味着完成了对于定罪证据相交叉的量刑证据的出示和调查，没有必要再进行一次，对于独立存在的量刑证据来说，如果交给量刑法官去依据自由裁量权认证，可能比在庭审上质证要进行得更快，因为独立存在的量刑证据绝大多数是影响预防刑的事实，与升格法定刑这种量刑事实比较起来，其对于量刑的影响要更小一些，因此也就不必过度重视，没有必要浪费额外的司法资源，对于辩方来说，作了无罪辩护就不能作有罪辩护的左右为难的境地也使得其不便于与控方的这种观点针锋相对，因此从证明的角度来看，相对独立量刑程序就失败了，量刑事实的证明仍旧在刑事程序中不被突出。有学者对相对独立量刑程序的适用进行了实证研究，在该研究中，"90.1%的法官认为在实施了相对独立量刑程序后工作量有所增加，其中42.3%的人认为了增加一半以上的工作量，4.0%的人认为工作量增加了一倍；97%的公诉人认为工作量有所增加，其中34.9%的人认为工作量增加了一半以上，10.6%的人认为工作量增加了一倍"[1]。因此，不得不承认相对独立的量刑程序加大了司法资本的"开销"。

---

① 左卫民：《中国量刑程序改革：误区与正道》，《法学研究》2010年第4期。

"审中审"程序的实施人为地促使定罪事实的证明与量刑事实的证明相分离，也就是将量刑事实的证明独立化，因此这种做法可能会招致降低诉讼效率、浪费司法资源的质疑。本书认为，这种质疑是不必要的，相反，"审中审"程序反而会节约诉讼资源。原因在于，"审中审"的启动模式原则上依赖于法官的自由裁量权，并且要发挥决定量刑证据可采性和帮助法官降低量刑事实认定困难的作用。因此，法官完全享有决定是否要启动该程序来对控方提出的量刑证据进行调查和判断。如果能够依据自由裁量权直接对量刑事实认定，则程序没有必要启动，如果认为量刑证据存在问题，并且可能对量刑事实的认定产生重大影响，就启动程序对证据展开调查。因此相对于完全独立化的量刑程序，"审中审"程序仍未完全脱离一元化庭审模式，也就是它节约了诉讼资源。而比较相对独立的量刑程序来说，如果法官认为案件中的量刑证据没有进行专门调查的必要，那么也可以在整个庭审中不启动"审中审"程序，因此这种灵活性和便宜性不仅符合量刑事实的适当证明原则，且保证了诉讼效率。只不过，在死刑缓刑等案件的强制启动来说，可能专门的"审中审"程序会对诉讼的进行有所拖延，但是对于这种特殊的案件，诉讼效率价值本身就是第二位的，能够公正地适用死刑或缓刑才是程序追求的首要目标。

二   认罪认罚诉讼格局中的量刑事实证明程序

党的十八届四中全会的《决定》提出："完善刑事诉讼中认罪认罚从宽制度"，而为响应《决定》的号召，2016年8月最高人民法院、最高人民检察院、公安部、国家安全部、司法部发布的《关于推进以审判为中心的刑事诉讼制度改革的意见》第21条指出："推进案件繁简分流，优化司法资源配置。完善刑事案件速裁程序和认罪认罚从宽制度，对案件事实清楚、证据充分的轻微刑事案件，或者犯罪嫌疑人、被告人自愿认罪认罚的，可以适用速裁程序、简易程序或者普通程序简化审理。"由此，审判中心主义下的认罪认罚从宽制度在中国司法中铺开，并于 2016 年 11 月上述五机关联合出台了《关于在部分地区开展刑事案件认罪认罚从宽制度试点工作的办法》（以下简称《办法》），对认罪认罚从宽制度作出了较为详尽的规定。

认罪认罚从宽制度是一个较为上位的概念，在实体法上和程序法上均有所体现，现今学界的论述多从程序法角度出发，搭建了认罪认罚从宽刑事程序机制的基本框架，尤其是对认罪协商制度的构建进行了构想和设计。而作为一项新的司法改革内容，认罪认罚从宽与量刑活动紧密相关，因此相关程序，尤其是认罪协商程序与量刑事实的证明的关系亟待进一步释明。

（一）认罪认罚从宽制度中量刑事实的表现形式

"认罪认罚从宽"在刑事司法学界中并不是一个新的概念，它源于"宽严相济"的刑事政策，并由新一轮的司法改革延伸出的新的目标。就"认罪认罚从宽"的概念上，陈光中指出："对于'认罪'，《刑法》规定的坦白与自首之情形都属于被追诉人的认罪……'认罚'是指被追诉人接受公安司法机关提出的抽象刑罚……'从宽'则兼具实体上从宽和程序上从宽的法律效果，实体上从宽是指量刑上的从宽，而程序从宽则是指减少、限制使用羁押措施等强制措施。"[1] 根据以上对认罪认罚从宽的阐述，可以看出，认罪认罚从宽制度在实体法与程序法上皆有所体现。

在程序法方面，认罪认罚从宽制度根据不同的诉讼阶段则展现出不同的形式，熊秋红指出："从立案程序来看，当犯罪事实显著轻微的，不予立案；从侦查程序来看，认罪认罚是适用非羁押措施和侦查终结时作轻缓处理的考量因素之一；从审查起诉程序来看，认罪认罚可能影响相对不起诉与附条件不起诉决定的作出；从审判程序来看，可能关系到程序分流与裁判结果，例如简易程序与速裁程序的适用，而执行程序与特别程序中的刑事和解程序均体现了认罪

---

[1] 陈光中、马康：《认罪认罚从宽制度若干重要问题探讨》，《法学》2016 年第 8 期。

认罚从宽的精神。"① 易言之，认罪认罚从宽制度在刑事诉讼中的表现可以归纳为"审前分流、繁简分化、程序激励"三个基本点。② 由此可以看出，认罪认罚从宽制度不仅是刑事诉讼中的重要组成部分，其多样化的程序设计亦是实现审判中心主义，解决庭审虚化的必要手段之一。

由于案件的繁简分流，多样化程序的设计，进而影响不同的程序阶段，量刑事实证明机制的表现也是不同的。根据《刑事诉讼法》与《关于在部分地区开展刑事案件认罪认罚从宽制度试点工作的办法》的相关规定，公安司法机关在办理认罪认罚的案件必须要坚持贯彻宽严相济的刑事政策，充分考虑犯罪的社会危害性和犯罪嫌疑人被告人的人身危险性，并坚持罪责刑相适应与证据裁判原则。在公安司法机关决定适用强制措施时，必须以犯罪嫌疑人被告人认罪认罚作为其事由具有社会危害性的重要考虑因素，对于没有社会危险性的应当适用非羁押措施；在起诉阶段，检察机关应当听取辩护人或者值班律师关于从宽处罚的建议，并于其在场的情况下签署同意量刑建议的具结书；公诉时，检察机关应当提出量刑建议，并明确刑期以及数额；在审判阶段，如果对量刑建议有异议的，法院可以建议检察院调整量刑建议，如果调整后被告人辩护人仍有意义，法院应当判决。最后，被害人的情况也是量刑的重要考量因素。以上的规定突出了不同阶段的认罪认罚制度中量刑事实证明的表现方式，从中可以归纳出三个特点：第一，改革部门坚持并合主义的立场，贯彻宽严相济的刑事政策，且坚持证据裁判，依法收集、出示、审查、认定证据，符合理论上对量刑事实证明的要求；第二，在侦查阶段，对于非羁押措施的运用重点考量因素还是犯罪行为的社会危害性，这一点不仅衔接了《刑事诉讼法》对非羁押措施运用的相

---

① 熊秋红：《认罪认罚从宽的理论审视与制度完善》，《法学》2016 年第 10 期。

② 魏晓娜：《完善认罪认罚从宽制度：中国语境下的关键词展开》，《法学研究》2016 年第 4 期。

关规定，并且出于侦查阶段特征的考量，此时由侦查机关直接进行人身危险性等预防刑的评估未免过于将量刑重心前置，也缺乏法律依据；第三，在起诉阶段与审判阶段，量刑事实证明的重点围绕量刑建议的认同与异议展开，这是因为量刑建议的理论实质是控方承担量刑事实证明责任的表现，量刑事实的调查理应集中于量刑建议。只是认罪认罚将量刑建议的功能进一步突出，起诉阶段被告人签署具结书实际上意味着量刑事实得到了"暂时性"的认证，后续的审判程序起到监督和把关的作用。

（二）认罪认罚诉讼格局与不认罪认罚格局中量刑事实证明的差异

目前中国现行的认罪认罚从宽制度并不是没有问题的，汪海燕指出："对于我国认罪认罚从宽诉讼制度，首先程序体系出现结构性缺失……被告人与国家的协商程度依然不足……因在认罪认罚从宽诉讼制度中，速裁程序和简易程序的适用范围、程序简化处于高低两端，辩诉交易程序应当在此起阶梯作用。为了促使我国认罪认罚从宽制度的程序结构趋于完整和合理，充分提高司法效率和进行程序分流，有必要构建符合我国国情的辩诉交易程序，即认罪协商程序。"[1] 可见，为了完善认罪认罚从宽的程序体系，就必须借鉴国外辩诉交易制度与量刑协商制度，探索构建中国特色的认罪协商制度。不过对于协商的内容，学界观点相对保守，即均认为应当首先探索构建量刑协商程序。如陈光中认为："认罪认罚从宽中的协商应当只限于量刑协商"，[2] 汪海燕则指出："我国认罪协商程序应先试点量刑协商，之后再视情况扩展至指控协商。"[3] 那么，对于这种量刑协

---

[1]　汪海燕、付奇艺：《认罪认罚从宽制度的理论研究》，《人民检察》2016 年第 15 期。

[2]　陈光中、马康《认罪认罚从宽制度若干重要问题探讨》，《法学》2016 年第 8 期。

[3]　汪海燕、付奇艺：《认罪认罚从宽制度的理论研究》，《人民检察》2016 年第 15 期。

商程序的构建，就有必要对改程序中量刑事实证明的问题进行分析。

认罪协商制度的建构基础是犯罪嫌疑人、被告人"自愿认罪"。对比犯罪嫌疑人、被告人不认罪的普通程序，两者的量刑事实证明表现上的差别比较明显：

第一，二者量刑事实的基础是不同的。在英美法系国家，无论是适用陪审团审理的程序，还是控辩双方辩诉交易的程序，随后都会进入独立的量刑程序，但是量刑程序中据以量刑的事实基础则是不同的。对于前者而言，量刑的事实基础是经过严格的证据规则把控，陪审团通过评议确认的定罪事实，后续的量刑程序要以此作为事实基础，尤其是评价报应刑情节时的依据。而对于后者，量刑的事实基础则是由被告人承认的犯罪事实，后续的量刑程序则以其承诺的事实为量刑的评价依据，原则上不允许控方提出超越该认罪范围的不利于被告人的量刑情节。对于认罪协商制度，学界认为目前应当限于量刑协商，也就是说对于即便被告人认罪，对于定罪的事实部分也必须坚持"案件事实清楚、证据确实充分"。不过，在协商程序中，庭审的重点则并不是审查据以认定定罪事实的相关证据，而是对被告人认罪的情况：自愿性、明智性，以及认罪内容着重审查，这也就意味着量刑的事实基础发生了变化。

第二，量刑证明对象的范围是不同的。在被告人不认罪的案件中，量刑证明对象纷繁复杂，既包含评价法定刑和责任刑的证明对象，又包含预防刑的证明对象。既包含罪前和罪中出现的证明对象，又包含罪后的证明对象。但是在认罪协商程序中，量刑证明对象则集中于预防刑事实，尤其是罪后的各种量刑情节。因为在该程序中，与法定刑与责任刑相关的量刑事实已经被被告人的自愿认罪行为所囊括，那么法官在审查了认罪行为的自愿性与明智性之后，据以认定的法定刑和责任刑的量刑事实也就随之认定了，即限于被告人认罪的范围。因此，认罪协商后续衔接的简化程序，例如速裁程序中，量刑审理的重点便是与预防刑相关的证明对象。

第三，由于事实基础以及证明对象的限定，认罪协商程序的证明严格程度更加的宽松。在不认罪的量刑事实证明机制中，因为证明对象存在差别，司法机关要坚持适当证明原则，该严则严，当宽则宽，证明标准的设置也要依据证明对象性质的不同而有所差异。但在认罪协商程序中，由于量刑证明对象限于预防刑事实，那么其证明的严格程度要予以放松，适用自由证明原则，其证明标准也要低于报应刑事实的证明标准，而证明程序也更加的自由和灵活。

第四，证明程序的审理对象不同。在不认罪的庭审程序中，由于定罪事实、报应刑量刑事实、预防刑量刑事实交织在一起，因此庭审调查都要按照法律规定的调查步骤将事实一一进行审查。一元化的庭审程序下，重点在定罪事实相关的证据调查，当控辩双方对量刑事实有争议，或者法官对于量刑事实存在疑惑时，可以启动"审中审"量刑事实证明程序（替代相对独立的量刑程序）专门就争议事实进行调查。而在认罪协商程序及其后续的简化庭审中，法庭关注两个方面：一是审查被告人认罪的自愿性等相关事实，其实质在于确认定罪事实，二是就检察机关提出的被告人具结的量刑建议进行审查，以确定量刑事实。本书认为，在这里，量刑建议成为简化庭审的重点审查对象，但是这一审查又不同于普通庭审的对证据的实质性调查，应当是带有监督、确认性质的复查行为，换句话说，检察官在起诉阶段让被告人具结量刑建议的行为已经将证明进行完毕，这与传统的证明集中于庭审环节的性质大不相同。因此，在认罪协商中经过被告人具结"认罚"的量刑建议与普通程序中检察机关依法提出的量刑建议的性质是完全不同的。

（三）"预决—审查"的量刑事实证明程序模式

认罪认罚从宽制度中，由于被告人在审前阶段业已对罪责问题和量刑建议的结论作出认诺，所以后续的庭审程序变化为对其认罪认罚的自愿性和真实性的审查过程。在这一诉讼格局下，应当将证明程序规范化的着眼点置于审前量刑协商机制中。

根据《刑事诉讼法》相关规定，检察官通过量刑协商而作出的量刑建议对量刑问题有一定的预决效力，因此在量刑协商的过程中，必须充分保障被告人的权利，允许其就量刑问题发表意见。同时应当听取值班律师针对量刑建议提出的相关意见。在此基础上，犯罪嫌疑人应当签署具结书，证明其认罪认罚。后续的刑事庭审则重点审查被告人认罪认罚的自愿性和真实性。然而，《刑事诉讼法》并没有规定以何种形式进行量刑协商，这反而使得量刑协商更像是量刑程序规范化改革之前的"办公室作业"模式。在没有规范化的处理程序的情况下，于此种模式进行量刑问题的处理，很难相信如此的量刑建议结论是有说服力的。因此，如果不将量刑协商规范化，在认罪认罚的诉讼格局中就很难说存在量刑事实的证明程序了。

具体而言，在量刑协商时，应当在检察官的主持下，设计量刑问题的听证程序。检察官、被告人、值班律师，以及有被害人的刑事案件被害人三方（四方）必须到场共同解决量刑问题。检察官应当提出案件相关的所有量刑证据，被告人及其值班律师可以针对各量刑证据提出量刑意见，被害人可以进行影响性陈述并对量刑发表看法。对于有争议的量刑事实可以搁置，由后续的庭审程序加以解决，即可以达成"部分认罚"。同时，量刑建议不能只载入被告人、值班律师、被害人陈述的意见，同时应当制作详细的协商笔录，以便后续法官进行审查。在进入审判程序后，公诉人提出量刑建议，同时应提示法官注意协商中出现的量刑争议问题，并出示协商笔录，法官应当就争议问题以及笔录中的内容讯问被告人进行核实，有辩护人的案件辩护人亦有权当庭发表对该问题的相关意见。对于量刑建议的处理，应当坚持《刑事诉讼法》第201条的规定，在量刑建议明显不当的前提下，法官可以依法作出与量刑建议结论相左的量刑裁决。

通过这种"预决—审查"的模式，量刑事实证明程序便不仅仅体现在庭审，而是贯穿了审前和审判程序。在审前程序中，量刑事实的证明依托的是规范化的量刑协商机制。检察官、被告人、值班律师、被害人应当同时到场进行量刑事实的调查以及量刑辩论，在此基础上进行认罪认罚具结。而当出现控辩双方就个别量刑问题存在争议或者在提起公诉后出现新的量刑事实的情况时。即便适用速裁程序，庭审法官也不能对其视而不见。而应在庭审中对量刑事实进行调查，并允许控辩双方进行辩论。

第四节　量刑事实证明程序中的重点问题

一　检察官量刑建议问题

在量刑事实的证明责任中，已经探讨了部分关于量刑建议的问题，在这里主要介绍学术界关于量刑建议的理论争议及探索其解决方案。在中国刑事诉讼建立了"相对独立的量刑程序"后，量刑建议制度与辩方的量刑辩护意见制度同时被确认在司法解释中，成为量刑规范化改革的重要组成部分。然而，关于量刑建议的学术争论却一直未消弭。代表性的学术观点认为："检察机关以法律监督的名义行使量刑建议权，会干扰法院独立审判权，容易对司法公正构成一定的威胁。"[1] 还有观点认为："在法院尚未对罪名加以确定的情况下，检察机关提出量刑意见没有实质的意义；量刑建议容易误导法官，并给法官造成定罪判刑的压力；在法院没有对案件加以定性之前，量刑建议引导律师参与量刑辩论，会转移辩护方的注意力，影响辩护效果。"[2] 总之，学界在关于量刑建议制度本身的可行性的探讨上，主要争点集中于作为公诉权的组成部分的量刑建议是否僭越法官对量刑问题的自由裁量权。

解决这一问题时可以通过对定罪部分的检察机关的公诉权进行分析。中国刑事诉讼原则上实行国家起诉垄断主义，即检察机关承

---

① 刘春林：《量刑建议———越俎代庖还是公平正义？》，南方网，2010 年 5 月 26 日。

② 陈国庆：《关于设立量刑建议制度的探讨》，《法制日报》2009 年 10 月 28 日第 002 版。

担追诉犯罪的职能。根据《刑事诉讼法》的规定，检察机关在公诉时当然要提出被告人的是否有罪以及罪名为何。从证明的角度来看，作为证明程序结构的一级的控方提出被告人有罪以及罪名完全可以被视为提出证明主张，而对收集的证据进行展示或者传唤相关证人出庭作证的诉讼行为可以被视为证明自己的主张、承担证明责任的表现。如果将用于证明有罪和罪名的证据换成量刑的证据，那么提出的主张自然是应当对有罪的被告人判处什么样的刑罚、幅度为何等，这些主张即量刑事实证明程序中的关于量刑事实的主张。从证明理论的角度来说，量刑建议是量刑事实主张的实践化和具体化。控方提出了量刑建议从理论上来说量刑法官可以不予认可，因为控方还必须提供量刑证据证明量刑建议的内容，辩方也可以通过量刑辩护意见反驳量刑建议的内容。因此，作为量刑事实的主张，量刑建议是不可能会明确最终的量刑结论的，其最后还是要取决于法官的量刑心证，学界存在一些认为量刑建议僭越法官的量刑裁量权的观点完全是站不住脚的，这些观点根本就没有意识到量刑建议的本质是什么。

　　然而，量刑建议的实践状况却并不乐观。例如作为量刑规范化改革时期的试点检察院 B 市 X 区检察院来说，在其"量刑规范化工作情况总结"中提及两年时间内，B 市 X 区检察院向同级法院提出了量刑建议 804 份，法院采纳 728 份，采纳率在 90%，并进一步指出："量刑建议与判决刑罚不一致时，主要原因是影响量刑的情节发生变化、刑事政策发生变化（如扩大拘役刑适用等）、量刑情节影响刑罚的幅度差掌握不同即司法解释适用不同等。其中，量刑情节与司法解释冲突的问题较为严重，主要包括对量刑情节'从轻''减轻'的适用的分歧，量刑情节增减基准刑幅度的适用的分歧，以及司法解释中量刑情节的适用问题的分歧等追求量刑建议的准确性与迎合法院判决存在理念上的冲突，部分检察机关的承办人为避免诉讼风险，存在一味地迎合法院、盲目维持量刑建议与法院审判一致性的认识错误，这背离了量刑建议的制度设计初衷。"① 陈瑞华在实证的基础上也对量刑建议的问题作出了总结："量刑建议的高采纳率问题引起了研究者的高度关注。这种动辄高达85%甚至95%以上的高采纳率，所反映的无非是检察机关量刑建议被法院接受的普遍程度……其存在诸多局限性，主要包括：量刑信息的不完整性、量刑信息的不准确性、量刑方案的不确定性、检察官的不中立性等。"② 总体而言，在量刑规范化改革的实践中，为了提高量刑建议试点的功效，不少检察机关内部确立了奖惩制度，而量刑建议是否获得法院的采纳则成为重要的考核依据。而对法院于量刑问题的迎合倾向与量刑建议性质之间的冲突也导致实践中诸多问题的产生。

实际上，比较关于定罪问题的刑事司法实践，中国刑事诉讼中判处被告人有罪的概率远超99.99%，如果说法院迎合和采纳量刑建议是问题的话，那么如此之高的定罪率所反映出的法院对公诉的全面支持，判定被告有罪则是更为严重与恶劣的问题。关于分析高定罪率问题的学术研究汗牛充栋，例如庭审非实质化、证人不出庭、非法证据得不到有效排除、检察机关与法院的内部考核机制等等。类比这些问题，高采纳率的量刑建议问题的成因是类似的。比如为推动量刑建议制度而内部设定的奖惩制度、缺乏独立化量刑事实证明调查程序而带来的对量刑信息的忽视、放松所有的证据规则使得不具备证明力的量刑证据进入审判程序、举证质证辩论不充分、忽视量刑辩护意见、检察机关的重刑倾向等等，均是造成高采纳率的量刑建议以及量刑建议本身存在问题的原因。因此，解决这些问题，重点在于理顺量刑事实证明的原理以及重视量刑事实证明程序的独立化，只有以完善的证明规则对其予以限制，量刑建议才能更好地在实践中发挥作用。具体而言：第一，取消无意义的量刑建议采纳率相关的奖惩机制。这种机制的卑劣性类似关于定罪问题的内部考

① B市X区检察院关于量刑规范化工作情况的总结，2012年。
② 陈瑞华：《论量刑建议》，《政法论坛》2011年第2期。

核，是影响极大的。为了防止检察机关的承办人忽视量刑建议问题，检察机关内部出现了考评量刑建议采纳的机制。这种机制在督促公诉人提出量刑建议方面上的确发挥了一定的作用，然而它带来了公诉人可能会刻意去迎合法官、法官也会受到一定的"胁迫"反过来迎合公诉人的问题，这样会形成恶性循环，并将辩护律师的量刑辩护意见视为无物。因此，必须将这种奖惩机制予以取消。至于提出量刑建议的动力问题，量刑建议从证明的角度来看只是一种量刑事实的主张而已，亦即如果提出主张那么就必须提供证据进行证明，反之，如果不提出该主张就意味着公诉人不愿纠结于该事实，但是这些事实也不是一定就得不到量刑法官的认证，因为量刑法官还要从量刑事实控辩举证的规则中分担部分的量刑事实的证明职责，作为补充。因此，从证明角度来看，不提出量刑建议只意味着不提出证明的主张，并不会产生其他的恶果，也就没有必要强迫检察机关必须每一起案件都提出量刑建议，只不过提出量刑建议就一定要坚持证据裁判原则，提供证据予以证明。第二，重视检察官客观义务。检察官客观义务要求控方必须全面收集证据，包括有罪无罪的证据以及有利于被告人和不利于被告人的证据。对于量刑来说，检察官客观义务强调的是后者。只有在全面收集证据的基础上，才能保证量刑信息的充分性，进而肯定量刑建议的合理性。这里必须指出，检察官客观义务并不强制要求公诉人就一定必须提出量刑建议，不提出量刑建议就是违背了检察官客观义务。该义务是要求检察官全面收集证据，公正客观评价犯罪行为的义务，换言之，在该义务的指引下，公诉人在收集量刑证据时，不能只收集不利于被告的证据，还必须收集有利于被告的证据；在提出量刑主张时，不能只提出不利于被告的量刑事实主张，还必须提出有利于被告的量刑事实主张。一言以蔽之，检察官客观义务对控方的重刑倾向起到关键的调整作用。第三，必须完善量刑事实的举证、质证等法庭调查规则，必须使量刑事实的证明程序保持独立性。陈瑞华指出实践中的量刑建议中多包含不准确的量刑信息，亦即有些量刑证据不具有真实性。不同于定罪证据，量刑证据具有广泛性、复杂性的特征。而为了使法官获得更多的量刑资料，就必须放松证据规则对它们的限制，然而大量的信息进入法庭后难免会混杂不准确的信息，因此就要保证有完善的举证质证等法庭调查规则确保这些信息的准确性。如果自始就不准确、虚假的量刑证据是不具备证据能力的，遑论证明力评价问题。因此，调查程序规则的完善能够比较好地替代严格且传统的证据规则，在实质化的量刑事实庭审中，通过控辩对抗和质证，才能充分检测这些证据的准确性。而这种证明程序必须保持独立性，如果缺乏独立性，仍与定罪事实的证明程序相混合，那么一定会造成量刑事实被定罪事实所掩盖的风险，进而导致控辩审三方可能忽视对量刑事实的调查，使得不准确的量刑信息成为量刑的依据。

二　量刑辩护意见问题

《量刑程序指导意见》规定了辩护人在相对独立的量刑程序中提出量刑辩护意见的权利，并且法院要保护其权利的行使。从证明的角度出发，辩方提出的量刑辩护意见的性质属于有利于被告的量刑事实的主张，构成了量刑事实证明程序的另一极，与公诉方的量刑建议相对应。因此，量刑辩护意见基本上可以分为两种类型：一种是提出有利于被告人的量刑主张；另一种是反驳控方提出的不利于被告人的量刑主张。而基于主张的不同，量刑辩护意见包含的量刑证据也可以分为证明有利于被告量刑的证据与反驳控方提出的不利于被告的量刑证据。

现今，中国刑事诉讼中关于量刑辩护意见的主要问题在于"两头堵"的尴尬境地：即在定罪和量刑不完全分离的状态下，辩方针对定罪问题可能要提出无罪辩护，但是针对量刑问题要提出罪轻辩护，在以无罪辩护为前提下的辩护对量刑毫无疑义，而反过来罪轻辩护又削弱了无罪辩护的力度，所以作为辩护方来说量刑辩护相对更加困难，实践中伸张无罪的辩护律师基本上都不提出量刑辩护，而被告人一旦被确定有罪辩护律师就等于没有行使量刑辩护权，这对被告人的人权保障是十分不利的。而不仅对于辩护律师，对于被告人来说身处此种境地也是十分困窘的。正如有学者指出的："被告人面临着要么作无罪辩护、放弃从轻辩护的机会，要么选择罪轻辩护，放弃无罪判决的机会，处于这种两难境地中的被告人经常被迫作出相应的有罪供述，也间接损害了被告人反对强迫自证其罪的特权。"① 被告人一旦选择无罪辩解，那么直接等于他放弃了获得坦白从轻以及认罪态度两层机会，如果出现错案，从量刑的角度来说被告人的人权被严重的侵犯。

解决被告人以及辩护律师在量刑辩护中的尴尬境地的最佳出路自然是模仿英美法系国家建构完全独立的量刑程序。这样无罪辩护与罪轻辩护就能完全被分开，被告人的人权保障也会得到落实。然而，中国的现状并不允许建构这种完全独立化的程序，因此只能退而求其次，完善"审中审"程序制度。"审中审"制度的一大好处在于能够在定罪量刑一元化的刑事庭审中，在法官的主持下，能够绝对的与定罪问题相分离。一旦专门审理量刑争议以及审查判断量刑证据，那么辩方便有余地充分发挥量刑辩护权，即便是在作无罪辩护或者被告人不认罪的案件中，辩方也可以就量刑事实的争点问题提出自己的观点，或者直接提出被告人被定罪后的有利于其的量刑主张。同时，公诉方在此阶段提出的量刑建议以及量刑证据辩护人也可以进行反驳，作量刑证据辩护等等，这样一来，量刑辩护意见才有可能落到实处。但是"审中审"的替代性措施仍存在着弊端，例如对于被告人来说，如果他全面否认犯罪，即便为了获取一旦定罪后量刑上的优惠而在"审中审"声明相关的从轻处罚的要求，这也是与其否认犯罪的主张相矛盾的。而且"审中审"的主导权完全在于法院，如果它认为没有必要，"审中审"程序有可能得不到适用，进而可能会侵害辩护权。因此，长远来看，最好的保障量刑辩

---

① 陈卫东：《论隔离式量刑程序改革——基于芜湖模式的分析》，《法学家》2010年第2期。

护权的程序机制仍是完全独立化的量刑程序。

三　量刑说理问题

现代的法治国家在刑事诉讼中的认证问题上几乎均认可自由心证制度的地位和作用，即事实认定者不受法律的限制，仅依据常识、逻辑、经验等要素对具有可采性的证据进行评价和推理，从而实现定罪和量刑。在英美法系国家，由于存在外行人定罪的陪审团制度，因此对证据的整体评价和结论无须进行说理，因为对证据证明力的判断是由外行人通过多数决作出，论证如何得出结论实无必要。但是大陆法系国家则不同，由于是专业的法官作出的，因此他们必须公开心证、充分说明判决理由，以增加自由心证带来的公开性不足的缺陷。在量刑问题上，由于对量刑证据的把握、量刑事实的认定、量刑的调整等均归属为量刑自由裁量权的部分，因此如果不对这种自由裁量权进行限制，难免会造成量刑法官恣意以及主观擅断、甚至暗箱操作等司法腐败现象的出现。量刑事实的证明规则一大要义在于限制量刑法官的自由裁量权，其中一大表现就是强制量刑法官进行心证公开，即量刑说理。只有充分的量刑说理，才能保证量刑的公信力，实现量刑公正，以及规范量刑自由裁量权的目的。

《量刑程序指导意见》明确规定法官在量刑时"应当"进行量刑说理，并且对量刑说理的内容作出细化规定，即："已经查明的量刑事实及其对量刑的影响；是否采纳公诉人、当事人和辩护人、诉讼代理人的量刑意见及理由；人民法院的量刑理由和法律依据"[1]三项。然而，几十年的刑事司法实践中，中国沿袭了量刑说理的"机械主义"，即如同套用八股文一样千篇一律地运用差异极小的辞藻来对量刑进行说理。例如"社会危害性极大""行为极为恶劣""动机十分卑劣"等等。有学者经过实证研究指出：中国刑事诉讼中的量刑事实认定说理存在以下几方面的问题："在部分案件中，对于

---

① "人民法院量刑程序指导意见（试行）"第11条。

辩方提出的一些量刑事实，判决书在'经审理查明'和'本院认为'中都没有作出回应；部分判决书只是简单罗列量刑证据，没有阐明这些证据的主要内容；部分判决书认定有争议的量刑事实时，说理武断；很多量刑事实在'经审理查明'部分没有得到认定，但是却在'本院认为'中得以采纳。"① 以上实践中出现的量刑说理的问题很好地概括了中国刑事司法实践对其忽视的现象。量刑上的具体步骤上来看，有量刑裁量权的法官首先要概括控辩双方的量刑主张以及关于量刑事实的争点问题。其次要清楚通过职权主动认知了什么样的量刑事实。再次要通过分析评价证据判断以上主张与事实是否达到了相应的证明标准。最后通过认定的事实裁量与调整并最终得出刑罚结论。对于最后一个步骤来说，如何选择法定刑、如何裁量责任刑确定量刑基准，如何调整责任刑，如何增加，如何减少这些按照《量刑指导意见》的具体量刑可能不具有公开性与说理性。然而，对于概括量刑主张、认知量刑事实、并进一步分析量刑证据而言，这种公开说理是完全具有可行性的。因此，为了改善这种八股文的机械式量刑说理的现状，有必要在法律上规定在判决书中辟专章说明量刑理由，在说理时，必须全面总结概括控辩双方的量刑主张，以及通过职权认知的量刑事实，并评价和分析证据，得出认定或者不予认定相关量刑事实的结论。为了保证量刑说理制度的执行，必须明确规定说理不充分时构成事实问题，可以成为上诉、发回重审、再审的依据。

---

① 张吉喜：《量刑事实的证明与认定——以人民法院刑事裁判文书为样本》，《证据科学》2015 年第 3 期。

结　　论

　　本书通过对量刑事实的证明原理、比较法中的证明机制、证明对象、证明责任、证明标准、证明程序等证明理论相关的重要概念进行了深入的研究，欲搭建科学、系统的量刑事实证明的理论体系，以期能够应用于量刑实践。在结论中，尚需进一步说明关于量刑事实证明的这些重要概念之间的关系。

　　量刑事实的证明之所以特殊化，源于定罪和量刑两种不同刑事庭审活动的差异。定罪是以犯罪构成要件而构成的封闭区域内的活动，而量刑则是以实现刑罚正当化根据的开放式的活动。因此，定罪讲求规则运用，在诸多规则的严格限定下判断被告人是否有罪；而量刑讲求方法，运用科学、合理的方法裁量被告人的刑罚。由此，量刑事实的证明规则以合理限制法官的量刑裁量权而展开，诸多规则多元化且富有弹性。由于量刑事实领域的开放性，证明对象不能限定在犯罪构成要件的范围之中，进而以科学的方法识别证明对象，要比列举证明对象更加重要。证明对象决定了定罪相关的证据规则在量刑事实的证明中要相对的放开，同时证明标准的设置要多元化。而作为证明的"终点"，控辩审三方均有承担证明责任或职责的必要性，因此不能一边倒的将证明责任分配给任意一方。并且，由于证明对象包括与定罪证明相混同的对象，亦包含独立的证明对象，因此证明程序是否要独立，要取决于案件的具体情况，此时构造更为灵活的程序模式显然是更加合理的。

　　无论是实体裁量方面，还是证明方面，量刑问题永远都是刑法学和刑事诉讼法学的重点问题，但却永远都不是热点问题。这一特性决定了量刑问题在刑事法学科中边缘化的尴尬地位。但是，量刑规范化改革的弱化效果却警示了学界，任何时候忽视量刑问题的研究都不是可取之道，也正是因为如此，从刑事证明中提炼出长期沉潜于定罪事实证明下的量刑事实之证明，对充实量刑问题的理论研究，指导量刑实践具有深远的意义。

实际上，量刑事实的证明问题归结起来就是要解决一个"二律背反"式的矛盾——在证据裁判原则的前提下，如何在为作出准确的量刑而放松证明规则以获取大量量刑证据与为纯化量刑证据的可采性与证明力而缩紧证明规则之间作出权衡？越放松的证明规则意味着越多的证据资料能够进入量刑法官的视野帮助其量刑，但也同时意味着量刑法官接触到越多的可采性和证明力均有疑义的证据资料。反之，过度以规则提高量刑证据资料的准入门槛，也同时导致量刑法官可能接触不到很多充分说明犯罪危害性以及人身危险性的证据，从而影响刑罚的准确裁量。这一矛盾，是学界必须通过深入的法理分析进行权衡和取舍的。

本书通过分析量刑事实证明的基本理论、考察域外量刑事实证明活动之经验，于应然和实然两方面角度提出了一系列量刑事实证明相关的规则的设置方法以及完善路径。这些方案无非是在"二律背反"矛盾之间进行权衡，从而探索出量刑事实证明规则构建之"中庸之道"。无论是证明责任、证明标准的分配和设置，还是证明程序的架构，其遵循的基本理念是刑罚的根据论，也就是实现报应刑与预防刑之根据是量刑事实证明规则群始终要奉为的圭臬。离开了刑罚的根据论，即便设想的证明规则符合刑事证明的基本理念，它也很可能会对量刑事实的证明活动"水土不服"。

"治世不一道，便国不法古"。在刑事诉讼法学或证据法学理论界并不存在唯一的方法或者唯一的理论对司法实践进行引领指导，或解决实践中出现的问题。但是经过深入分析、上下求索地论证一定会找到最优解。对于量刑事实的证明问题来说，以刑罚报应与预防之根据为根基，配合刑事证明之基本原理，构建出系统的、完善的、有别于定罪事实证明的量刑事实之特殊的证明规则，方是解决量刑活动中"二律背反"问题的最佳途径。

参考文献

一 中文文献

（一）中文著作类

本书编写组：《人民法院量刑指南——〈人民法院量刑指导意见（试行）〉与〈关于规范量刑程序若干问题的意见〉（试行）运用手册》，法律出版社 2013 年版。

卞建林、陈桂明：《刑事证明理论》，中国人民公安大学出版社 2004 年版。

卞建林：《证据法学》，中国政法大学出版社 2000 年版。

白建军：《刑法规律与量刑实践：刑法现象的大样本考察》，北京大学出版社 2011 年版。

陈光中：《刑事诉讼法（第六版）》，北京大学、高等教育出版社 2016 年版。

陈光中：《证据法学（第三版）》，法律出版社 2015 年版。

陈兴良：《教义刑法学（第三版）》，中国人民大学出版社 2017 年版。

陈兴良：《刑法哲学（第六版）》，中国人民大学出版社 2017 年版。

陈兴良：《规范刑法学（第四版）》（上册），中国人民大学出版社 2017 年版。

陈兴良：《规范刑法学（第四版）》（下册），中国人民大学出版社 2017 年版。

陈卫东：《量刑程序改革理论研究》，中国法制出版社 2011 年版。

陈瑞华:《量刑程序中的理论问题》,北京大学出版社 2011 年版。

樊崇义、张中:《刑事证据规则研究》,中国人民公安大学出版社 2014 年版。

高铭暄、赵秉志:《刑罚总论比较研究》,北京大学出版社 2008 年版。

耿磊:《酌定量刑情节规范化路径》,法律出版社 2017 年版。

顾永忠、程滔:《刑事诉讼法治化与律师的权利及其保障》,中国人民公安大学出版社 2010 年版。

胡云腾:《中美量刑改革国际研讨会文集》,中国法制出版社 2009 年版。

何家弘、刘品新:《证据法学》,法律出版社 2004 年版。

贺小军:《量刑证据——基础理论与实证研究》,法律出版社 2014 年版。

李玉萍:《程序正义视野中的量刑活动研究》,中国法制出版社 2010 年版。

刘守芬:《罪刑均衡论》,北京大学出版社 2004 年版。

冷罗生:《日本现代审判制度》,中国政法大学出版社 2003 年版。

吕忠梅:《美国量刑指南——美国法官的刑事审判手册》,法律出版社 2006 年版。

罗海敏:《刑事诉讼严格证明研究》,北京大学出版社 2010 年版。

林钰雄:《检察官客观义务》,法律出版社 2008 年版。

皮勇、王刚、刘胜超:《量刑原论》,武汉大学出版社 2014 年版。

邱兴隆:《刑罚的哲理与法理》,法律出版社 2003 年版。

齐树洁:《英国证据法》,厦门大学出版社 2014 年版。

石经海:《量刑研究》(第一卷),法律出版社 2014 年版。

宋英辉:《刑事诉讼原理》,法律出版社 2007 年版。

王立峰:《惩罚的哲理》,清华大学出版社 2006 年版。

王兆鹏:《美国刑事诉讼法(第二版)》,北京大学出版社 2014 年版。

吴宏耀、魏晓娜:《诉讼证明原理》,法律出版社 2002 年版。

万毅：《量刑正义的程序之维》，中国人民公安大学出版社 2010 年版。

汪贻飞：《量刑程序研究》，北京大学出版社 2016 年版。

许美：《酌定量刑情节规范适用研究》，黑龙江人民出版社 2016 年版。

张月满：《量刑程序论》，山东大学出版社 2011 年版。

张明楷：《责任刑与预防刑》，北京大学出版社 2015 年版。

张明楷：《刑法原理（第二版）》，商务印书馆 2017 年版。

张吉喜：《量刑证据和证明问题研究》，中国人民大学出版社 2015
　　年版。

张训：《量刑独立的理论与实践研究》，人民出版社 2015 年版。

臧冬斌：《量刑自由裁量权制度研究》，法律出版社 2014 年版。

赵志梅：《量刑程序规范化改革研究》，知识产权出版社 2011 年版。

周金刚：《量刑情节研究》，法律出版社 2012 年版。

宗玉琨：《德国刑事诉讼法典》，知识产权出版社 2013 年版。

最高人民法院中国应用法学研究所：《量刑规范化典型案例（1）》，
　　人民法院出版社 2011 年版。

最高人民法院刑事审判第三庭：《量刑规范指导案例》，法律出版社
　　2016 年版。

最高人民法院量刑规范化改革项目组：《量刑规范化办案指南》，法
　　律出版社 2011 年版。

　　（二）中文论文和报纸

陈国庆：《检察官参加量刑程序的若干问题》，《法学》2009 年第
　　10 期。

陈光中：《认罪认罚从宽制度实施问题研究》，《法律适用》2016 年
　　第 1 期。

陈光中、马康：《认罪认罚从宽制度若干重要问题探讨》，《法学》
　　2016 年第 8 期。

陈兴良：《刑法教义学与刑事政策的关系：从李斯特鸿沟到罗克辛贯
　　通》，《中外法学》2013 年第 5 期。

陈兴良：《刑法的刑事政策化及其限度》，《华东政法大学学报》

2013 年第 4 期。

陈兴良、莫开勤：《论量刑情节》，《法律科学》1995 年第 2 期。

陈卫东、张佳华：《量刑程序改革语境下的量刑证据初探》，《证据
　科学》2009 年第 1 期。

陈卫东：《论隔离式量刑程序改革——基于芜湖模式的分析》，《法
　学家》2010 年第 2 期。

陈瑞华：《司法过程中的对抗与合作——一种新的刑事诉讼模式理论》，
　《法学研究》2007 年第 3 期。

陈瑞华：《量刑程序中的证据规则》，《吉林大学社会科学学报》
　2011 年第 1 期。

陈瑞华：《论量刑信息的调查》，《法学家》2010 年第 2 期。

陈瑞华：《论量刑建议》，《政法论坛》2011 年第 2 期。

陈瑞华：《论量刑程序的独立性——一种以量刑控制为中心的程序理
　论》，《中国法学》2009 年第 1 期。

陈瑞华：《论相对独立的量刑程序——中国量刑程序的理论解读》，
　《中国刑事法杂志》2011 年第 2 期。

陈瑞华：《量刑程序改革的模式选择》，《法学研究》2010 年第 1 期。

冯军：《量刑概说》，《云南大学学报法学版》2002 年第 3 期。

胡常龙：《证据法学视域中的检察官客观义务》，《政法论坛》2009
　年第 2 期。

衡森飚：《论构建相对独立的量刑程序》，《河北法学》2017 年第
　1 期。

贺小军：《效果与反思：量刑证据运用机制实证研究——以北大法宝
　盗窃案件判决书为样本》，《昆明理工大学学报》（社会科学版）
　2013 年第 2 期。

简乐伟：《论量刑证据独立性的基础》，《证据科学》2011 年第 5 期。

简乐伟：《量刑的证明对象及证明标准——美国量刑实践的启示》，
　《证据科学》2015 年第 4 期。

揭萍、王利荣：《论量刑情节的侦查取证》，《西南政法大学学报》

2015 年第 5 期。

焦悦勤：《量刑证据在量刑建议中运用实证研究——以 107 份量刑建议书为样本》，《山东科技大学学报》（社会科学版）2016 年第 6 期。

康怀宇：《比较法视野中的定罪事实与量刑事实之证明——严格证明与自由证明的具体运用》，《四川大学学报》（哲学社会科学版）2009 年第 2 期。

李玉萍：《量刑事实证明初论》，《证据科学》2009 年第 1 期。

李希慧、刘期湘：《论量刑情节的法理基础》，《甘肃政法学院学报》2006 年总第 89 期。

刘计划、刘在航：《日本裁判员的量刑倾向评析》，《山东警察学院学报》2015 年第 2 期。

卢建平、朱贺：《酌定量刑情节法定化的路径选择及评析》，《政治与法律》2016 年第 3 期。

吕泽华：《定罪与量刑证明一分为二论》，《中国法学》2015 年第 6 期。

龙宗智：《印证与自由心证——我国刑事诉讼证明模式》，《法学研究》2004 年第 2 期。

龙宗智：《中国法语境中的检察官客观义务》，《法学研究》2009 年第 4 期。

闵春雷：《论量刑证明》，《吉林大学社会科学学报》2011 年第 1 期。

毛乃纯：《日本量刑理论的发展动向》，《海峡法学》2015 年第 2 期。

彭海青：《英国量刑证明标准模式及理论解析》，《环球法律评论》2014 年第 5 期。

宋志军：《量刑事实证明问题研究》，《河南财经政法大学学报》2012 年第 6 期。

宋英辉、何挺：《构建我国量刑程序的基本思路》，《法制资讯》2008 年第 6 期。

孙青平：《论量刑事实证明体系的构建》，《理论探索》2011 年第

6 期。

石经海：《从极端到理性：刑罚个别化的进化及其当代意义》，《中外法学》2010 年第 6 期。

石经海：《量刑思维规律下的量刑方法构建》，《法律科学》2010 年第 2 期。

石岩：《论刑事诉讼中量刑事实证明责任之分配》，《云南大学学报法学版》2014 年第 3 期。

沈德咏：《论疑罪从无》，《中国法学》2013 年第 5 期。

单子洪：《论相对独立量刑程序中的证明责任》，《行政与法》2015 年第 4 期。

单子洪：《案卷笔录中心主义"治愈"论——以刑事证据规则的完善和正确适用为切入》，《犯罪研究》2015 年第 6 期。

单子洪：《论量刑事实的证明原理》，《刑事法评论》2020 年第 44 卷。

王敏远：《刑事诉讼法学研究的转型——以刑事再审问题为例的分析》，《法学研究》2011 年第 5 期。

汪海燕、付奇艺：《认罪认罚从宽制度的理论研究》，《人民检察》2016 年第 15 期。

汪海燕、付奇艺：《刑事速裁程序的两种模式——兼论我国刑事速裁程序的构建》，《安徽大学学报》（哲学社会科学版）2016 年第 5 期。

汪贻飞：《论量刑程序中的证明标准》，《中国刑事法杂志》2010 年第 4 期。

汪贻飞：《量刑义务：检察官客观义务之核心》，《刑事法评论》2010 年第 26 卷。

汪贻飞：《论社会调查报告对我国量刑程序改革的借鉴》，《当代法学》2010 年第 1 期。

汪贻飞：《论量刑辩护》，《司法》2014 年第 9 辑。

汪贻飞：《论量刑听证程序的价值与功能——以美国法为范例的考

察》,《时代法学》2010 年第 1 期。

魏晓娜:《完善认罪认罚从宽制度:中国语境下的关键词展开》,
　　《法学研究》2016 年第 4 期。

熊秋红:《中国量刑改革:理论、规范与经验》,《法学家》2011 年
　　第 5 期。

熊秋红:《认罪认罚从宽的理论审视与制度完善》,《法学》2016 年
　　第 10 期。

熊秋红:《比较法视野下的认罪认罚从宽制度——兼论刑事诉讼"第
　　四范式"》,《比较法研究》2019 年第 4 期。

奚山青:《量刑证明问题研究》,《犯罪研究》2013 年第 1 期。

殷俊、郑承华:《西方国家量刑建议制度的实践研究》,《理论界》
　　2006 年第 1 期。

余茂玉:《论量刑事实的证明责任和证明标准》,《人民司法》2011
　　年第 7 期。

杨留强、朱建超:《论量刑事实的证明责任》,《河南机电高等专科
　　学校学报》2011 年第 6 期。

左卫民:《中国量刑程序改革:误区与正道》,《法学研究》2014 年
　　第 4 期。

左宁:《量刑证据的界定与调查初探》,《云南大学学报法学版》
　　2010 年第 4 期。

翟中东:《刑罚个别化的蕴涵:从发展角度所作的考察——兼与邱兴
　　隆商榷》,《中国法学》2001 年第 2 期。

张吉喜:《量刑事实的证明与认定——以人民法院刑事裁判文书为样
　　本》,《证据科学》2015 年第 3 期。

张吉喜:《英美刑事证明责任的分配标准评析》,《刑事法评论》
　　2007 年第 21 卷。

张吉喜:《论量刑事实的证明标准》,《证据科学》2013 年第 5 期。

张华:《论日本量刑制度对我国之借鉴意义》,《河北法学》2011 年
　　第 1 期。

周振杰：《日本裁判员审判中的对话量刑及其参考价值》，《法律科学》2015 年第 4 期。

周金刚：《量刑情节识别的理论和方法研究》，《南京大学法律评论》2012 年春季卷。

朱玉玲：《侦查阶段辩护律师调查取证权实现的障碍及路径选择》，《山东科技大学学报》（社会科学版）2014 年第 5 期。

陈国庆：《关于设立量刑建议制度的探讨》，《法制日报》2009 年 10 月 28 日第 002 版。

顾永忠：《"庭审中心问题"之我见》，《人民法院版》2014 年 5 月 16 日第 005 版。

胡云腾：《构建我国量刑程序的几个争议问题》，《法制日报》2008 年 7 月 27 日第 012 版。

（三）中文译著

［德］康德：《法的形而上学原理：权利的科学》，沈叔平译，商务印书馆 1991 年版。

［德］黑格尔：《法哲学原理》，范扬、张企泰译，商务印书馆 1961 年版。

［德］冯·李斯特：《论犯罪、刑罚与刑事政策》，徐久生译，北京大学出版社 2016 年版。

［德］克劳斯·罗科信：《德国刑事诉讼法》，吴丽琪译，三民书局 1998 年版。

［德］汉斯·约格阿尔布莱希特：《重罪量刑：关于刑量确立与刑量阐释的比较性理论与实证研究》，熊琦等译，法律出版社 2017 年版。

［德］汉斯·海因里希耶塞克、托马斯·魏根特：《德国刑法教科书》（上），徐久生译，中国法制出版社 2017 年版。

［德］汉斯·海因里希耶塞克、托马斯·魏根特：《德国刑法教科书》（下），徐久生译，中国法制出版社 2017 年版。

［德］托马斯·魏根特：《德国刑事诉讼程序》，岳礼玲、温小洁译，

中国政法大学出版社 2004 年版。

［德］汉斯·普维庭：《现代证明责任问题》，吴越译，法律出版社 2006 年版。

［法］卡斯东·斯特法尼：《法国刑法总论精义》，罗结珍译，中国 政法大学出版社 1998 年版。

［法］贝尔纳·布洛克：《法国刑事诉讼法》，罗结珍译，中国政法 大学出版社 2009 年版。

［法］福柯：《规训与惩罚：监狱的诞生》，刘北成、杨远婴译，生 活·读书·新知三联书店 2019 年版。

［美］罗斯科·庞德：《法哲学导论》，于柏华译，商务印书馆 2019 年版。

［美］约翰·罗尔斯：《正义论》，何怀宏等译，中国社会科学出版 社 1998 年版。

［美］鲁思·本尼迪克特：《菊与刀——日本文化诸模式》，吕万和， 熊达云，王智新译，商务印书馆 2012 年版。

［美］詹姆斯·P. 斯特巴：《实践中的道德》，李曦、蔡蓁等译，北 京大学出版社 2006 年版。

［美］约书亚·德雷斯勒：《美国刑法精解》，王秀梅译，北京大学 出版社 2009 年版。

［美］伟恩·R. 拉费弗、杰罗德·H. 伊斯雷尔、南西·J. 金：《刑 事诉讼法（上册）》，卞建林、沙丽金等译，中国政法大学出版社 2003 年版。

［美］伟恩·R. 拉费弗、杰罗德·H. 伊斯雷尔、南西·J. 金：《刑 事诉讼法（下册）》，卞建林、沙丽金等译，中国政法大学出版社 2003 年版。

［美］米尔建·达马斯卡：《漂移的证据法》，李学军、刘晓丹、姚 永吉、刘为军译，何家弘校，中国政法大学出版社 2003 年版。

［日］平野龙一：《刑法的基础》，黎宏译，中国政法大学出版社 2016 年版。

［日］川出敏裕、金光旭：《刑事政策》，钱叶六等译，中国政法大学出版社 2016 年版。

［日］松尾浩也：《日本刑事诉讼法》（上卷），丁相顺、张凌译，金光旭校，中国人民大学出版社 2005 年版。

［日］松尾浩也：《日本刑事诉讼法》（下卷），丁相顺、张凌译，金光旭校，中国人民大学出版社 2005 年版。

［日］田口守一：《刑事诉讼的目的》，张凌、于秀峰译，中国政法大学出版社 2011 年版。

［日］田口守一：《刑事诉讼法》（第五版），张凌、于秀峰译，中国政法大学出版社 2010 年版。

［意］切萨雷·贝卡利亚：《论犯罪与刑罚》，黄风译，法律出版社 2008 年版。

［意］恩里科·菲利：《犯罪社会学》，郭建安译，商务印书馆 2018 年版。

［意］切萨雷·龙勃罗梭：《犯罪人论》，贾宁译，上海三联书店 2019 年版。

［英］约翰·斯普莱克：《英国刑事诉讼程序（第九版）》，陈卫东，徐美君译，中国人民大学出版社 2006 年版。

二　外文文献
（一）英文文献

Andrew Ashworth：*Sentencing and Criminal Justice*（*Fifth edition*），Cambridge University Press，2010.

Allan Manson，Patrick Healy，Gary Trotter：*Sentencing and Penal Policy in Canada*，Emond Montgomery Press，2000.

Allan Manson and William J. Vancise：*The Law of Sentencing*，Irwin Law Press，2001.

Alan C. Michaels："Trial Rights at Sentencing"，*N. C. L. Rev.* No. 81，Vol. 1771，2002 – 2003.

Alan Ellis and Mark H. Allenbaugh: "Standards of Proof at Sentencing", *GPSolo No.* 27, Vol. 28, 2010.

Bruce A. Green and Peter A. Joy: "Prosecutors'Disclosure Obligations in the U. S. ", *Hitotsubashi journal of law and politics*, Vol. 42, 2014.

Clayton C. Ruby, Gerald J. Chan, Nader R. Hasan and Annamaria Enenajor: *Sentencing (Ninth Edition)*, LexisNexis Canada Press, 2017.

Don Stuart, Tim Quigley, Ronald Joseph Delisle: *Learning Canadian Criminal Procedure (11th Edition)*, Thomson Reuters Press, 2013.

Donald G. Havlick: " Pre-Sentencing Evidence ", *U. S. A. F. JAG Bull.* No. 5, Vol. 3, 1963.

Deborah Young: "Untested Evidence: a Weak Foundation for Sentencing", *Fed. Sent'g Rep.* No. 5, Vol. 63, 1992 – 1993.

Franz Streng: "Sentencing in Germany: Basic Questions and New Developments", *German L. J.* No. 8, Vol. 153, 2007.

Graham C. Lilly: *Principles of Evidence (Fourth Edition)*, Thomson/West Press, 2006.

Graham C. Lily: *Principles of Evidence (Fifth Edition)*, Thomson/West press, 2006.

G. Thomas Gitchoff: "Expert Testimony in Sentencing", *Nat'l J. Crim. Def.* No. 7 Vol. 101, 1981.

Hamish Stewart: *Evidence, A Canadian Casebook (Fourth Edition)*, Emond Montgomery press, Canada, 2016.

Jeremy Bentham: *Rationale of Judicial Evidence: Sepcially Applied to English Practice (1st. volume)* Rothman Press, 1995.

John Hery Wigmore: *Evidence in Trials at Common Law*, *Volume* 1, Litte Brown and Company Press, 1983.

Joel E. Pink, David C. Perrier: *From Crime to Punishment*, Thomson Press, 1999.

Jessica Jacobson and Mike Hough: "Personal Mitigation: an Empirical Analysis in England and Wales", from Julian V. Roberts: *Mitigation and Aggravation at Sentencing*, Cambridge University Press, 2011.

Kevin M. Clermont: "Standards of Proof in Japan and the United States", *Cornell International Law Journal*, Vol. 37, 2004.

Kenneth S. Broun: *McCormick on Evidence (Sixth Edition)*, Thomson/West press, 2006.

Kevin R. Reitz: "Proof of Aggravating and Mitigating Facts at Sentencing", from Julian V. Roberts: *Mitigation and Aggravation at Sentencing*, Cambridge University Press, 2011.

Lori Hausegger, Matthew Hennigar, Troy Riddell: *Canadian Courts: Law, Politics, and Process*, Oxford University Press, 2009.

Mirjan Damaska: "Truth in Adjudication", *Hastings L. J.* Vol. 289, No. 49, 1997 – 1998.

Mirjan Damaska: "Of Hearsay and Its Analogues", *Minn. L. Rev.* No. 76, Vol. 125, 1991 – 1992.

Mirjan Damaska: "Evidentiary Barriers to Conviction and Two Models of Criminal Procedure: a Comparative Study", *Pa. L. Rev.* No. 121, Vol. 506, 1972 – 1973.

Mirjan Damaska: "Propensity Evidence in Continental Legal Systems", *Chi. -Kent L. Rev.* No. 70, Vol. 55, 1994 – 1995.

Mirjan Damaska: "Rational and Irrational Proof Revisited", *Cardozo J. Int'l & Comp. L.* No. 5 Vol. 25, 1997.

Mirjan Damaska: "Epistemology and Legal Regulation of Proof", *Law Prob. & Risk* No. 2, Vol. 117, 2003.

Mirjan Damaska: "The Uncertain Fate of Evidentiary Transplants: Anglo-American and Continental Experiments", *Am. J. Comp. L.* No. 45, Vol. 839, 1997.

Mirjan Damaska: "Free Proof and Its Detractors", *Am. J. Comp. L.* No. 43, Vol. 343, 1995.

Mark David Harris: "Raising the Quality of Evidence at Sentencing", *Fed. Sent'g Rep.* No. 5, Vol. 102, 1992 – 1993.

Martin Wasik: "Rules of Evidence in the Sentencing Process", *Current Legal Problems*, Issue 1, Vol. 38, 1985.

Michael H. Marcus: "Conversations on Evidence-Based Sentencing", *Chap. J. Crim. Just.* No. 1, Vol. 61, 2009.

Paul Atkinson: *Proof: Canadian Rules of Evidence (3rd Edition)*, Lexis-Nexis Press, 2014.

Patrick P. Brown: "Sentencing Evidence", *Army Law.* Vol. 29, 1988.

Ralph Henham: *Sentencing and the Legitimacy of Trial Justice*, Routledge, London and NY Press, 2012.

Ralph Henham: *Sentencing and the Legitimacy of Trial Justice*, Routledge press, 2017.

Ray Paternoster and Jerome Deise: "A Heavy Thumb on the Scale: The Effect of Victim Impact Evidence on Capital Decision Making", *Criminal*, No. 4: 1, Vol. 129, 2011.

Richard Fox: "The Burden of Proof at Sentencing: Storey's Case", *Monash U. L. Rev.* No. 24, Vol. 194, 1998.

Richard Husseini: "The Federal Sentencing Guidelines: Adopting Clear and Convincing Evidence as the Burden of Proof", *UofC L. Rev.* No. 4, Vol. 57, 1990.

Streatfeild Mr. Justice: *Report of the Interdepartmental Committee on the Business of the Criminal Courts*, London: HMSO Press, 1960.

Stephen J. Schulhoffer: "Due Process of Sentencing", *U. Pa. L. Rev.* No. 128, Vol. 733, 1979 – 1980.

Susan N. Herman: "The Tail That Wagged the Dog: Bifurcated Fact-Finding under the Federal Sentencing Guidelines and the Limits of Due Process", *S. Cal. L. Rev.* No. 66, Vol. 289, 1992 – 1993.

Sara Sun Beale: "Procedural Issues Raised by Guidelines Sentencing: the

Constitutional Significance of the ' Elements of the Sentence ' ", *Wm. &*
Mary L. Rev. No. 35, Vol. 147, 1993 – 1994.

（二）　日文文献

松尾浩也：『刑事訴訟の理論』（有斐閣，2012 年）。

酒巻匡：『刑事訴訟法』（有斐閣，2015 年）。

池田修・前田雅英：『刑事訴訟法講義（第 6 版）』（東京大学出版
　会，2018 年）。

白取祐司：『刑事訴訟法』（日本評論社，1999 年）。

斎藤司：『刑事訴訟法の思考プロセス』（日本評論社，2019 年）。

大塚仁：『刑法概説（総論）〔第 3 版増補版〕』（有斐閣，2005
　年）。

西原春夫：『刑法総論・改訂準備版〔下巻〕』（成文堂，1993 年）。

浅田和茂・岡上雅美：『量刑法の基本問題―量刑理論と量刑実務と
　の対話』（成文堂，2011 年）。

大阪刑事実務研究会：『量刑実務大系　第 2 巻　犯情等に関する諸
　問題』（判例タイムズ社，2011 年）。

大阪刑事実務研究会：『量刑実務大系　第 3 巻　一般情状等に関す
　る諸問題』（判例タイムズ社，2011 年）。

大阪刑事実務研究会：『量刑実務大系　第 4 巻　刑の選択・量刑手
　続』（判例タイムズ社，2011 年）。

守山正・安倍哲夫：『ビギナーズ刑事政策（第 2 版）』（成文堂，
　2011 年）。

森下忠：『刑事政策大綱（Ⅰ）』（成文堂，1985 年）。

森下忠・須々木主一：『刑事政策（重要問題と解説）』（法学書院，
　1975 年）。

岩井宜子：『刑事政策』（尚学社，1999 年）。

石田論識：「起訴基準の再検討」，川﨑英明・白取祐司：『刑事訴
　訟法理論の探究』（日本評論社，2015 年）。

白取祐司：「戦後刑事訴訟法学の歩みと現状」，川﨑英明・白取祐

司：『刑事訴訟法理論の探究』（日本評論社，2015 年）。

小池信太郎：「量刑における犯行均衡原理と予防的考慮：日独における最近の諸見解の検討を中心として（1）」慶應法学 6 号（2006 年）。

小池信太郎：「量刑における犯行均衡原理と予防的考慮：日独における最近の諸見解の検討を中心として（2）」慶應法学 9 号（2008 年）。

小池信太郎：「量刑における犯行均衡原理と予防的考慮：日独における最近の諸見解の検討を中心として（3）」慶應法学 10 号（2008 年）。

小池信太郎：「裁判員裁判における量刑評議について：法律専門家としての裁判官の役割」法学研究：法律・政治・社会 82 巻 1 号（2009 年）。

原田國男：「量刑事実の証明責任」慶應法学 31 号（2015 年）。

原田國男：「裁判員裁判の量刑と控訴審」法と心理 14 巻 1 号（2014 年）。

原田国男：「裁判員裁判における量刑傾向：見えてきた新しい姿」慶應法学 27 号（2013 年）。

原田国男：「わが国の死刑適用基準について」法学研究：法律・政治・社会 86 巻 6 号（2013 年）。

谷岡一郎：「犯罪・非行の質と量を測定する基準づくりに向けて：裁判員制度下でのSentencing Guidelineの必要性」犯罪社会学研究 32 巻（2007 年）。

永田憲史：「死刑選択基準——最高裁は死刑の正統性を亡きものにしたのか」龍谷大学法学研究 15 号（2014 年）。

須藤明：「刑事事件における情状鑑定の現状と展望」駒沢女子大学：研究紀要 21 号（2014 年）。

倉橋基：「裁判員制度導入後の量刑判断についての一考察——量刑判断の再構築」龍谷大学法学研究 9 号（2007 年）。

小島透：「裁判員裁判による量刑の変化―統計データから見た裁判員裁判の量刑傾向」中京法学 49 巻 3・4 号（2015 年）。

垣花豊順：「手続二分論」，『刑事訴訟法の争点〈新版〉』（ジュリスト増刊，1991 年）。

畑桜：「裁判員制度下における手続二分制の有効性」立命館法政論集 9 号（2011 年）。

佐伯千仭：「起訴状一本主義」，団藤重光：『刑事訴訟法講座第 2 巻』（有斐閣，1964 年）。

渕野貴生：「手続二分論――予断排除と量刑の科学化」法と心理 15 巻 1 号（2015 年）。

今井朋子：「手続二分論の再考」広島法学 36 巻 3 号（2013 年）。

高見秀一：「手続二分的運用の試み（話題提供として）――故杉田宗久判事の法廷を経験した弁護人として」法と心理 15 巻 1 号（2015 年）。

本庄武：「裁判員制度下での量刑手続の課題」法と心理 5 巻 1 号（2006 年）。

福島至：「企画趣旨：手続二分論とその視点――法学と心理学からのアプローチ」法と心理 15 巻 1 号（2015 年）。

大久保哲：「求刑・量刑と当事者の武器対等の理念」久留米大学法学 38 号（2000 年）。

林美月子：「量刑における二重評価の禁止」神奈川法学 26 巻 1 号（1990 年）。

綿村英一郎・板山昂・山崎優子・佐伯昌彦・吉井匡：「死刑判断に関する実証的考察」法と心理 13 巻 1 号（2013 年）。

伊東裕司：「被害者の意見陳述は裁判員の事実認定に影響を与えるか?」法と心理 15 巻 1 号（2015 年）。

白岩祐子・荻原ゆかり・唐沢かおり：「裁判シナリオにおける非対称な認知の検討：被害者参加制度への態度や量刑判断との関係から」社会心理学研究 28 巻 1 号（2012 年）。

索　引

后　　记

　　在人类早期文明的形成阶段，原始社会中尽管不存在刑法，但是一定存在刑罚：在《山海经·西山经》中，就有"西王母司天之厉及五残"的专人司掌刑罚的记载。而后，刑罚制度一直伴随着人类文明的进步和发展。纵观刑法学的发展史，不难看到刑罚的理念所经历的从古典报应主义，到近代预防主义，再到现代并合主义的"否定之否定"的发展脉络。其中的刑罚裁量问题，也即量刑问题，更是刑罚制度中的重中之重，它直接反映了司法机关对刑罚理念理解的正当性和准确性。所以，"量刑乃刑法之缩略图"。现代刑事司法领域对量刑的基本要求是公正、准确以及均衡。而刑事诉讼法的目的之一是实现国家的刑罚权，因此，量刑活动亦是刑事程序的重要组成部分。合理、正义的诉讼程序是达成量刑公正的必要保障。在证据裁判原则覆盖的现代刑事诉讼格局中，裁判者量刑的依据是证据，因此完善量刑的证明体系，是量刑程序公正的应有之义。

　　本书在我的博士论文《论量刑事实的证明》的基础上，加以增补和修订而完成。读博期间，证据法一直是我的学术兴趣所在。在研究的过程中，我发现现有的证据法理论，虽然已经日臻完善，但其理论体系的建构基础是定罪。申言之，为了能够准确查明事实真相，判断受到刑事指控的被追诉人是否有罪，当代法治国家均构造了系统的证据制度，以图通过证据发现真相，达成实现刑罚权、惩治犯罪的目的。然而对于量刑相关的证据规则、证明理论。刑诉法学者仅有浅尝辄止的论述，并且研究方法和思维角度局限于刑诉法的基本理论，而对刑罚理论于该领域的植入存在着一定程度上的忽视。于是，为更好地进行博士论文的写作，我对刑罚理论进行了钻研。伴随着研究的推进，我发现我迈入了一个广博而又深邃的新的知识领域，伦理道德，规范思辨，实证分析，政策博弈，种种凝结人类智慧的专业知识和研究方法仿佛均能嵌入刑罚问题的领域。在康德、贝卡利亚、李斯特等学术巨擘的研究成果面前，除了由衷的敬佩之外，尚有一层以现有实力写作的力有未逮之感。

　　尽管直至现在我仍是对刑罚学知识管中窥豹，但却明晰了经过"否定之否定"的发展历程后，现代法治国家所确定的并合主义的科学刑罚观念。不过，代入刑事诉讼理论去思考刑罚基本观念问题，却发现二者虽有融合，但又存在一定程度上的拒斥：刑事诉讼的主要目的之一必然是要实现刑罚权，但是由于无罪推定原则的存在，刑事追诉的过程中出于对人权保障的价值判断，必须要遵从一些可能不利于刑罚权实现的规则，比如"疑罪从无"、"刑疑唯轻"等等。同时为了平衡控辩力量，刑事诉讼法给积极推动实现刑罚权的追诉一方附加了诸多发现真相的限制。并合主义的刑罚理念要求更多的事实、资料、证据进入量刑者的视野，但是程序规则以及证据规则却将一部分不符合其价值观念和实际规则的内容拒之门外，这样的矛盾正是量刑事实证明问题的题眼所在。我在本书中，是围绕着这一矛盾，按照学术界研究证明问题的通行逻辑而展开的。最后针对该问题，提出了我国量刑事实证明制度系统化、完善化的一点浅见。囿于自身理论水平，我绝不敢说已经对这一问题认识通透，提出的解决方案行之有效，但关于这一问题我同时结合了刑罚理论和证据法理论进行了分析探究，至少不啻于是一次对刑事实体法和程序法结合研究的理论尝试。

　　在本书以及博士论文的研究过程中，我要感谢很多人。首先，是我的博士导师，中国政法大学的终身教授陈光中先生。初入法大，我虽非"驵侩之下才"，但是由于学术基础薄弱，外语能力不佳，较之法大刑诉专业其他功底深厚的博士，未免相形见绌，难以并驾齐驱。然而恩师陈先生并未因此而放弃，反而以耄耋之年，谆谆教导，不厌其烦的为我指点和斧正论文，客观上严格指导，主观上慈祥鼓励，言传身教，面命耳提。在先生的指导下，我的学术水平较之以往，不说脱胎换骨，但也进步明显，最后获得优秀博士论文。恩师陈先生乃中国刑事诉讼法学之泰山北斗，学术造诣深刻，治学风格严谨，桃李满门，门下弟子高手云集。但先生仍用大把精力致力于培养我，使我进步，我对先生的感谢之情难以言表。韩退之著《师说》云："师者，所以传道受业解惑也……道之所存师之所存也。"先生作为德高望重的教授，不仅受业解惑，更重要的是"传其道"，此道非儒家之道，而乃学术之基础——思辨逻辑之道，其精髓与大成均凝于此字，使我终身受用。我想，我未来的理想是成为一名老师教导学生，其动因就是我想尝试像先生影响我那样去影响别人吧。我读博时先生已是84岁的老人了，如今已步入鲐背之年。先生仍常以"法治终生求"孜孜不倦的勉励自己，但作为学生，我希冀恩师能够身体康健，长命百岁。

其次，是我的博士后导师，现中国政法大学诉讼法学研究院院长熊秋红教授。熊老师是我的博士论文答辩老师。在答辩时，熊老师就敏锐的指出了我博士论文存在的几个问题，并且针对性地给出了修改意见，对我的论文成书给予了极大的助益。博士毕业后，我到中国社会科学院法学研究所做博士后，熊老师成为了我的合作导师。能与熊老师有师生缘分，是我人生中的极大幸事。作为我国刑事诉讼法领域的顶尖学者，她不仅学富五车，而且论证问题的切入角度极其独到，因此总能从她的研究成果中收获良多。熊老师作为学者温文尔雅，德行兼备，盖有民国林徽因、杨绛先生之风。做博士后的生活较为贫苦，熊老师不只在学术上时常指点，生活上也给予我相当多的关心。有此良师，夫复何求！还要感谢我的另一位合作导师，法学研究所的陈泽宪老师。陈老师是刑法学者，虽然专业相异，但是他的刑法学研究角度和分析论证思维给予我相当多的启迪。陈老师亦热爱生活，很多事情都十分擅长，是极为有天赋的聪慧之人，十分令我敬佩。同时要感谢陈老师的爱人彭伶师母，读博后期间她对我的关心和爱护让我备受感动。

第三，我还必须感谢田文昌老师。作为中国"刑辩第一人"的大律师，田老师的才华与能力为我竖立了标杆，促使我不懈努力。通读田老师的专著，激发了我博士论文写作的灵感，其宝贵的刑罚论理论资料也成为我文章的重要借鉴。此外，我还要感谢田老师的夫人杨春莉老师，杨老师的慈爱与关怀使来到北京，客居异乡的我体验到小春日和般的温暖。

第四，我还要感谢我的国外导师，加拿大多伦多大学法学院的Hamish·Stewart教授。与Stewart教授相识于博士一年级的证据法课堂上。他给我的第一印象是一位风度翩翩，彬彬有礼的绅士。同时他是哈佛大学的博士，学识渊博，对自己的专业领域颇有建树，在加拿大本国内也是十分出众的学者。在这次证据法课程结课考试中，我取得了96分的成绩，且就考试题目与Stewart教授展开了更深入的交流，彼此熟识。后来我申请到了国家留学基金委资助的公派学者项目，去多伦多大学访学，成为了Stewart教授的学生。我的博士论文绝大多数的内容都是在美丽的多伦多市完成的，在多伦多大学法学院的Bora法学专业图书馆埋头研究的时间至今仍历历在目。在此期间，Stewart教授对我在学习生活上均关怀良多，再次特别感谢他。

第五，我要感谢我的博士同窗，博士后同事。首先是同门朱卿博士。复旦大学的一位老师曾说："朋友并非实用品而是奢侈品，所谓奢侈品，是一旦拥有便心满意足，别无他求。"但朱卿博士于我既可是"长歌相答，极论世事"的奢侈品，又是"好善乐施，古道热肠"的实用品。当我出国留学之际，是为票友的朱博士引我同去观看"定军山"一戏，取旗开得胜之意，使我颇为感动。另外，我还需感谢一期毕业的同门马康博士、李章仙博士、唐彬彬博士，还需感谢同为挚友的刘圃君博士、杜萌博士、张益南博士、兰哲博士，以及答辩秘书邵俊博士和姜丹博士的辛勤劳动。如今大家虽各奔东西，但同窗情谊是不变的。博士后期间，我在法学研究所的法治战略研究部工作。研究部的同事都是颇具学识，善良温暖的人。我的领导，战略研究部的李忠主任对我的科研、生活情况十分关心，让我在新家庭倍感温暖。其他同事陈欣新老师、刘小妹老师、叶远涛博士、贾茵博士、王江博士亦是德才兼备的人，我从他们身上收获良多。我还要特别感谢同为熊老师门下的董林涛博士和孔祥承博士，我们在研究部专业相同，平时就专业问题积极讨论，多次分享彼此的研究、写作经验。与他们交流的过程中，亦扩展了我的学术视野，提升了我的思维能力，在此一并感谢他们。于此，我还需一并感谢我的父母，若没有他们的支持与鼓励，恐怕清苦的博士生活也难以为继。

最后，还要感谢全国哲学社会科学规划办的各位老师，以及中国社会科学院出版社的编辑许琳女士。本书的出版，得益于国家社科基金的后期资助项目，以及统一对接出版单位的中国社会科学院出版社。本书成书过程中，尚在疫情期间，许琳女士做了大量的编辑工作，方使本书顺利付梓，特此感谢她的辛勤付出。

单子洪

2020 年 9 月 15 日

谨识于北京寓所